轨道交通工程
数字化建设管理

刘 靖 主 编
王 颖 周桔红 副主编

中国建筑工业出版社

图书在版编目（CIP）数据

轨道交通工程数字化建设管理/刘靖主编. — 北京：中国建筑工业出版社，2021.6
ISBN 978-7-112-26201-4

Ⅰ.①轨… Ⅱ.①刘… Ⅲ.①城市铁路－轨道交通－工程施工－数字化 Ⅳ.①U239.5

中国版本图书馆CIP数据核字（2021）第105903号

责任编辑：兰丽婷 杜 洁 王 磊
责任校对：党 蕾

轨道交通工程数字化建设管理
刘 靖 主 编
王 颖 周桔红 副主编

*

中国建筑工业出版社出版、发行（北京海淀三里河路9号）
各地新华书店、建筑书店经销
北京红光制版公司制版
北京建筑工业印刷厂印刷

*

开本：787毫米×1092毫米 1/16 印张：14 字数：330千字
2021年6月第一版 2021年6月第一次印刷
定价：55.00元
ISBN 978-7-112-26201-4
（37795）

版权所有 翻印必究
如有印装质量问题，可寄本社图书出版中心退换
（邮政编码 100037）

编委会

主　　编：刘　靖
副主编：王　颖　周桔红
委　　员：王玉龙　赵　驰　王大海　吴　疆
　　　　　　李　季　罗　洋　殷　杰　汪少山
　　　　　　毛海峰　付卫国　杨红梅　朱莉莉
　　　　　　吴殿华　崔　倩　黄雨笋　王　恒

序 一

城市轨道交通是城市交通的重要组成部分，因其快捷、节能、清洁等特点越来越受到大众的推崇，成为人们出行的首要选择。随着我国城市化进程的加快，城市和人民对于城市轨道交通的需求也不断加强。新形势下，国家正在积极推进"一带一路"战略、交通强国战略、国家区域经济战略等，这为城市轨道交通的发展带来了重大机遇，我国城市轨道交通正处于快速发展阶段。根据中国城市轨道交通协会数据显示，截至2020年年末，我国大陆地区共45个城市开通城市轨道交通运营线路7978.19公里，中国也成为目前世界上轨道交通运营里程最长的国家，同时也是发展速度最快的国家。可以说，城市轨道交通正在对国民经济、人民生活产生越来越大的影响。

近年来，随着人工智能的深度学习和机器学习算法、计算机视觉、无人机、3D打印、BIM、虚拟现实和增强现实等技术发展，土木工程行业与这些新技术结合，向着智能化、智慧化转型升级，业已成为业界共识。2020年，住房和城乡建设部等多个中央政府部门联合发布《关于推动智能建造与建筑工业化协同发展的指导意见》，吹响了智能建造发展的号角。与此同时，全国本科、高职类高校关于智能建造专业或学科方向的设置和建设方兴未艾。城市轨道交通建设一直是专业性高、系统性强的复杂工程，具有周期长、专业多、复杂节点多、影响面大等特点，对工程的技术发展和建造管控提出了极高的要求，通过相关智能化技术，实现城市轨道交通建设的专业化、科学化、实时化管控的需求也越来越迫切。同样在2020年，中国城市轨道交通协会发布《中国城市轨道交通智慧城轨发展纲要》，体现了"推进城轨信息化、发展智能系统、建设智慧城轨"等建设宗旨，这说明城市轨道交通建设向着数字化、智能化发展亦是大势所趋。

针对城市轨道建设的数字化、智能化需求，"轨道交通建设工程综合监控系统平台"围绕工程项目的全生命周期，应用BIM和云计算、大数据、物联网、移动智能终端、人工智能等信息技术应用于工程管理中，实现了对城市轨道交通建设的智能管控，从而可以全面提升轨道交通建设工程施工管控水平，契合并推动了我国城市轨道交通数字化、智能化的发展机遇和发展潮流。该系统不仅是城市轨道交通建设工程与数字化有机融合的具体实践，更为以后轨道交通建设数字化的综合应用提供了借鉴意义。

"轨道交通建设工程综合监控系统平台"建设和应用中的基本思路、基础架构、关键问题等方面进行了系统总结和整理，出版《轨道交通工程数字化建设管理》一书，将有力推动我国城市轨道交通建设数字化管控水平的提高，促进城市轨道交通建设的高质量、高效率发展。相信不管是相关的从业者，还是对数字化管理感兴趣的人，都能从中得到一定的启发，并运用于自己的工作学习中。

是以为序。

东南大学土木工程学院建筑工程系教授、博士生导师
2021 年 4 月 27 日于东南京

序 二

信息化时代的加速到来及以新能源、新材料、新一代信息技术、人工智能、高端装备制造为代表的国家战略性新兴产业的发展，将对城市轨道交通及其相关产业的发展产生深刻而长远的影响。如何与信息化深度融合、以信息化和智能化带动交通运输实现现代化正成为日益迫切的需求。面对新一代信息技术引领下的科技创新浪潮，必须提高城市轨道交通信息化、智能化水平，推动智慧城市轨道交通的发展，已经成为业内的共识。

城市轨道交通建设是一个庞大而复杂的系统工程，涉及的管理内容日趋宽泛、监控范围日益扩大、管理难度日渐突显。近年来，我国城市化进程不断深入发展、广泛延伸，轨道交通建设工程规模越来越大、技术要求越来越高、系统特征越来越强，对工程建设的专业化、科学化、实时化管控的诉求也越来越迫切。

轨道交通工程建设数字化是构建一种综合应用云计算、大数据、物联网、移动智能终端、人工智能等高新技术的信息化一体化综合系统，为驱动轨道交通建设施工阶段管控升级提供新型技术手段和重要管理工具。轨道交通工程建设数字化系统通过数字化技术对安全、劳务、进度、机械、环境、通讯等各关键要素的全面感知、实时互联、智能分析，实现城市轨道交通建设的数字化、在线化、智能化管控。立足轨道交通工程建设实际管理诉求，通过轨道交通工程建设数字化新技术的应用，用数据推动业务变革，即数据自动流转，将正确的数据、在正确的时间、以正确的方式传递给正确的人和机器，可全面管控轨道交通工程建设全过程，有针对性地解决轨道交通工程建设的痛点和难点问题，从而全面提升轨道交通工程建设的施工管控水平。

《轨道交通工程数字化建设管理》一书以智慧工地为概念基础，以广州地铁集团有限公司城轨建设为工程背景，全面阐述了轨道交通工程建设数字化系统的建设思路和基础架构，系统解决了如何将前沿信息技术全面应用于轨道交通工程建设数字化系统；如何通过数据融合互联打造数字化系统，营造"安全生产的轨道交通工程建设环境"；如何将轨道交通工程建设数字化系统应用于实际轨道交通工程建设管理；如何将轨道交通工程建设施工过程中的关键信息进行直观、动态、综合、统一的展示；如何为管理者快速提供科学合理的决策依据,从而有效提高轨道交通工程建设管控水平等一系列轨道交通工程建设数字化管理中的关键问题,对探索我国轨道交通建设管理的新模式,引领轨道交通建设的数字化发展方向,具有重要的指导意义和借鉴价值。

数字化是轨道交通建设行业未来发展的关键。相信更多数字化技术的深入应用会给项目和企业带来显著的成效,也相信此书的推出将会引发行业内有识之士对轨道交通工程建设数字化管理的更深层次的思考和探索,吸引更多的从业者加入到这个事业中来!

哈尔滨工业大学土木工程学院教授、博士生导师

2021年5月1日于哈尔滨

目 录

第1章 轨道交通工程建设数字化背景 1
  1.1 时代要求 1
  1.2 形势要求 9

第2章 轨道交通工程建设数字化认知 16
  2.1 内涵 16
  2.2 路径 19
  2.3 价值 25

第3章 轨道交通工程建设数字化推进体系 29
  3.1 思维转变 29
  3.2 把握方向 35
  3.3 组织保障 36

第4章 轨道交通工程建设数字化平台总体方案 38
  4.1 系统框架 38
  4.2 总体架构 38
  4.3 功能架构 40
  4.4 技术架构 42
  4.5 数据架构 43
  4.6 安全架构 44

第5章 轨道交通工程建设数字化物联层 46
  5.1 门禁系统 46
  5.2 定位系统 47
  5.3 关键机械设备监控系统 52
  5.4 关键位置监测系统 53
  5.5 视频监控系统 64
  5.6 环境监测 67

第6章 轨道交通工程建设数字化网络层 70
  6.1 传输网络 70

6.2 多媒体融合通信 ··· 75

第7章 轨道交通工程建设数字化系统应用层 ·· 83
7.1 设计原则 ··· 83
7.2 系统性能 ··· 84
7.3 系统架构 ··· 91
7.4 系统功能 ··· 92
7.5 系统部署 ··· 106

第8章 轨道交通工程建设数据中心 ·· 110
8.1 数据认知与规划 ··· 110
8.2 数据采集与计算 ··· 111
8.3 数据存储与集成 ··· 115
8.4 数据资产与处理 ··· 118
8.5 数据服务与应用 ··· 120

第9章 轨道交通工程建设数字化信息安全建设 ·· 122
9.1 安全要求 ··· 122
9.2 安全风险分析 ··· 123
9.3 安全防护体系设计 ··· 124
9.4 环境及设备安全 ··· 127
9.5 安全管理制度与措施 ··· 128

第10章 轨道交通工程建设数字化现场管理 ·· 130
10.1 人员管理 ··· 131
10.2 设备管理 ··· 135
10.3 物资管理 ··· 141
10.4 知识管理 ··· 143
10.5 环境管理 ··· 149
10.6 监测管理 ··· 150

第11章 轨道交通工程建设数字化项目管理 ·· 157
11.1 安全管理 ··· 158
11.2 风险管控 ··· 164
11.3 质量管理 ··· 171
11.4 进度管理 ··· 177
11.5 合同管理 ··· 182
11.6 成本管理 ··· 182
11.7 指挥调度 ··· 184

	11.8 应急管理	186
	11.9 综合场景	190
	11.10 专项场景	192

第 12 章 展望 205

	12.1 新生态	205
	12.2 新动能	205
	12.3 新岗位	206
	12.4 新角色	207
	12.5 新关系	208
	12.6 新监管	209

结语 211

参考文献 212

第1章 轨道交通工程建设数字化背景

1.1 时代要求

1.1.1 数智时代

当前,世界正处于百年未有之大变局。科技迅猛发展,科学技术前沿不断拓展,学科间交叉融合加速,产业体系汇聚重构已成常态。信息技术的快速发展,云计算、大数据、人工智能、5G等新型信息技术的融合效应渐显,正进行第二次信息革命,开始从以控制为出发点的信息技术时代,走向以激活生产力为目的的数据技术时代、智能时代,最重要的特征是产生了新的生产力、生产资料及生产工具。数据是基础,作为核心生产资料,堪比工业时代的"石油"。有了海量数据,就需要强有力的算力进行处理,算力不仅代表计算的规模和效率,同时也包括数量的要求、智慧的程度,以云计算、边缘计算为代表的计算技术为高效、准确地分析大量数据提供了有力支撑。但是,仅有数据和算力依然不够,没有先进的算法也难以发挥数据的真正价值。算力的发展,最终是"数"和"智"全面结合,以人工智能、机理模型等为代表的算法技术提供智能决策支持(图1-1)。

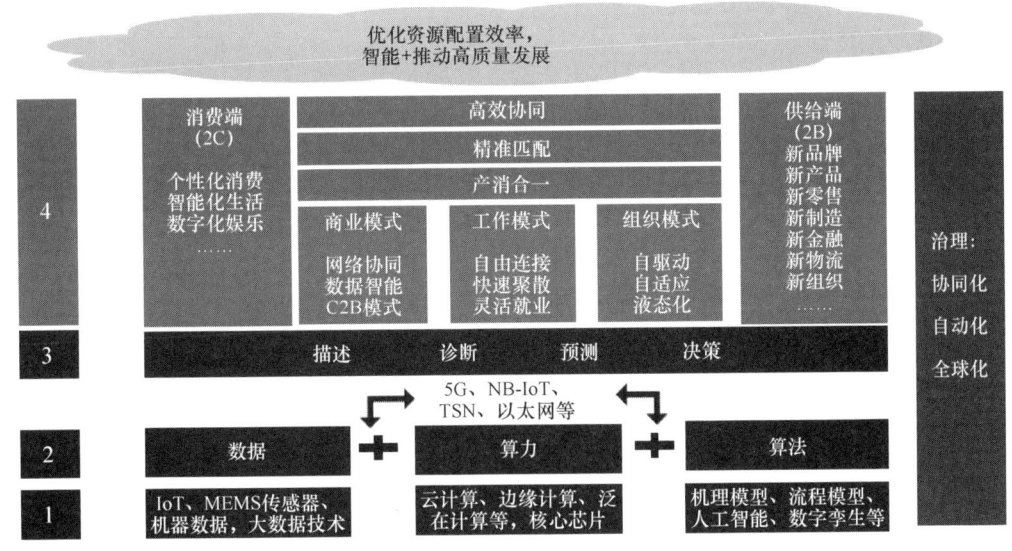

图1-1 以"数据+算力+算法"为核心的数字科技体系

在"数据+算力+算法"定义的世界中,通过技术赋能和数据赋能,推动工具革命和决策革命,优化资源配置效率,助力经济高质量发展,推动人类社会进入一个全面感知、可靠传输、智能处理、精准决策的万物智能时代。

纵观世界文明史和社会发展史，人类先后经历了农业革命、工业革命、信息革命，每一次科技革命和产业变革都给生产力带来质的飞跃。全球正加速迈向以万物互联、数据驱动、智能主导为特征的数字时代。数据成为驱动整个社会运行和经济发展的新兴生产要素，已成为贯穿整个经济系统最活跃的要素，是当前大国竞争的前沿阵地。相比其他生产要素，数据资源具有可复制、可共享、无限增长和供给的特征，数据对提高生产效率的乘数作用不断凸显，为持续增长提供了基础与可能。

数字化时代不只是简单表现为自动化、虚拟化、信息化，而是整个经济社会逻辑的变革，也就是价值创造与获取的方式发生根本性的变化。数字化对实体经济、生产生活的赋能愈加明显，成为人与人、人与物、物与物交互的重要形态。数字化的浪潮已经影响各行各业，资源聚合的范围会更广，速度也会更快。

数字时代开启，恰逢我国迈向现代化建设新征程的同一历史时期。党和国家高度重视数字化发展，明确提出数字中国战略。《中华人民共和国国民经济和社会发展第十四个五年规划和2035年远景目标纲要》中明确要加快数字化发展，建设数字中国。

迎接数字时代，激活数据要素潜能，推进网络强国建设，加快建设数字经济、数字社会、数字政府，以数字化转型整体驱动生产方式、生活方式和治理方式变革。

处于以数字化生产力为主要标志的全新历史阶段，时代要求我们必须紧紧抓住数字技术变革机遇，顺应数字时代新要求，充分释放数字化发展的放大、叠加、倍增效应，抢占新一轮发展制高点，牢牢把握时代主动权，在"数据＋算力＋算法"定义的世界中，以数据的自动流动化解复杂系统的不确定性，优化资源配置效率，构建企业新型竞争优势。

1.1.2 新发展理念

发展是解决我国一切问题的基础和关键，发展必须是科学发展。"创新、协调、绿色、开放、共享"的新发展理念，科学地回答了新形势下实现什么样的发展、如何实现发展的时代之问，先后成为"十三五"规划、"十四五"规划的灵魂、纲领、主线、基本脉络、战略指引和根本遵循。

"十四五"时期是我国全面建成小康社会、实现第一个百年奋斗目标之后，乘势而上开启全面建设社会主义现代化国家新征程、向第二个百年奋斗目标进军的第一个五年。进入新发展阶段、贯彻新发展理念、构建新发展格局是由我国经济社会发展的理论逻辑、历史逻辑、现实逻辑决定的。进入新发展阶段明确了我国发展的历史方位，贯彻新发展理念明确了我国现代化建设的指导原则，构建新发展格局明确了我国经济现代化的路径选择。深入学习、坚决贯彻党的十九届五中全会精神，准确把握新发展阶段，深入贯彻新发展理念，加快构建新发展格局，推动"十四五"时期高质量发展，确保全面建设社会主义现代化国家开好局、起好步。

新发展理念是一个系统的理论体系，回答了关于发展的目的、动力、方式、路径等一系列理论和实践问题，阐明了我们党关于发展的政治立场、价值导向、发展模式、发展道路等重大政治问题，我们必须坚定不移贯彻创新、协调、绿色、开放、共享的发展理念。

轨道交通工程既是民生工程，又是稳经济、促增长的基础设施建设，是城市综合竞争力和综合实力的提升工程，是一项功在当代、利在千秋的重大发展工程，意义重大。习近平总书记指出："城市轨道交通是现代大城市交通的发展方向。发展轨道交通是解决大城市病的有效途径，也是建设绿色城市、智能城市的有效途径""要继续大力发展轨道交通，构建综合、绿色、安全、智能的立体化现代化城市交通系统"。习近平总书记的重要讲话指明了轨道交通的发展方向，是发展城轨交通的根本遵循。

坚定不移贯彻新发展理念、构建新发展格局，就是要切实转变发展方式，从"重视数量"转向"提升质量"，从"规模扩张"转向"结构升级"，从"要素驱动"转向"创新驱动"，数字化已成为推动工程建设转型升级、管理变革的主要抓手与核心引擎，推动质量变革、效率变革、动力变革，为高质量发展注入强大动力，加快实现更高质量、更有效率、更加公平、更可持续、更为安全的发展。

坚定不移贯彻新发展理念、构建新发展格局，要有全局视野，强化系统性思维。新发展理念的要求是全方位的、多层面的，以创新、协调、绿色、开放、共享五大发展理念引领数字化管理变革，发展智能、智慧技术和产品已经成为加快实现由高速发展转向高质量发展的切入点和主要抓手，着力转换发展方式，优化发展思路，为高质量发展提供澎湃动能，加快实现由高速发展向高质量发展的转变。

习近平总书记还特别做出了要发展智能交通的指示，为轨道交通发展明确了路径指向，轨道交通工程建设数字化是全面落实新发展理念、深入实施创新驱动发展战略的直接抓手和重要举措，是落实总书记指示的具体行动实践。我们必须始终应用"坚持新发展理念、构建新发展格局"的发展思想引领建设，以此为出发点全面推动轨道交通工程建设数字化管理，全力建设平安地铁、品质地铁、市民群众满意的和谐地铁。

1.1.3　数字化变革

随着数字技术井喷式的突破和广泛应用，推动了消费互联网的成熟和产业互联网的蓬勃兴起，带来了新一轮的数字化浪潮，数字经济风口正猛，"数字企业""智慧城市""智慧交通""智能高铁""智慧工地"等新概念在各领域被不断推出并持续深化。在数字化变革的新时代，各种数字科技的创新应用，正深刻改变着社会与经济发展的模式，产业新生态在"大破大立"中逐渐形成，行业"颠覆洗牌"的风潮已被深刻感知，"数字政府""智能制造""数字建筑"等给轨道交通工程建设数字化管理变革提供借鉴与参考。

1.1.3.1　数字政府与城市大脑

党的十九届四中、五中全会都明确提出要加强数字政府建设，这是提升国家治理体系和治理能力现代化水平的重要途径，通过加强数字政府建设，在深化"放管服"改革、优化营商环境、更大激发市场活力和社会创造力等方面发挥更多作用，对政府治理理念、治理结构、运行机制、行为模式及资源配置等带来深层次的结构性变化，全面提升政府治理效能。

各地政府正积极主动运用数字技术和互联网思维改进政务服务模式、拓展政务服务功能，打破部门间地区间信息壁垒，推动更多民生服务事项"一网通办"、更多涉企服务事项"一站式"办理和"不见面"审批，让百姓少跑腿、数据多跑路，更好解决企业和群众办事难、办事慢、办事繁问题，提升政务服务水平。

广东省以系统工程的理念，持续开展应用建设和数据治理，构建大数据驱动的政务管理运行新机制、新平台、新渠道。全面推行"指尖计划"，建成整体、移动、协同、创新、阳光、集约、共享、可持续的服务型政府，建立整体推进、政企合作、管运分离的"数字政府"管理体系和整体运行、共享协同、服务集成的"数字政府"业务体系，构建统一安全的政务云、政务网，建设开放的一体化大数据中心、一体化在线政务服务平台，建成上接国家、下联市县、横向到边、纵向到底全覆盖的"数字政府"，以"制度创新＋技术创新"推动改革向纵深发展。

在持续大力推动"数字政府"改革建设下，广东省提供粤省事、粤商通、粤政易、粤监管等"粤系列"移动应用品牌产品，充分发挥数字政府平台和大数据支撑，创新防控技术手段和信息化应用，有力支撑疫情态势研判、精准防控，在信息发布、数据分析和在线服务等方面持续发力，让数据多跑路，打通政务服务关键环节，让企业、群众办事少出门，更好实现网上快捷办事、平安办事、健康办事（图1-2）。

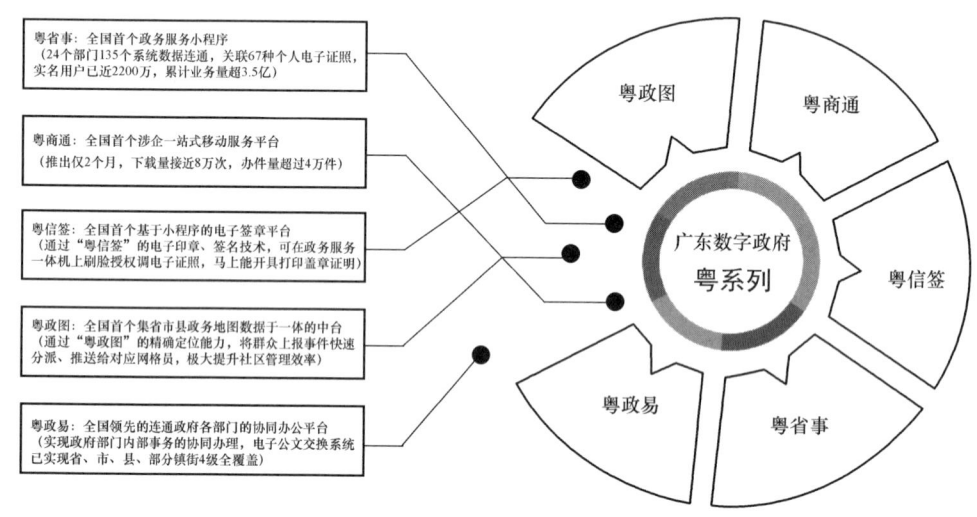

图1-2　广东数字政府"粤系列"

通过数字政府建设，让政府服务方式从"碎片化"转变为"一体化"，群众、企业办事从"找多个部门"转变为"找整体政府"，运用云计算、大数据、人工智能等数字技术，促进政府履职和政府运行形成即时感知、科学决策、主动服务、高效运行、智能监管的新型治理形态。通过数字赋能，提升了政府决策的科学化，提升了社会治理的精细化，推动城市数字化转型。

运用大数据、云计算、区块链、人工智能等前沿技术推动城市管理手段、管理模式、管理理念创新，从数字化到智能化再到智慧化，让城市更聪明一些、更智慧一些，是推动城市治理体系和治理能力现代化的必由之路。新型城市正大力推进"城市大脑"

建设，提升实时感知微观主体行为能力，推动政府信息收集和处理方式变革，重建政府数据优势，强化社会经济、生产生活监测、预测、预警能力，提升对复杂网络系统的管理能力，进一步构建智能化治理体系。强化数字技术在城市规划、建设、治理和服务等领域的应用，推进智慧交通、智慧安防、智慧物流、智慧社区、智慧水利等建设，以"大数据分析＋网格化管理"，提升城市管理科学化、精细化、智能化水平，推动城市管理手段、管理模式、管理理念的创新。

数字政府建设的思想、理念、机制，数字技术的应用，数字化治理的方式均可吸收借鉴到轨道交通工程建设数字化管理，推动轨道交通数字工程的发展，以"绣花功夫"提升科学化、精细化、智能化管理水平，打造工程建设的智慧大脑。

同时，轨道交通工程作为"城市门厅"，是城市发展的产物，也是城市发展和现代化的重要支撑。轨道交通与城市发展始终相辅相成。轨道交通工程建设的数字化转型升级是数字政府、智慧城市建设的内在要求与重要支撑，从"城市生命体、有机体"全局出发，加快构筑数据新要素体系、数字新技术体系和城市数字新底座，充分释放数字化蕴含的巨大能量，以数字维度全方位赋能城市迭代进化、加速创新，共建共治共享数字城市。

1.1.3.2 智能制造与智能建造

数字技术作为一种重要的通用和赋能技术，能够帮助传统产业跨界融合、重构组织模式，进而降低成本、提高效率并拓展创新路径。以人工智能、大数据、机器人等为代表的新技术推动的第四次工业革命，正在不断走向深入，使人类的生产和生活发生深刻的变化。新技术带来的新工艺、新产品、新应用，不但让生产模式发生改变，也要求生产管理、组织方式进行变革。

制造业正在加快数字化转型，智能制造是新一代信息技术与先进制造技术的深度融合，是数字化、网络化和智能化等的共性使能技术，在制造业产品设计、生产、物流、服务等价值链各环节中扩散和应用，实现人、机、物的全面互联，构建起全要素、全产业链、全价值链的新型工业生产制造和服务体系，搭建创新协同、产能共享、供应链互通的创新生态，是贯彻新发展理念、引领高质量发展的重要实践。

如果说智能制造是致力于推动制造业从规模化生产向大规模定制方向发展，那么智能建造则强调在发挥工程建造个性化生产优势的基础上，充分汲取制造业大规模生产的理论技术成果，推行"制造-建造"生产方式，走出一条与智能制造路径不同却又殊途同归的创新之路。

智能建造是新一代信息技术与工程建造融合形成的工程建造创新模式，在实现工程建造要素资源数字化的基础上，通过规范化建模、网络化交互、可视化认知、高性能计算及智能化决策支持，实现数字链驱动下的工程立项策划、规划设计、施（加）工生产、运维服务一体化集成与高效率协同，不断拓展工程建造价值链、改造产业结构形态，向用户交付以人为本、绿色可持续的智能化工程产品与服务（图1-3）。

轨道交通工程建设数字化管理应贯彻智能建造理念，以工程物联网为基础，通过工程软件和数据驱动构建工程建设的工业互联网平台，赋能各方实现数字化、智能化、智慧化管理与决策，支撑全要素、全产业链、全价值链的全面互联、弹性供给和高效配

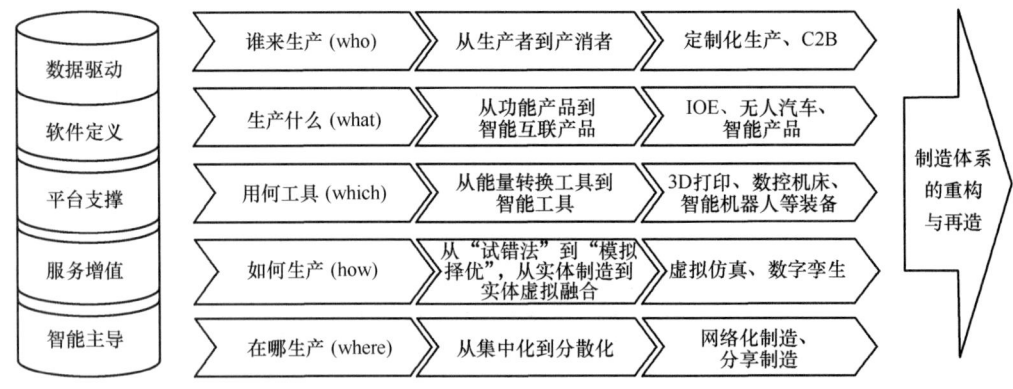

图 1-3 智能制造体系（资料来源：阿里研究院，毕马威）

置，推动生产组织模式、工程建设运行逻辑、价值创造机制的数字化转型。

1.1.3.3 数字建筑与智慧工地

目前，中国的工程建设呈现出火热的态势，同时给建设工程的安全与质量监管工作带来了严峻的压力和挑战。过去工程施工技术比较单一，主要是人工操作，工作效率极低，同时人为操作引起的误差可能会给工程带来安全隐患，造成工程事故。建筑业被称为仅次于采矿作业的第二危险行业，对于安全事故多发的工程施工，如何做好施工现场管理、控制事故发生频率，一直是政府管理部门、施工企业关注的焦点。建筑业由于参与方众多、管理要素和生产要素庞杂、过程周期长，在传统模式下很难进行精细化管理，长期存在的产能过剩、管理粗放和低利润现象已经成为制约工程建设行业可持续发展的关键因素。

根据麦肯锡国际研究院针对数字技术在建筑行业的一项调查数据表明，云计算、人工智能与机器学习、大数据分析、物联网、3D建筑构件打印、虚拟现实VR、增强现实AR、预制建造技术、无人机、机器人等多项数字技术在建筑行业的应用深度仍然处于初级阶段，其中仅云计算和预制建造技术超过了40%应用普及度。由此可以看出，传统建筑业劳动生产率普遍偏低，信息化或数字化也没有跟上其他行业的发展步伐，因此传统建筑业数字化转型升级势在必行，包括高精度测量技术、无人机、物联网、大数据分析、BIM、增强现实AR、3D打印、建筑机器人等数字技术在未来将成为主流并改变整个工程建设产业。在麦肯锡发布的《想象建筑业的数字化未来》（Imagining Construction's Digital Future）报告中，回顾了建筑业在数字化方面的滞后、成因及其产生的众多问题，并提出了建筑业数字化的五大趋势，最后提出了相关行动建议。

报告描述的建筑业数字化图景包含5个方面：

（1）更为清晰的测量和地理定位。

（2）下一代5D建筑信息建模（5D BIM）。

（3）数字协作与移动化。

（4）物联网和高级分析。

（5）不会过时的设计和施工。

通过各种数字技术与建筑全生命周期的深度融合，建筑业将实现从规划、设计、施工、装配、运维到最终使用的全过程数字化进程，推动数字建筑。数字建筑是指利用BIM和云计算、大数据、物联网、移动互联网、人工智能等信息技术引领产业转型升级的业务战略，它结合先进的精益建造理论方法，集成人员、流程、数据、技术和业务系统，实现建筑的全过程、全要素、全参与方的数字化、在线化、智能化，从而构建项目、企业和产业的平台生态新体系。

为了更好地管理施工，保证施工质量安全，"智慧工地"同样如火如荼。"智慧工地"是智慧城市理念在工程建设行业的具体体现，是建立在高度信息化基础上的一种支持对人和物全面感知、施工技术全面智能、工作互通互联、信息协同共享、决策科学分析、风险智慧预控的新型信息化手段。它聚焦工程施工现场，紧紧围绕人、机、料、法、环等关键要素，综合运用BIM技术、物联网、云计算、大数据、移动和智能设备等软硬件信息化技术，与一线生产过程相融合，对施工生产、商务、技术等管理过程加以改造，提高工地现场的生产效率、管理效率和决策能力等，实现工地的数字化、精细化、智慧化管理。

"智慧工地"通过先进信息化技术的综合应用，可实现施工现场关键要素实时、全面、重点的监督和管理，有效支持了现场工作人员、项目部管理者、企业管理者，乃至行业管理部门项目的管理工作，提高了施工质量、成本和进度的控制水平，保证工程项目成功。

调研发现越来越多智慧产品在建筑施工中运用，智慧工地市场发展十分迅速，智慧工地在实现绿色建造、引领信息技术应用、提升社会综合竞争力等方面发挥突出作用。但也存在碎片化应用、整体协同不足、数据衔接不够、重建设轻应用等突出问题。"智慧工地"现场碎片化应用采用了众多软件系统，这些软件具有供应商多、技术集成程度高、数据不一致等特点，但同时又具有业务相对单一、系统架构简单、单品价格低等特点。各信息系统又是不同的专业和组织各自牵头建设，采购的软件也由不同的供应商提供，这样纵横交错之后就形成了数据孤岛（图1-4）。

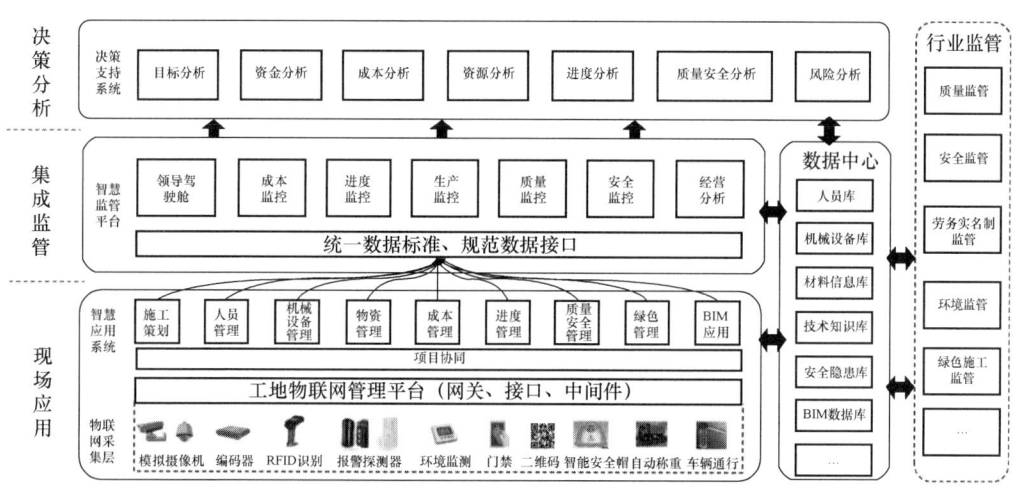

图1-4 典型"智慧工地"应用架构图

轨道交通工程建设同样面对建筑行业参与方众多、管理要素和生产要素庞杂、过程周期长等问题，传统模式下的精细化管理耗费高、成效差，长期存在的产能过剩、管理粗放和低利润现象已经成为制约可持续发展的关键因素，数字化转型势在必行。依托数字化平台，构筑产业数字化转型的新基建，推动产业全过程、全要素、全参与方的数字化、在线化、智能化，构建项目、企业和产业的平台生态新体系，推动产业升级，实现精益建造，支撑高质量发展。

1.1.3.4 智能系统与智慧城轨

在新一轮科技革命和产业变革的浪潮推动下，轨道交通行业数字化建设步入快速发展阶段，数字化建设的成果初具规模，改变了传统的建设模式、服务手段和经营方式。线网指挥中心作为城市轨道交通数字化、智能化系统的典型代表，以运营线网为监控目标，以提高运营服务水平、提高综合防灾能力为核心，最大限度地提高线网系统资源的综合利用能力和效率，实现线网资源的综合利用和资源共享，满足运营线路的线网管理、协调和指挥功能，并提供线网层面的应急指挥平台，实现线网的日常监控和管理、人员培训、线路控制中心调度纪律监督、各线路考核、应急预案管理、应急资源管理，以及紧急情况下的应急值守、应急指挥、事故分析等功能，并能随线网发展而不断扩展（图1-5）。

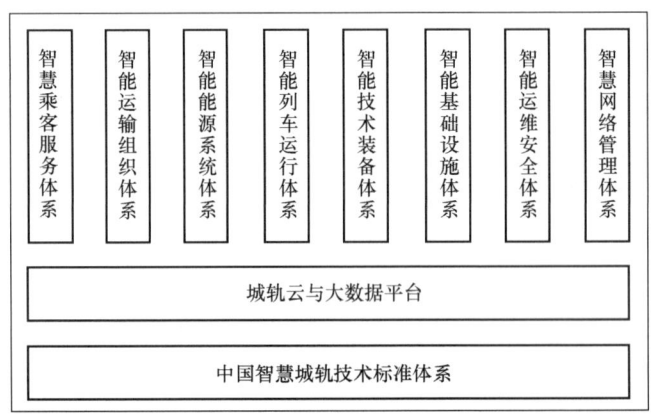

图1-5 智慧城轨建设蓝图

"十四五"是城轨交通在新的更高起点上加快推进创新驱动、转型发展，提升运营服务品质的重要时期；也是加快推进城轨交通产业变革、科技创新，全面建设智慧城轨的重要时期；更是加快推进城轨交通高质量与高效率并重发展，从"城轨大国"向"城轨强国"迈进的重要时期。

在现代化强国和交通强国建设中，城轨交通加快实现由高速发展向高质量发展的转变，数字化始终是最重要的切入点和主要抓手。北京、上海、广州等先行城市的智慧车站建设已经起步，一批后发展城市跃跃欲试，将很快遍及全行业，轨道交通将全面拥抱数字时代。依托智能物联网、工业互联网、5G通信、地理信息系统（GIS）、大数据分析、云计算、生物认证识别、人工智能、数据可视化等先进科技，整合提升地铁自动化、信息及通信等系统，打造涵盖智慧建设、智慧运营全生命周期的线路全自动运行、线网高效协同、科学运维管理的智慧地铁。

在《中国城市轨道交通智慧城轨发展纲要》中，对智慧城轨内涵有层次分明、概念清晰的定义解析：应用云计算、大数据、物联网、人工智能、5G、卫星通信、区块链等新兴信息技术，全面感知、深度互联和智能融合乘客、设施、设备、环境等实体信息，经自主进化，创新服务、运营、建设管理模式，构建安全、便捷、高效、绿色、经济的新一代中国式智慧型城市轨道交通。

工程建设数字化管理作为智慧城轨发展的重要发展方向与主要战场，是智慧城轨建设的重要组成部分。在数字化方向指引下，深入开展轨道系统工程建设技术研究，融合新一代互联网、大数据驱动、类人智能、智能传感、通信、遥感、卫星定位、地理信息系统、超大容量实时高可靠移动通信、虚拟现实、装配式、三维激光扫描等技术，实现对劳务人员、重要设备、高风险部位、施工环境等进行智能化识别、定位、跟踪、监控与管理，运用智能分析技术实现海量信息的处理和决策支持，实现技防代替人防，建立支撑现场管理、互联协同、智能决策、知识共享的一整套工程现场管理、线网管控的工程建设数字平台，构建智能化管理信息系统及工程施工技术体系，全面推动数字化、智能化、智慧化建设管理转型。

1.2 形势要求

1.2.1 建设形势

近年来，我国城市轨道交通都处于快速发展阶段。根据中国城市轨道交通协会数据显示，截至2020年年末，我国大陆地区共45个城市开通城市轨道交通运营线路7978.19km。2020年为"十三五"收官之年，年度新增城轨交通运营线路长度1241.99km，再创历史新高（图1-6）。"十三五"期间，中国内地城轨交通新增运营线路长度总计达4360km，年均新开运营线路872km。

2016~2019年全国新投运线路里程达3112km，平均每年新投运778km，较"十二五"期间的404km提升达93%（表1-1）。

各阶段我国城市轨道交通建设情况　　　　表1-1

时间	阶段末总运营里程（km）	平均建设速度（km/年）
"十五"（2001~2005年）	545	80
"十一五"（2006~2010年）	1599	211
"十二五"（2011~2015年）	3618	404
"十三五"至今（2016~2019年）	6730	778

各城市线路规模持续扩大，并逐渐成网，城市轨道交通发展从单一线路化发展已逐步迈入网络化发展时代。超大规模的工程建设任务，在建工地数量急剧增加，但长期以来，我国城市轨道交通建设习惯于以经验为导向的粗放式管理模式，安全、质量、进度、投资等管控力度有限，质量安全事故、工期延后、投资失控时有发生，难以满足社

轨道交通工程数字化建设管理

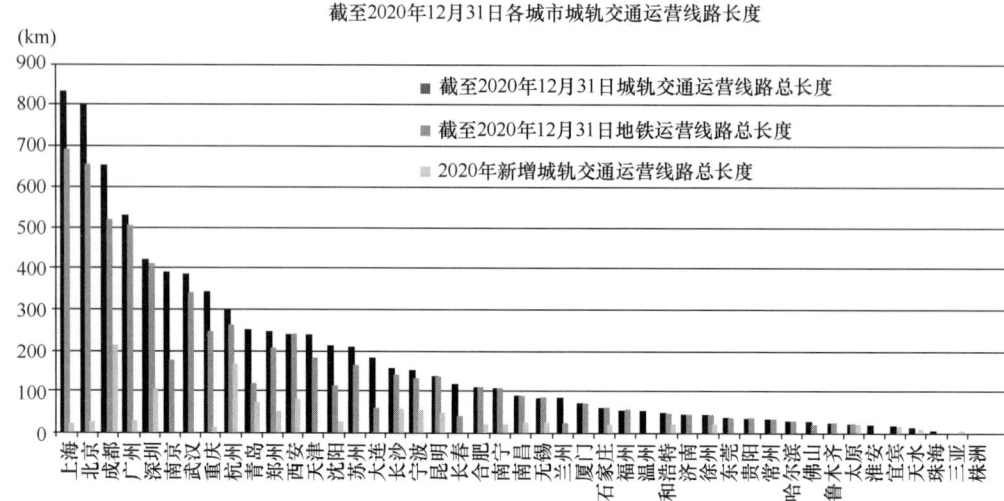

图1-6 我国各城市轨道交通线路运营里程（数据来源：中国轨道交通协会）

会预期要求和行业高速高标准发展的需要，与人们对美好生活的向往和追求尚存差距。

当前，广州地铁正全面推进11条（段）、292km"十三五"线网建设。轨道交通工程建设的类型比较复杂，通常既涉及地下的工程，又涉及地面的工程，此外还包含桥梁工程、轨道工程、机电工程等，对建设管理的综合要求较高。工程施工对技术性要求较高，施工工艺也比较复杂，需要结合不同的施工环境来选择适宜的施工方式，甚至在施工过程中会应用到多种施工方法，如明挖与暗挖法、盾构法及冻结法、沉管法等，施工工艺复杂，对施工技术人员的要求也非常高，所以风险也非常大。受制于密集居民区和建筑物、地下管线、高速公路、铁路、加油站等的影响，施工环境错综复杂，面临很多因素不可控和难以预测的困难。

以广州地铁十二号线为例，该线路施工地质复杂，特别是岩溶地层、花岗岩地层及上软下硬地层。线路经过主城区，具有交通疏解期数多、征拆量大等特点（表1-2）。

轨道交通工程特点情况　　　　　　　　　　　　　　　　表1-2

序号	工程特点	特点描述
1	工程规模大，承包方的管理、组织、协调能力要求高	本工程跨越白云、越秀、海珠、黄埔、番禺五区，涉及区域广。该工程为大型总承包施工项目。施工内容繁多，各专业工程相互制约，工程实施过程中接口多，组织管理难度大。施工过程中涉及与众多相关单位的协调，对承包方的组织协调能力要求高
2	控制工点多、施工工法多	本工程有17座换乘站，其中6座换乘站与其他线路同步建设，交叉施工，控制点多。多层站比重大，其中三层站9座，四层站3座。施工工法多，车站工程涵盖了明挖顺作法、半盖挖法、盖挖法、暗挖法和明暗挖结合法等工法，区间隧道工程涵盖了盾构法、矿山法、明挖法、矿山法盾构空推、过站、先隧后站等工法，出入口、风亭等附属工程采用了明挖法、暗挖法、顶管法等工法。施工组织难度大，需要提前做好统筹规划，优化工序工艺，合理投入资源，保证本工程顺利完成

续表

序号	工程特点	特点描述
3	沿线工程地质情况复杂，盾构施工风险高	地质复杂，施工风险高。特别是施工难度极高的岩溶地层、花岗岩地层及上软下硬地层，并且1次穿越采空区段，13次穿越地质断裂带，6次下穿珠江，18次下穿河涌、河流等水系。必须采取有效的技术措施及管理措施来规避风险，确保工程安全顺利实施
4	全线征迁量大，交通疏解难度大	本工程线路经过主城区，沿线人口密集，周边建构筑物众多，交通繁忙，多数路段道路狭窄，征迁工作是控制本工程顺利开展的关键。沿线部分车站需占用城市主干道，对城市现状交通产生较大干扰。其中多个车站征迁（拆）量大，交通疏解期数多、难度大。同时，站址位置及周边管线复杂，迁改难度大，周期长，对工期影响大
5	城市中心区施工，周边环境敏感，环保要求高	本工程穿越城市主城区、文物保护区、旅游风景区等重要地段，工程自身安全文明施工要求高。必须采取有效的措施，做到防止水土流失、控制污水排放及防止扬尘、噪声污染、光污染等。同时需采取严格的保障措施，确保道路、水源、管线等设施的正常使用，避免造成不良社会影响
6	区间下穿建构筑物众多	本工程沿线盾构穿越建构筑物多，包括市政桥梁、高层建筑、民用建筑、厂房、铁路和既有地铁线等。沿线需拆除及保护的建构筑物近1000处，沿线下穿铁路3处、下穿上跨地铁既有线16处。盾构施工中易产生地面隆起与沉降，全线穿越既有线及建构筑物众多，施工监控与保护投入大
7	共建单位多，施工干扰大	本工程槎头站、棠溪站、广园新村站、建设六马路站、东湖站、赤沙滘共6座车站与其他线路同步实施。以上车站在十二号线总体工筹中为盾构吊出或盾构过站车站，施工期间需与其他单位沟通协调，存在共建单位多、场地协调困难、施工干扰大、节点工期受制约等特点
8	全线超深车站多，深基坑施工风险高	本工程有9座车站、1个区间风井为超深、超宽车站基坑。超深车站基坑开挖过程中，均存在中风化岩层，局部存在微风化岩层，开挖难度大；同时，临近闹市区及紧邻重要构筑物的车站禁止使用爆破法进行岩层开挖作业。基坑开挖及主体施工破除混凝土支撑过程中可能发生漏水、涌水、涌砂现象，施工风险高

在工程建设管理过程中，受制于主客观因素，存在以下主要问题及管控难点：

（1）地铁建设存在工地水文地质条件多变、周边和地下环境复杂、地下管线繁多、人员多变且穿插施工等诸多问题，地下工程建设中容易受到复杂结构和地应力场环境等方面的影响，水文、地质等条件的复杂性决定了很多的不确定性，如果各方执行或监管不到位，则易发生安全事故，造成较大人员伤亡和财产损失。

（2）受征拆、交通疏解、管线迁改、施工难度等错综复杂的形势制约，征拆、噪声、交通等信访问题突出，保安全、保质量、保工期、保效益等核心目标实现需要更高质量的发展。

(3) 地铁工程量大，参建单位众多，从而信息量巨大，各方信息互通性不高，容易造成信息孤岛现象，不利于建设管理方获取、分析现场实际信息。

(4) 一线施工人员的专业技能普遍较低，对于工程危险信息反应不及时，问题处理方法的科学性不高，存在重大安全隐患。

(5) 对于大型机械使用和建筑施工中的实时监测运作情况未能实现数据互通，从而不便于施工现场作业协调、工作调度、安全生产的管控。

(6) 质量安全的监管工作及生产保障机制的有效性仍是建设过程中的难题。

(7) 人才资源缺乏，大范围、大规模、超常规发展导致各级优秀人才摊薄，人力资源发展不匹配建设发展。

在轨道交通建设突飞猛进的同时，从传统单一线路向线网化、多元化的复杂线网工程演进中，轨道交通数字化成果不断涌现，智能系统、智慧城轨不断突破，城市轨道交通系统向网联化、协同化和智能化方向发展。但不可否认的一个事实是轨道交通的信息化进程参差不齐，应用程度和水平差异较大。轨道交通工程建设领域应用数字化仍处于较低水平，生产方式仍然比较粗放，已严重不适应当前形势发展的需要，与高质量发展要求相比还有很大差距。

在工程建设信息化方面，广州地铁先后探索应用隐患排查、视频监控、门禁、一体化管理等系统，尽管取得了一定成绩，符合当时的技术发展水平跟管理需要，但从数字技术发展翻天覆地的当前形势综合来看，仍存在信息系统整合不足、系统服务效能不高、参建单位数据资源开发利用水平低等弊端，信息资源碎片化、业务应用条块化、业务服务分割化等问题依然明显，信息化在对提升治理体系和治理能力现代化中的作用尚未充分发挥，改革意识、管理机制、资源整合、业务协同水平有待提升，亟待通过统一的平台、互联互通的数据、更智能的服务来推动建设管理能力的进一步提升，匹配和适应管理模式的进一步变化。

轨道交通工程建设数字化转型升级已势在必行，打造数字生产力、建立数字化新型生产关系是实现轨道交通工程建设数字化转型的破局关键，而作为数字技术与工程建管模式有效融合的"工程建设数字平台"，将成为引领转型升级的核心引擎。

1.2.2 管理模式

"数字化"不只是工具，更是一种从业务开始的深层变革。随着对数字化的形态变化和价值认识越来越深入，我们必须清楚思考数字化转型的真谛。数字化转型，不是简单地将物联网加上大数据、人工智能等新兴技术，不是技术驱动，也不是建设驱动，而是业务驱动，必须基于业务的发展，必须尊重企业发展的规律。

轨道交通工程建设数字化管理转型升级，必须要聚焦施工现场一线生产活动、工程建设项目管理特征，实现数字化技术与生产过程深度融合，梳理数字化业务场景，将数字化技术切实应用到一线工作中，强化数据分析与预测支持，真正解决现场的业务问题。轨道交通工程建设数字化业务场景的落地，不是某一项技术可以独立支撑的，也不是简单的多项技术的集成应用，而是一项极其复杂的系统性工程，需要从技术、业务、数据等维度总体规划、循序渐进地发展。数字化平台需充分应用并集成软硬件技术，融合新型数字技术，满足施工现场变化多端的需求和环境，以一种"更智慧"的方法来改进工程各干系组织和岗位人员相互交互的方式，以便提高交互的明确性、效率、灵活性和响应速度。

在广州地铁建设历程中，先后经历小标段管理模式和总承包模式。小标段模式下，轨道交通建设设计、施工、采购等合同采用平行委托给多个单位实施的发包方式。总承包模式下，建设单位委托一家施工单位或多个施工单位组成的施工联合体作为施工总承包单位，由施工总承包单位根据需要将施工任务的一部分分包给其他符合资质的分包人。总承包企业按照合同约定，仅承担建筑及安装工程施工，对承包范围的工程质量、安全、工期等全面负责（图1-7）。

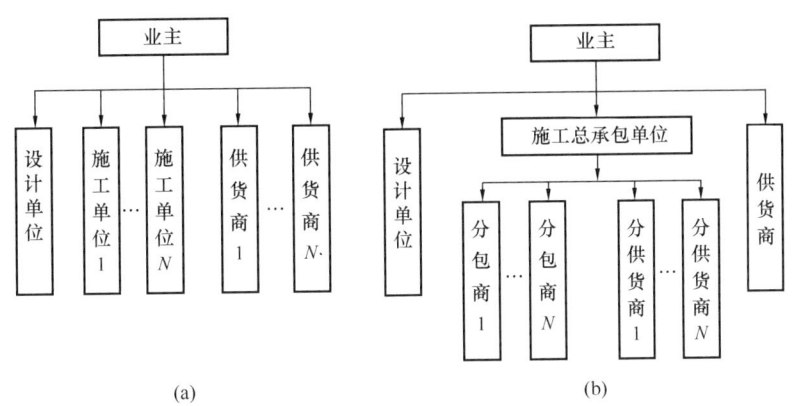

图1-7 小标段与总承包模式合同关系对比图
(a) 小标段模式下合同结构；(b) 总承包模式下合同结构

根据总承包合同的约定，承包商成立总承包部，代表中标人并协调联合体各成员全面履行合同，负责组织、指挥、统筹、协调、管理、监控项目的实施。总承包部配备相关专业的职能部门，以及具体实施施工任务的项目分部，项目分部作为各区段的实施主体及现场管理机构，对该区段的施工进度、安全、质量、绿色文明施工负责（图1-8）。

广州地铁面对当前的大规模建设任务，牵头全面理顺建设业务发展治理结构，按照"放、管、服"原则，明确权责界面，优化业务管控，实施职能优化，推进内部组织变革，持续变革和优化，以项目制管控为核心的总承包管理模式，压缩管理层级，实现管理重心下移和扁平化管理，提升效能，不断适应新形势下地铁建设的新任务和高质量发展需求。

以项目制管控为核心的总承包管理模式与轨道交通工程建设数字化平台相辅相成，一方面，总承包模式下对统筹管控、指挥调度的要求更高，工程建设数字化平台的价值更加彰显；另一方面，总承包模式也为工程建设数字化平台的推进提供了资金保障、用武之地，两者相互促进、全面联动，更好地发挥总承包管控模式的职能优势，健全管理制度和运转机制，进一步提高精细化、规范化、标准化管理水平。

随着城市建设规模和运营线路的快速增长，越来越多的城市轨道交通正开展网络化发展与建设，加速形成城市轨道交通网络。城市轨道交通网络化发展，要求由传统的线路式发展思路向网络化发展理念转变，这就要求在更高层面的线网级对工程建设进行网

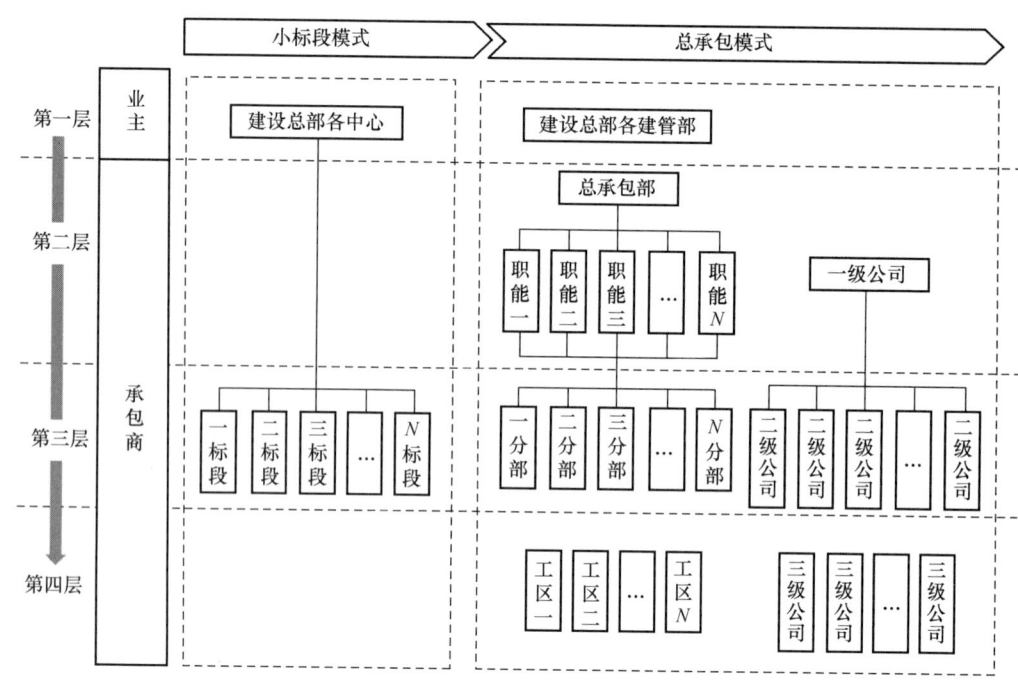

图 1-8 管理架构变化图

格化管理。线网网络化、规模化快速发展，工程建设管理规模日益扩大，建设安全保障要求越来越高，工程建设组织也越来越复杂，对网络的运行实施实时动态监视、统筹指挥调度。

城市轨道交通建设阶段线网级指挥中心的建设跟建设单位的企业定位（独立建设公司）、组织架构、职责划分息息相关，常见有以下几种模式：

（1）第一种是单线路模式，这种模式实际取消了线网级指挥中心，将职能下移到线路控制中心。

（2）第二种是融合模式，线网级指挥中心和线路控制中心合并建设，由线网级指挥中心高度集中管控。

（3）第三种是多线路模式，各线路控制中心单独建设、功能独立，信息汇聚到线网级指挥中心（图1-9）。

线网级指挥中心单独建设，与线路控制中心的地理位置分散设置；线网级指挥中心和线路控制中心合并建设，高度集中，分级管理，设在同一地理位置。线网指挥中心的设置方式往往是在城市轨道交通发展建设的过程中，结合城市轨道交通的建设规划、管控模式、项目模式等多种因素综合确定。

广州地铁主要应用多线路模式，又吸收采纳线网线路融合模式统筹管控、集中管理的优点，在线网层面，构建轨道交通线网的信息采集、存储、分析的平台，制定建设工程安全、质量、进度相关数字化数据标准和管理制度，对线网、各线路的各种工况进行仿真分析，制定各种符合轨道交通实际情况的预案，并统筹协调各线路的应急预案，实现基于共享信息平台的工程建设安全保障体系和应急处置。在正常情况下，线网指挥中

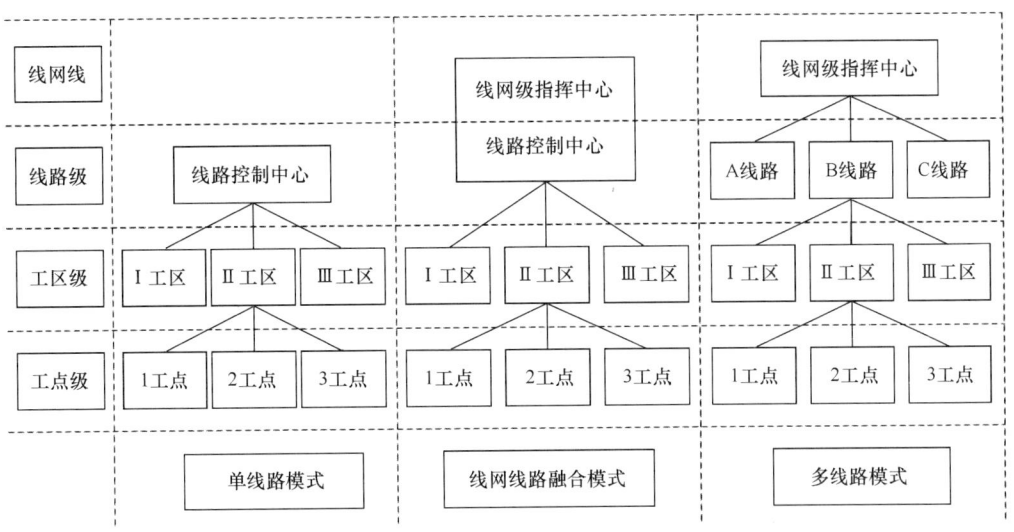

图 1-9 城市轨道交通建设阶段线网级指挥中心建设模式示意图

心对各线的建设进行实时监视；在应急情况下，线网指挥中心应能对涉及线网建设的跨线支援、政府联动具备协调指挥功能，实现"平时"安全风险预控、"战时"应急指挥调度。

第2章 轨道交通工程建设数字化认知

轨道交通工程建设数字化是通过数字技术和工程管理艺术的整合,通过数字化、智能化、智慧化的不断升级,驱动工程项目、工地现场管理水平提升,优质高效推进工程建设,进一步推进建设事业的可持续发展,让轨道交通建设更安全、更高效、更智慧,最终建立一个覆盖轨道交通工程不同生命周期的"数字工程平台生态新体系"。在思考与实践中,我们要深入理解内涵,分析本质,从更宏观、更深入的视角把握工程建设数字化管理的方法论。

2.1 内涵

2.1.1 认知

传统认知中的"二元世界"强调物质决定意识,意识反作用于物质。例如,我们建造一个建筑,传统方式是按照图纸直接进行实体工程的建设,如果产生问题也是不可逆的,拆了重建的代价太大,最终让建筑成为遗憾的艺术。

在数字时代,传统的"二元世界"转变为意识世界、数字世界和物理世界的"三元世界"。意识世界的构想和物理世界的实体都通过数字化形成数字虚体,在数字世界进行模拟仿真和推演,理清运行规律,获得最优方案。然后再通过映射、虚实互联,驱动和操控物理世界中的实体运行。同时,物理世界不断地将信息与数据反馈回数字世界,加速数字世界的自我学习和进化演进(图2-1)。

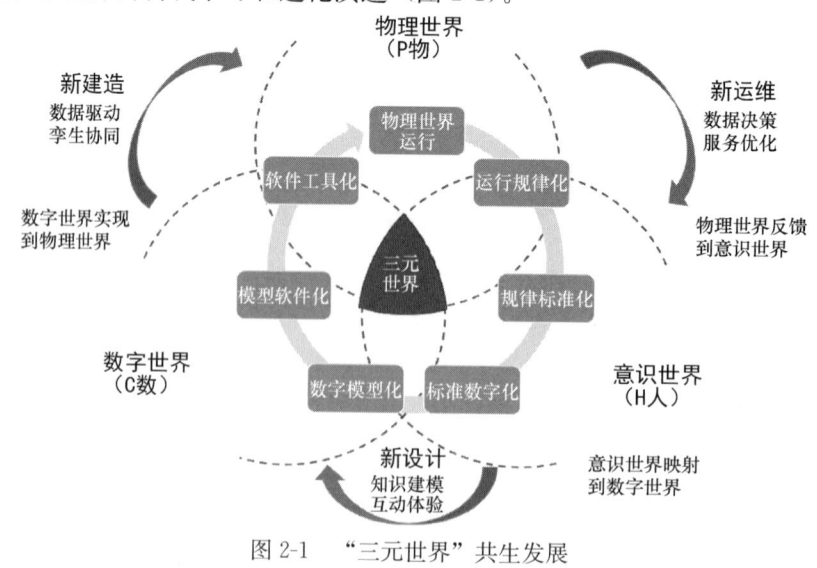

图2-1 "三元世界"共生发展

可以说，"三元世界"的相互促进、共同进化、共生发展，让我们认识世界和改变世界的能力大大提升，进一步加速了对物理世界的改造效率和进程。

2.1.2 事理

不确定性增大已经成为时代显著的特征。在这场变革中，产业的发展逻辑发生转变，将由竞争转为合作；需求场景向海量、实时、碎片化、多样化转变。传统发展路径可能失效，商业法则面临重新定义，固有的路径和壁垒都将消失，企业需要去寻找新的发展模式。数字时代带来的技术进步和模式创新推动企业不断迭代进化，企业寿命、产品生命周期、争夺用户的时间窗口都在以前所未有的速度缩短。如何在巨变中找到不变、在动荡中找准方向，走出一条适合自身发展的新道路，是时代摆在每一家企业面前的关键问题。

如果说不确定性是数字时代的特征，那数字化转型将是应对不确定性的最优解。通过数字化转型，以数据的自动流动，化解复杂系统的不确定性，满足市场需求个性化，化解生产过程复杂化，打造产品服务多样化，推动产业协作生态化。

轨道交通工程建设也面临着非常大的不确定性，数字化通过工程物联网感知物理实体，对建筑本体及项目全过程、全要素和全参与方进行数字化和在线化，实现以实映虚；在数字空间，再造一个与之对应的"数字虚体"，形成物理维度上的实体世界和信息维度上的数字世界同生共存、虚实交融的格局；通过"数据＋算法"驱动智能决策，形成指令在物理空间中被执行，实现以虚控实，最大程度上减少不确定性对工程的恶性影响（图2-2）。

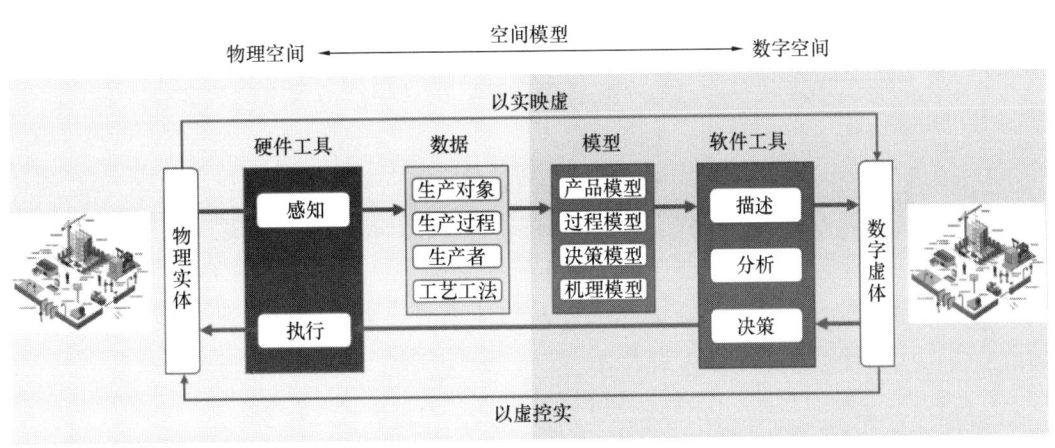

图 2-2 数字平台的运行事理

"数字工程"是构建工程建设数字化成果的集中展示，是基于"工具＋数据＋模型"建立起工程从物理世界到数字世界之间的映射，形成"感知、描述、分析、决策、执行"的业务闭环，构建起数字孪生的新形态。它结合先进的精益建造理论方法，集成人员、流程、数据、技术和业务系统，实现建筑的全过程、全要素、全参与方的数字化、在线化、智能化，构建项目、企业和产业的平台生态新体系，从而推动以新设计、新建造、新运维为代表的产业升级，实现让每一个工程项目成功的核心目标（图2-3）。

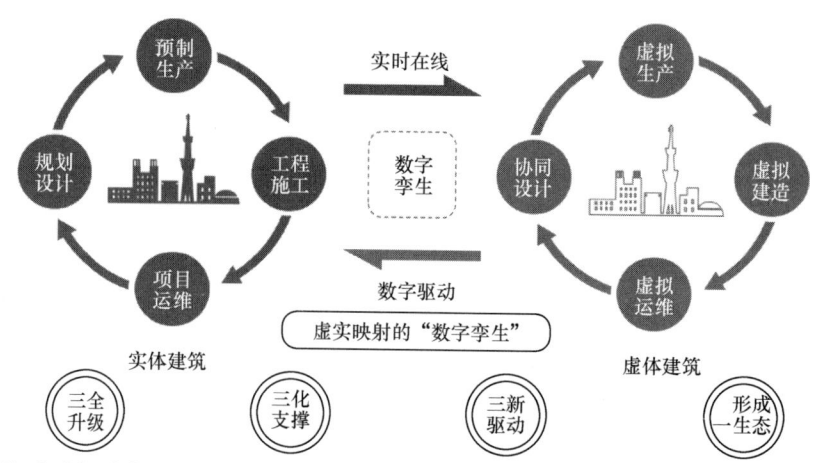

图 2-3 数字平台的集中展示

2.1.3 动因

轨道交通工程建设数字化管理是对工程建设的全面数字化转型，数字化转型的根本目的就是通过数字化手段，提升资源配置效率，增强企业核心能力。通过数字化转型赋能企业提升项目管理能力，实现企业经营集约化；增强企业精益建造能力，实现企业浪费最小化；改善资源配置能力，实现资源配置最优化；打造生态协作能力，实现价值创造最大化。通过企业核心能力的迭代升级，传统企业转型为数字化企业，大幅提高资源配置效率，升级生产力水平，最终实现企业核心能力提升。

数字化的价值追求就是通过数字化转型升级，突破生产力水平的关键瓶颈，实现提质增效、节本降耗、价值创新、生态共赢。

2.1.3.1 "做实加法"——提质增效是核心诉求

数字化是最有力的提质增效方式。美国咨询机构的研究表明，在所有企业中，信息化利用率高的企业劳动生产率要比利用率低的企业高60%~90%，2000~2016年制造业采用数字化带来的价值增长高达55%。从整体来看，工程建设行业的数字化水平与制造业相比还较低，未来生产力提升有50%~60%的增长空间。

2.1.3.2 "做细减法"——节本降耗是生存之道

在不确定性增大的当下，节本降耗是企业生存的根本。数字化转型可以赋能企业实现智能化的决策、数字化的管理、精益化的建造，为企业省钱、省心、省时间，帮助企业真正落实精益建造，实现节本降耗。

2.1.3.3 "做好乘法"——价值创新是不变追求

依托数字化完成企业发展的提速换挡，为用户创造新的价值，已成为企业持续发展的必选题。通过数字化转型，企业利用数字技术，实现商业模式创新与服务化转型，以客户为中心，通过数据驱动，及时触达客户，动态响应客户需求，创新价值链，提供一体化解决方案。

2.1.3.4 "做优除法"——生态共赢是重生之路

平台化经营、生态化发展是数字时代产业发展的重要特征。通过数字化转型,去除产业链上无价值环节,优化价值链上低效的环节,消除组织层级中的冗余流程、低效层级,最终提升组织效率,提高生产效率。未来企业将以项目为中心,打破企业边界,重构生态伙伴关系,发挥协同作用,充分利用产业资源,优化项目管理模式,从利益博弈到利益共同体,形成充分协作、合作共赢、利益分享的产业生态新场景。

轨道交通工程建设数字化平台贯穿工程项目全过程,升级产业全要素,连接工程项目全参与方,提供虚拟建造服务和虚实结合的孪生建造服务,系统性地实现全产业链的资源优化配置,最大化提升生产效率,赋能产业链各方。平台作为工程管控体制模式转型升级的核心引擎,其影响必然是全价值链的渗透与融合,最终推动以新设计、新建造、新运维为代表的数字化新场景。

通过数字化赋能,全面提升项目管理能力,实现企业经营集约化;增强企业精益建造能力,实现企业浪费最小化;改善资源配置能力,实现资源配置最优化;打造生态协作能力,实现价值创造最大化。通过企业核心能力的迭代升级,建筑企业转型为数字化企业,大幅提高资源配置效率,升级生产力水平,最终实现企业核心能力提升。

2.1.4 愿景

数字化愿景是创新性的,企业要定义全新的数字化未来;数字化愿景应该是真实可见的,具备清晰、可衡量的目标和结果,为员工展现企业的未来,激励他们为之付出努力。

把握时代发展趋势,认识、相信数字化对于产业升级的核心驱动作用,通过大数据、人工智能等新技术融合应用,加速推动数字化、在线化和智能化向设计、采购、生产、施工、运维等环节渗透,构建一套基于数据驱动、智能决策、精准执行的数智化赋能体系,逐步形成智能主导从局部向系统再向全局、从单环节向多环节再向全流程、从单企业向产业链再向产业生态的智能运行体系。数智化将推动人们劳动力的解放,驱动脑力增强,带来决策革命,实现工程建设产业向智能时代演进发展。

2.2 路径

2.2.1 范式

数字化转型从本质上可以说是在"数据+算力+算法"定义的世界中,以数据的自动流动化解复杂系统的不确定性,推动工具革命和决策革命,优化资源配置效率。算力提供技术支撑,"数据+算法"可以把物理世界的不确定性转变成数字世界的确定性,再通过数字世界的数据服务反过来优化物理世界,将作为我们构造认识和改造世界的新方法。

数据的自动流转,即将正确的数据在正确的时间以正确的方式传递给正确的人和机械,通过"数据+算力+算法"的运作范式,形成"描述-诊断-预测-决策"的服务机理，形成人与系统的和谐共生，推动数智化愿景的实现（图2-4）。

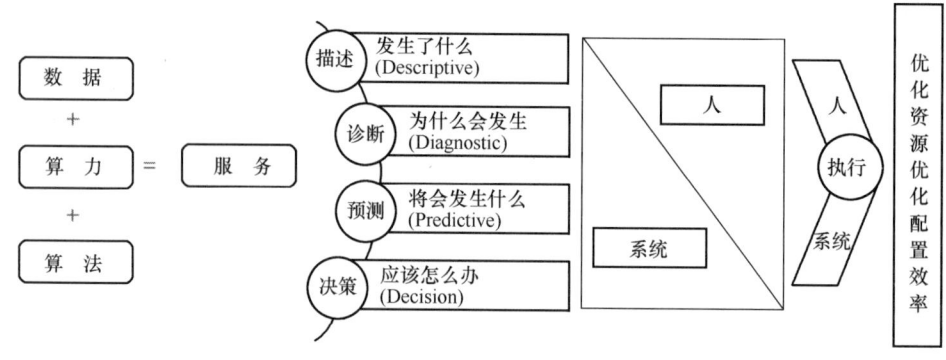

图2-4 数据运作和服务（资料来源：阿里研究院）

轨道交通工程建设数字化平台是"数字生产力和新生产关系"的代表，是运用这套理论范式对传统工程建设进行转型升级的最佳实践，是工程项目建设管理转型升级的核心引擎。具体而言，在物理空间通过摄像头、传感器等各类硬件工具实现项目的实时感知，然后将生产对象、生产过程、生产者、工艺工法等业务数据映射到数字空间中的产品模型、过程模型、决策模型、机理模型等业务数字模型。在数字空间中通过数据＋模型进行描述（发生了什么）、诊断（为什么发生）、分析（将会发生什么）和决策（应该怎么办），形成指令在物理空间中通过控制硬件进行业务执行，最终推动以新设计、新建造、新运维为代表的产业数字化新场景。

2.2.2 引擎

轨道交通工程建设数字化平台赋予项目全生命周期新的内涵，推动工程建造过程从传统的实体建造，转变为全数字化虚拟建造和工业化实体建造；平台将有效连接项目各方主体，打破相关企业边界，形成网络化与规模化的多方协同，驱动工程项目的全要素实现数字化和在线化，最终走向智能化，实现全要素（空间维度）、全过程（时间维度）、全参与方（人/组织的维度）的全面升级。从全要素（空间维度）、全过程（时间维度）、全参与方（人/组织维度）三个方面进行解构，再通过"数字化、在线化、智能化"的引擎进行重构，形成新的生产对象，即实体建筑和数字虚体建筑，形成以新设计（数字化样品）、新建造（工业化建造）、新运维（智慧化运维）为代表的"三新"生产力（图2-5），驱动重构生产关系，形成全新的生产关系（资源共享、融合发展、多方共赢）。

（1）数字化是基础。通过对工程实体与实体活动的解构与建模，构建与实体映射的数字化模型，实现全过程、全要素、全参与方三方面的数字化。数字化不仅仅是工程本体的数字化，未来工程全生命周期也被赋予新的数字化生产场景：新设计、新建造、新运维阶段，在全生命周期的过程中，各类要素资源、数据、技术和工艺工法等完全数字化表达，汇集凝聚成全新的生产力，并涵盖各参与方构建数字在线链接与协同的全新生产关系。

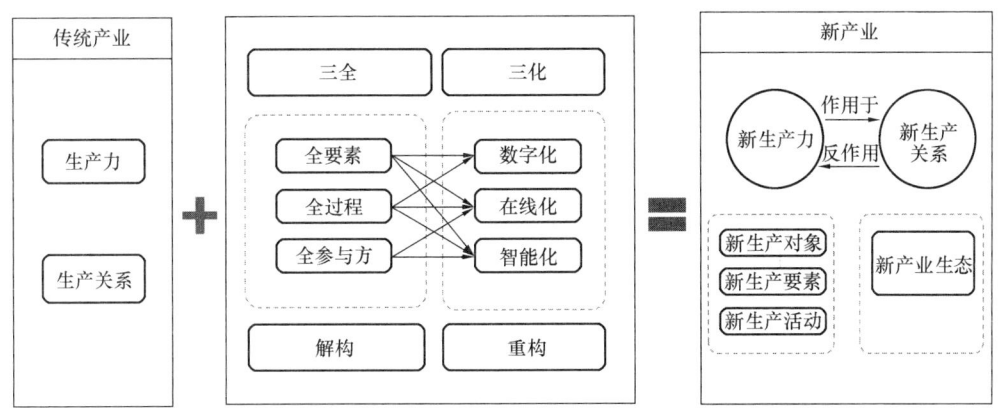

图 2-5 轨道交通工程建设数字化平台赋予项目全生命周期的新内涵

（2）在线化是关键。通过虚实双生，形成融合机制。将建筑实体及人、机、料、法、环等管理与生产要素、各类终端进行泛在连接和实时在线，并对生产、商务、技术等管理过程加以改造，提高生产效率、管理效率和决策能力等，实现数字化、精细化、智慧化管理。

（3）智能化是核心。本质上是数据驱动，演化智能算法。也就是说，虚体工程与实体工程在大数据、智能算法基础上具备可感知、可适应、可预测能力，相互依赖与优化，成为具有全面感知、深度认知、智能交互、自我进化的数字孪生，形成科学决策、精准执行的"人工智能"，在数据闭环自动流动过程中实现资源的优化配置。

2.2.3 主线

围绕工程项目建设全过程，平台将构建"两条生产线"，建立"两个关系"，实现"两个过程"，提升产业"两个实力"，为业主交付"两个产品"（图 2-6）。

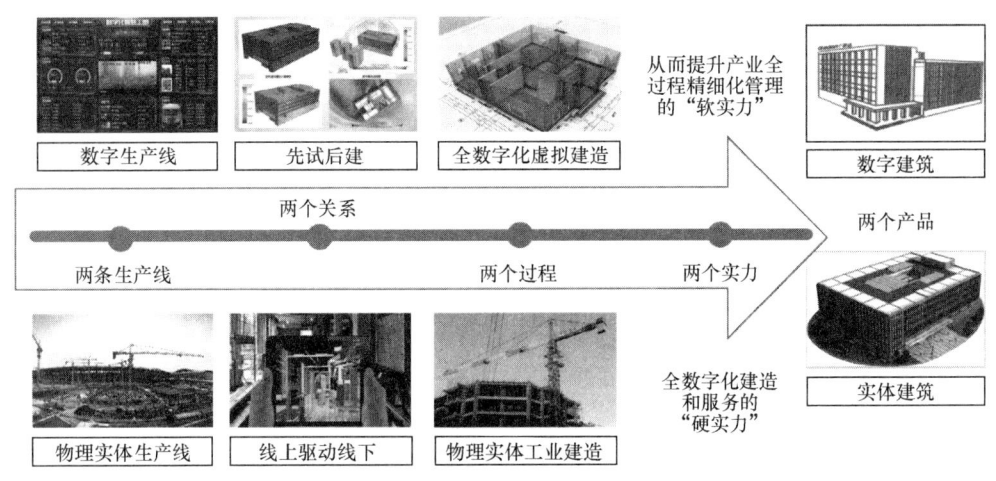

图 2-6 工程建设数字平台赋能项目全过程管理升级

（1）构建"两条生产线"。一条是物理实体生产线，包括实体建造、实体工厂、实体工地,最终的产品是实体工程;另一条是基于软件和数据的数字生产线,包括虚拟建造、数字工厂、数字工地,最终交付的产品是数字工程。

(2) 建立"两个关系"。通过数字工程平台进行建模与分析模拟,先试后建。在建设过程中,线上数据的自动流动驱动线下的实体作业。

(3) 实现"两个过程"。未来工程项目将"建两遍",先全数字化虚拟建造一遍,再工业化实体建造一遍。通过全数字化虚拟建造交付全数字样品,通过工业化实体建造交付工业级品质的实体建筑。

(4) 提升"两个实力"。围绕工程项目成功的目标,平台赋能产业提升"两个实力",一方面提升产业全数字化建造和服务的"硬实力",另一方面提升产业全过程精细化管理的"软实力"。

(5) 交付"两个工程"。交付两个"工程",即物理实体工程和数字虚体工程。通过数字虚体工程可随时追溯建造过程中的各类信息和数据,为后期运维提供信息模型和数据支撑。

2.2.4 特征

通过数字技术建立工程项目全过程、全要素、全参与方的泛在连接;产业链各方通过平台协同完成建筑的设计、采购、施工、使用和运维,更高效地实现全产业链的资源优化配置;基于数据驱动,提供智能化服务。概括来说,轨道交通工程建设数字化平台的主要特征表现为:连接+协同+数智(图 2-7)。

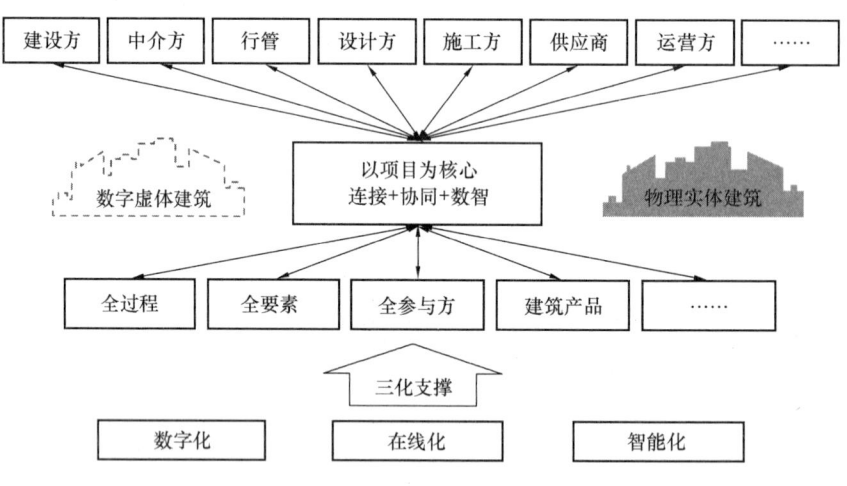

图 2-7 轨道交通工程建设数字化平台主要特征

(1) 连接:基于工程物联网的万物互联。轨道交通工程建设数字化平台以工程项目为中心,通过工程物联网构建起"人、机、料、法、环"等工程项目全要素的实时在线;通过数字项目集成管理平台实现工程项目全过程、全要素和全参与方的泛在连接;通过数字生产、个性定制等系统实现供给端与需求端的全面互联;最终形成数据驱动的项目、企业与产业之间弹性互补和高效配置的数字生态。平台将实现从业单位数据、从业人员数据、工程项目数据、标准服务数据、信用征信数据等有效连接与整合,为建筑产业数据发掘与决策支持提供数据支撑。

（2）协同：以项目为核心的多边网络协同。产业链各方通过平台协同完成建筑的设计、采购、建造和运维，系统性地实现全产业链的资源优化配置。在设计阶段，设计各方通过平台进行协同设计，交付数字化样品；在交易阶段，利用平台进行供需智能匹配、征信互查与智能合约服务，重塑数字交易场景；在建造阶段，通过现场需求驱动工厂生产与现场安装，实现建造资源的有效配置；在运维阶段，利用数据对建筑物空间和设施设备进行实时控制，为用户提供个性化精准服务。

（3）数智：数据驱动的智能服务。轨道交通工程建设数字化平台将成为工程项目的智慧大脑和调度中心，通过部署物联网设备和现场作业各类应用系统实现对项目生产对象全过程、全要素的感知与识别，通过"数据+算法"提供模拟推演、智能调度、风险防控、智能决策等智能化服务。

2.2.5 路径

轨道交通工程建设数字化平台建设从本质上来看，是"互联网+"在工程建设行业的应用，是产业数字化转型的数字基础设施，它以工程物联网为基础，通过工程软件和数据驱动构建建筑工业互联网平台，赋能各方实现"数智化"（数字化、智能化与智慧化）管理与决策（图2-8）。

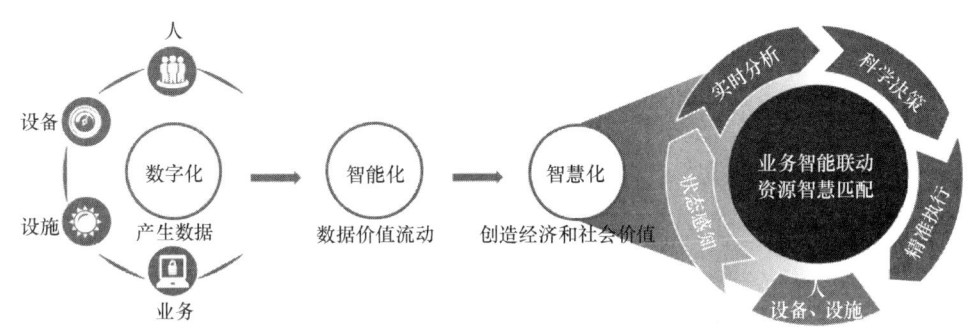

图2-8 轨道交通工程建设数字化平台赋能

轨道交通工程建设数字化平台构建起产业通往数字孪生世界的"数字底座"，用软件和数据打造"数字生产线"，基于"数据+算法"的"项目大脑"实现项目的智能化管理。

2.2.5.1 构建数字孪生世界的"数字底座"

围绕工程项目建设，工程建设数字化平台通过对工程全要素、全过程和全参与方的解构，在数字世界中打造实时映射的数字孪生虚体，构建起工程实体与数字虚体之间全面映射、动态集成、资源按需配置的产业平台环境，实现工程"数字化虚拟建一遍，工业化实体建一遍"的新生产模式。工程建设数字化平台以数字孪生的形式为产业链上下游各方赋能，构建建筑产业多方共赢、协同发展的数字化新生态系统，推动施工管理模式向行为数据化、信息可视化、分析智能化的智能管理转型升级，达到项目、企业、政府的和谐发展，推动可持续发展、高质量发展（图2-9）。

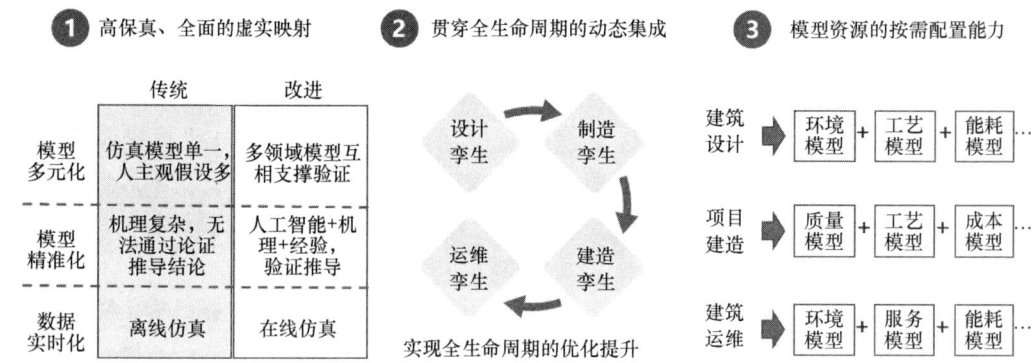

图 2-9 构建数字孪生世界的"数字底座"

2.2.5.2 基于"软件＋数据"的"数字生产线"

工程建设数字化平台将工厂生产与施工现场实时连接并智能交互,打造基于"软件＋数据"的"数字生产线"。通过数据驱动,实现工厂和现场一体化以及全产业链的协同,使图纸细化到作业指导书、任务排程最小到工序、工序工法标准化,最终将建造过程提升到工业级精细化水平,达成浪费最小化、价值最大化目标。在生产工厂,通过"全数字化样品",加工数据可以无缝传递到数字化加工设备,进行自动化的数字加工和柔性生产。在施工现场,将工厂生产的构件、部品部件进行装配式施工,还可利用智能化设备进行精密安装与质量检验,提高效率与精确度,最终实现厂场联动(图2-10)。

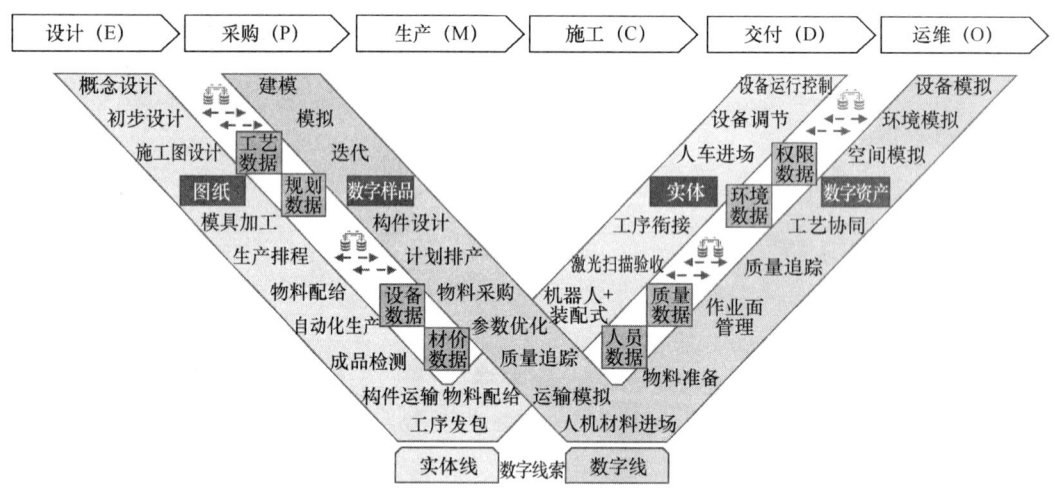

图 2-10 基于"软件＋数据"的"数字生产线"

2.2.5.3 基于"数据＋算法"的"项目大脑"

工程建设数字化平台将构筑工程项目智能化管理的"神经中枢",具体而言,通过部署物联网设备和现场作业各类应用系统实现对项目生产对象全过程、全要素的感知与识别;通过数据、算法和算力赋能,实现项目的描述、诊断、分析与决策;以优化资源、优化配置效率为目的,提供模拟推演、智能调度、风险防控、智能决策等智能化服务。

工程建设数字化平台将初步形成建设大数据，以建设大数据为核心，构建一个会思考、可进化的"工程建设数据大脑"，推动信息资源共享开放，让业务生产数据、数据反哺业务，实现数据渗透，为数据资产赋值、数据治理赋权、数据服务赋能，让数据帮助参建单位思考、决策和运营（图2-11）。

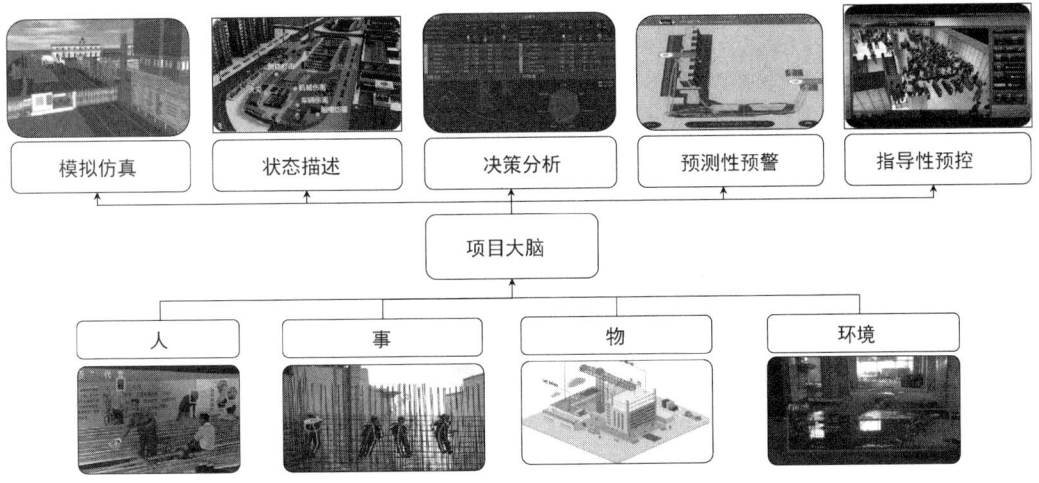

图 2-11　基于"数据＋算法"的"项目大脑"

2.3 价值

工程建设数字化管理以先进技术为引领，将先进信息化技术与轨道交通建设深度融合创新，转变管理理念，创新建设管理模式，是理念、机制、方式方法等全方位的改革、提升，助力企业的可持续发展与高质量发展。

轨道交通工程建设由一个个工程项目构成，对项目全要素（空间维度）、全过程（时间维度）、全参与方（人/组织的维度）的管控、升级是项目成功的关键。平台通过软件和数据打造的数字生产线，赋予项目全生命周期新的内涵，推动工程建造过程从传统的实体建造，转变为全数字化虚拟建造和工业化实体建造；平台将有效连接项目各方主体，打破相关企业边界，形成网络化与规模化的多方协同，驱动建设工程现场管理及全面管控不断升级，驱动工程项目的全要素实现数字化和在线化，最终走向智能化、智慧化（图2-12）。

在工程建设数字化的不断推进与赋能下，推动轨道交通工程建设产业的数字化转型不断深入和演进发展。从岗位作业层的数字化开始，提升各岗位作业层的效率和质量；然后将生产、质安、技术等工程项目管理各条"线"数字化，实现项目的精益管理；再将企业层的业务流、信息流、资金流等分别打通，优化产业链的资源配置，实现企业的集约化经营；最后，构建监管服务平台和监管体系，提供健康市场监管、高效现场监督、健康征信体系、系统劳务培训等监管服务。

2.3.1 岗位

岗位层数字化是工程项目数字化的基础支撑，在项目施工过程中，围绕项目"人、

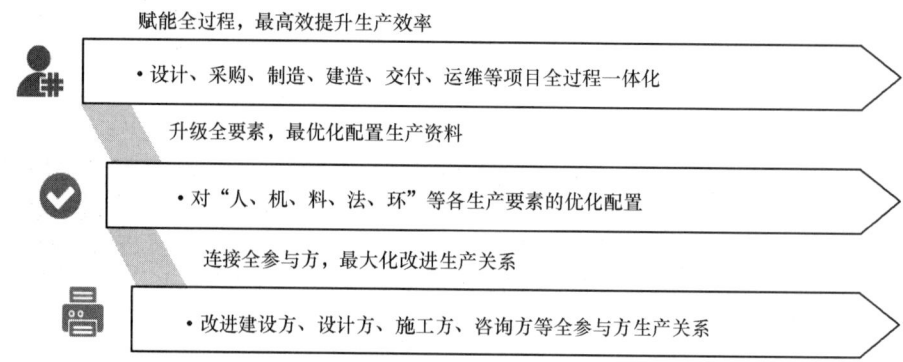

图 2-12　工程建设数字化赋能工程建设全面升级

机、料、法、环"等主要生产要素的管理，工程建设数字化从岗位层出发，推动人员管理、机械管理、物资管理、方案和工法模拟等岗位作业的数字化，提升各岗位层的效率和质量，推进岗位层高效作业，提升效率，保障工程项目建设高效实施。

2.3.2　项目

项目是工程建设产业的业务原点，工程项目的成功是产业可持续健康发展的根本。

轨道交通工程建设数字化管理驱动项目层精益管理、提高效益，实现对生产要素和作业过程实时、全面、智能的监控和管理，业务数据汇聚形成项目管理数据中心，助力作业层对项目进度、成本、质量、安全等业务实现精细化管理，基于现场实时数据和管理活动数据及历史数据，利用数据驱动的人工智能，有效支撑项目管理层实现智能化决策（图 2-13）。

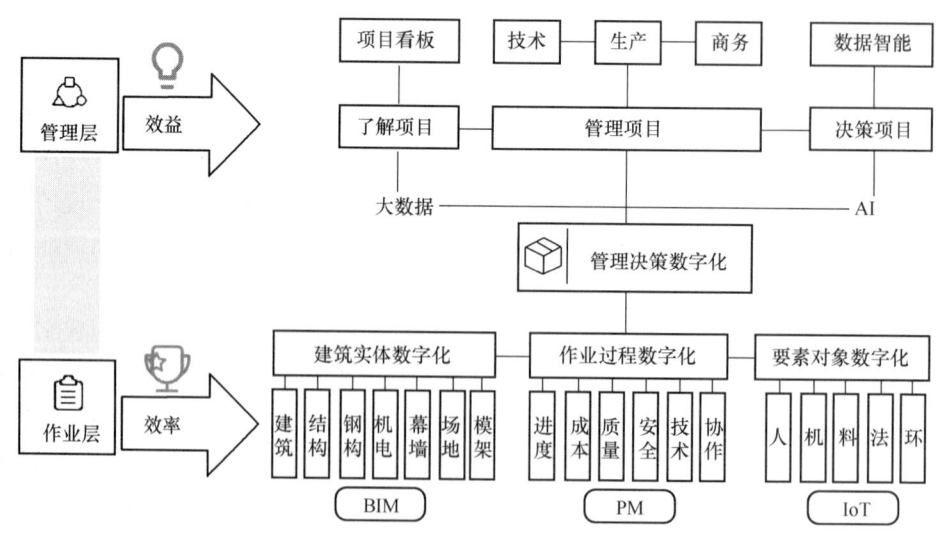

图 2-13　工程建设数字化平台推动项目层实现精益管理

（1）要素对象数字化让工地现场更智慧。要素对象数字化是数字项目的手段，通过物联网等技术，实现"人、机、料、法、环"等要素的数字化，从而减少数据的填报，保证数据的及时、真实、透明。要素对象数字化为工程项目的精益管理和智能决策提供了数据支撑。基于BIM技术和物联网技术融合应用，大幅度地提高了工程项目管理业务流程的标准化程度、业务执行效率、数据获取的实时性和准确性，使工地现场更加智慧。

（2）作业过程数字化让工程项目管理更精益。作业过程数字化通过数字技术，将传统的工程项目进度、成本、质量、安全等管理过程进行数字升级，打通原来散落在各个角色和阶段的工作内容，将一线的实际生产数据实时传入作业过程中来，通过各种智能算法进行过程优化，实现作业过程的精益管理。这个过程以BIM模型为基础、以要素数据为依据来开展，实现对传统作业方式的替代。

（3）管理决策数字化让工程项目决策更高效。基于物联网、BIM等数字技术的应用，通过对工程项目的实体、作业过程、生产要素的数字化，产生大量可供深加工和再利用的数据，不仅满足现场管理的需求，也为工程项目进行重大决策提供了数据支撑。在这些海量数据的基础上，在数字技术的支持下，基于数据的共享、业务的协同，极大地带动工程项目的管理和决策方式的变革，使工程项目管理决策变得更加准确、透明、高效。

2.3.3 企业

企业是产业发展的核心主体，通过数字化使企业管理的广度、深度、精度、效率不断得到提升，重塑企业的组织，打破企业边界和区域边界的限制，提升企业资源配置能力，加大管理跨度，缩短管理半径。利用数字工程平台，促进企业的价值链融合和改造，催生商业模式的创新，充分实现需求方与供给方的端到端的连接。企业的经营决策将更加依赖于数据驱动的科学决策，及时有效地对项目进行管理和服务，实现企业集约化经营和项目精益化管理。

（1）提升企业精益化管理能力。通过建设工程数字化平台，企业所有工程项目的生产情况可被全部纳入实时动态监控范围，通过后台大数据、云计算、人工智能等手段，对全企业范围内的资源进行高效的优化配置和资源整合，对在建项目的质量、成本和工期等关键指标进行精准控制，对"人、机、料、法、环"等关键因素进行实时管理，使精益管理的理念真正落地并获得实效。

（2）提升企业集约化经营能力。将企业经营过程中产生的人员、进度、资金等数据信息，通过数字工程平台进行整合汇总。经过大数据技术、人工智能算法等深入分析，传递至决策层进行统筹安排，使企业经营者能够高效地集中调配人力、物料、机械设备等资源，统一优化配置资金，集中管理企业招采，促进集约化管理，加强企业对工程项目的管控。

（3）提升企业智能化决策能力。企业利用工程建设数字化平台汇聚工程项目资金、经营、进度、质量、安全、技术等数据，并进行多角度汇总和分析，通过各种可视化展现方式，供企业决策层及时、准确了解公司运营情况，快速做出经营决策。同时，企业的各项经营数据不断汇聚成数据资产，驱动管理决策从"业务驱动"向"数据驱动"转变，逐步提升企业的智能化决策能力。

2.3.4 行业

基于数字化平台汇聚的海量业务数据，将助力政府行业监管部门构建监管服务平台和监管体系，通过实施健康市场监管、高效现场监督、健康征信体系、系统劳务培训、多样化增值服务等方式，以数据创新应用为驱动，以数据整合和挖掘为手段，服务于整个行业，大幅提升市场治理与服务水平，最终实现"宏观态势清晰可见、监管政策及时准确、公共服务精准有效"的行业发展格局，全面达成"理政、监管、服务"三层面的创新发展。

（1）助力实现基于智慧互联的工程现场监管。基于智慧互联的工程现场监管，将各项目的项目管理系统、智慧工地系统、物联网监测系统等进行整合联网，搭建与各相关企业、政府主管部门间的信息通道。在此基础上，构建智慧互联的安全监管平台，打通主管部门与企业、企业与项目、主管部门与工程项目的信息连接，有效纳入各方责任主体，消除行业部门与责任主体的信息孤岛，打通生产各责任主体的信息屏障，规范监管流程，实现建设工程现场监管的升级转型。

（2）助力实现数据驱动的市场监管。通过交易平台采集交易数据，借助大数据分析技术形成决策依据，动态更新、实时准确地公开社会诚信信息，推动行业市场主体规范自身行为；通过引入国家信用平台，获取市场主体、从业人员信用信息，完善公共资源信用体系，打破信息孤岛，打造更加透明诚信体系。基于数字驱动的市场监管将打破行业壁垒与市场分割，规范统一业务规则及数据格式，建立市场主体行为动态分析模型，对围标、串标等市场交易异常行为进行预警分析，推动市场良性发展，实现从传统监管向数字化监管的转变。

（3）助力构建基于大数据的行业监管体系。基于大数据的行业监管体系，通过市场管理、施工现场管理，积累项目、企业、人员、诚信记录，与社会征信合并形成"四库一平台"，利用平台海量数据信息，反作用于市场管理，实现精准化行业数字治理。同时，通过应用物联网设备、交易平台采集施工现场及交易数据，运用大数据分析技术形成监管依据，将"现场"执法检查的结果实时反馈给"市场"的监管，完善"市场"的管理，服务于现场实际投入资源的监管，构建"市场＋现场"两场闭合联动机制，强化市场与现场的实时管理，提高行业管理的精准度与力度，大幅提升行业监管水平。

第3章 轨道交通工程建设数字化推进体系

轨道交通工程建设数字化平台的设计与实践是系统工程,是一项长期艰巨的任务,面临的挑战来自方方面面,从技术驾驭到业务创新,从组织变革到文化重塑,从数字化能力建设到人才培养,成功不可能一蹴而就。

工程建设的数字化转型、平台的创新与实践必须坚持体系推进,从体系发力,在思想、理念、机制、工具、手段、方法进行全方位、系统性发力,以"久久为功"的信念持续不断地全面驱动轨道交通建设施工现场管控升级,助力工程建设管控从粗放式、分散化到数字化、智能化升级。

体系是指若干有关事物或某些意识相互联系的系统而构成的一个有特定功能的有机整体,在实践中,思想认识是基础。从体系发力,通过搭建数字化平台运作体系支撑系统平台的建设与应用落地,通过明确职责,编制管理办法、值守制度、使用手册、功能说明、数据标准、考核办法等建章立制,将数字化平台的建设及应用纳入施工管理流程,助力工程项目管控水平的全面提升。

3.1 思维转变

从思维出发,主动加速观念更新,进一步强化理念转变,积极培育数据思维,加强数据评价分析,开展数据治理探索。主要领导带头,将平台作为提升管控现场的工具,联合各参建单位更深入地在工程管理中应用系统功能、平台数据,进一步加强数据分析,学会用数据指导施工管控,充分发挥平台价值。

推动轨道交通工程建设数字化平台建设应用,始终要把立足点放在服务于工程建设,要紧紧围绕工程建设新形势、新要求,积极转变思想观念,力戒形式主义,不能仅做样子以满足政府部门要求,不能只讲形式、为创新而创新,不能搞花架子去搞观摩、评奖项,要真正认识到时代发展对数字化的内在要求,让数字化平台真正用好、真正落实下来,回归本质。

推动轨道交通工程建设数字化平台是对工程建设管理模式、信息化建设的全面改革升级,要从思维出发,主动加速观念更新,进一步强化理念转变,以改革的思路和创新的举措,冲破因循守旧的条条、破除惯性思维的框框、摆脱墨守成规的束缚,变被动为主动,长效提升管控水平,以理念思维的新飞跃谋划高质量发展的新蓝图。

在轨道交通工程建设数字化平台的设计及实践中,我们认真分析当前形势,借鉴"用户思维、流量思维、平台思维、跨界思维"等互联网思维,以物联网、互联网、云计算、大数据等先进技术为支撑,进一步优化管理架构、业务架构、技术架构,实现由分散向整体转变、由人防向技防转变、由单向被动向双向互动转变、由单业务办理向协同场景化运作转变、由封闭向开放阳光转变,全面推进工程建设管控体系和治理能力提升。

3.1.1 系统思维

轨道交通建设工程具有规模大、水文地质条件多变、周边和地下环境复杂、专业复杂、涉及主体多、人员多变且穿插施工等诸多特点,"灰犀牛"与"黑天鹅"事件层出不穷、错综复杂,亟待我们用系统性思维来看待,用系统去把握。

轨道交通工程建设数字化平台的出发点就是着眼于"整体",实践中要坚持系统谋划,通过跨业务的数据共享、流程再造和业务协同,抓好"牵一发动全身"、具有乘数效应的关键环节,纲举目张,以纲带目,使工程建设管控方式从"碎片化"转变为"一体化",实现各参建单位协同高效运作。

3.1.2 用户思维

轨道交通工程建设数字化平台核心的理念之一是坚持用户思维,坚持"以人民为中心",从用户体验角度优化应用设计和管控流程,面向一线,深入作业场景;二是以用户"来不来用、爱不爱用、好不好用"的结果检验平台功能设计水平;三是以有没有解决实际问题,有没有为一线工作人员减轻工作量、提高工作效率检验系统应用成效。

平台应始终紧紧围绕工程建设新形势、新要求,坚持问题导向,注重应用价值,围绕建设工程安全管理、质量管理、进度管理、风险管理及常态管控等开展设计与应用,强化平台的实际应用,进一步契合管理模式。在广州轨道交通实际建设实践中,平台紧密结合当前建设所采用的施工总承包模式,通过平台的有效应用,构建中心-现场两级管控模式,进一步加强施工总承包单位的统筹管控、指挥调度作用。

轨道交通工程建设数字化平台通过数据赋能、赋智,打破信息孤岛,打造数字化、场景化、智能化的统筹管控、协同指挥平台。平台加强数据融合互联,将基础数据与监控数据有机结合,联人联事联物,将正确的数据在正确的时间以正确的方式传递给正确的人和机器,全面管控工程全过程,实现适用于轨道交通建设的动态管理,增强新线大规模建设的统筹协调能力和应急指挥能力,从根本上解决目前轨道交通建设中存在的信息不准确、不真实、不及时、不完整的情况。

3.1.3 数据思维

在数字化时代中,数据作为基础的原材料,赋能就是赋挖掘数据的能力、理解数据的能力、让数据增值的能力。数字化平台的设计与实践以数据思维为出发点,聚焦数据,从数据汇聚、互联互通、分析决策等方面全方位推动数据赋能。

轨道交通工程建设数字化平台的应用成效,一方面取决于产品的能力是否切合现场需求,这个可以通过应用-反馈-升级的方式不断迭代完善,但更重要的是系统用户有没有切实应用,有没有最大限度地发挥系统的价值,达到人机协同。实践中,我们要积极培养数据思维方式,通过强化有效应用、强调持续落实,加强数据的真实性、有效性、及时性、准确性,加强数据与项目管理的关联分析,挖掘数据的价值,在应用中不断完善功能，这样才能更好地服务工程管理。

3.1.4 迭代思维

轨道交通工程建设数字化平台面向工程建设项目的全过程、全方位、全覆盖，是综合应用信息技术对施工现场"人、机、料、法、环"等各关键要素的全息感知、实时互联与泛在融合，最终实现工地的数字化、网络化、智能化。平台涉及的需求梳理、功能设计、数据流通、用户对象复杂，而且真正要深入现场实际应用才能发挥成效，以项目制管控为核心的总承包管理模式下管理流程、职责分工等也需在实践中进一步探索优化，平台一步到位的想法要不得。在平台设计与实践中，要坚持"迭代思维"，本着"管控为先、急用先上、易用先上"的原则安排建设计划，并同步工程建设进展，功能满足现场需求，并不断根据应用效果快速迭代、优化升级。

在平台架构设计中，分层分模块设计，平台要具备良好的拓展性、兼容性及二次开发性。在系统建设中，吸收"快速迭代""小步快跑"等互联网发展理念，功能在实践中检验，及时总结经验，反馈体系效果，并紧扣新情况、新问题，经常开展需求分析、功能测试，有序进行迭代升级，形成"滚雪球"效应。

3.1.5 阳光思维

轨道交通工程建设数字化平台作为智慧地铁建设的实施载体，核心价值是驱动建设工程全面管控及现场管理升级，作为工程建设的建设单位、监理单位、第三方监测单位、施工单位等角色先天存在立场不同、职责不同、利益诉求等矛盾，但从更大层面上讲，各单位的核心追求是一致的，应对强度大的工程建设规模，缓解日趋严峻的安全生产形势，解决日趋突出的城市管理要求与地铁建设的矛盾。

在平台实践中，离不开各角色、多兵种的联合作战。各单位应转变管理理念，树立"阳光思维"，消除对立思想，进而构建项目、企业和政府的平台型生态体系。数字化平台综合应用信息技术对施工现场"人、机、料、法、环"等各关键要素的全息感知、实时互联与泛在融合，实现对建设工地更透彻的感知，从另外一个维度建立起公开、公平的项目全息影像，实现对所有参与对象的全过程留痕、全流程监管，推进项目管控体系建立科学合理的考核指标体系，通过建设共建共治共享的开放平台，推动和谐地铁建设。

推进轨道交通工程建设数字化平台，要以系统工程的理念，持续开展应用建设和数据治理，构建大数据驱动的工程建设管理运行新机制、新平台、新渠道，是工程建设领域的一次全面改革，特别要注重处理好"四个关系"：

一是上与下的关系。轨道交通工程建设数字化平台是数字中国、交通强国建设的重要组成部分，按照国家相关标准规范，按相关政策方针执行，必要时与政府相关平台、系统对接打通，服务从上至下的信息通道。平台建设要根据需要应用"从上到下""自上而下"的不同方式，综合考虑政府、公司层面到项目、作业层面，理清监管业务到执行层业务的细节与关系，统筹规划各方面、各层次、各要素，围绕核心理念和整体目标形成良好的关联、匹配与有机衔接。

轨道交通工程建设数字化平台要积累建设过程中翔实的数据，构造全数字化的项目管理网络链、数据链、应用链、生态链，为地铁建设赋予全新的生命力，加快推动城轨事业从"大"到"强"，实现轨道交通由高速度发展向高质量发展的跨越，助推交通强国的崛起。

二是前与后的关系。轨道交通工程建设数字化平台是对现有工程建设信息基础设施和应用系统的全面整合、优化、提升，要充分利旧和应用已有资产，数字化不是再起炉灶，要最大程度继承和发扬已有工程管理的经验、教训，充分发挥好数字化平台的价值。

在轨道交通工程建设数字化平台建设过程中，把云、网、数、服务四大平台的建设作为今后数字化技术支撑架构的基石，采用成熟先进的技术及超前的理念，高起点规划、高标准设计、高质量打造。把数据作为数字工程运行机体的内生动力之源，通过数据的汇聚、治理、共享和融合等全生命周期过程，实现从数据、信息到知识的进化。

三是整体与局部的关系。轨道交通工程建设数字化平台是对传统工程建设生产关系的一次重构，在数字世界建立工程建设管理体系，要以整体的思维大力开展业务协同、数据共享，全面提升工程建设管理的整体效率效能；要着力分析、适当兼顾解决不同单位的利益诉求、需求差异等问题，开展定制化应用开发、权限设置、隐私保护，全面提升平台的服务能力。

采用系统工程思维，建设上接政府、下联参建单位、横向到边、纵向到底的整体"数字工程"，全面统筹协调业务跨单位、跨部门、跨层次联动；运用"智能＋"的思维模式，依托"建设数据大脑"提供的"数据＋算法＋算力"，为工程建设过程中出现的未知问题、关联问题、复杂问题提供解决新思路。平台基于先进的技术系统推动资源共享、打通数据链、联动业务链，推动"智慧建造"工作系统化、科学化、规范化，避免信息孤岛。

四是基础与应用的关系。轨道交通工程建设数字化平台是长期系统性工程，既要持续不断夯实基础建设，做好平台架构、应用支撑、标准规范、安全防护、规章制度及配套政策等基础性工作，又要依托基础建设，按需分批推动业务应用，科学合理统筹功能应用的先行先试、重点突破，逐步实现轨道交通工程建设数字化平台的建设目标。

在推进数字化平台的建设与应用中，我们要尊重客观规律，科学组织，在全面做好平台建设基础工作的前提下，采取整体规划、分步实施、稳健操作、适度优化的原则，并遵循系统开放性、安全可靠性、操作易用性、模块化设计等原则，强调平台的实用价值，集合多方智慧，共建"实用、好用、管用、想用"的轨道交通工程建设数字化平台。

推进轨道交通工程建设数字化平台，要以全局、整体的思路整合资源、优化流程，提高统筹协同能力，要始终坚持"四个统一"：

一是始终坚持顶层设计与基层实践的有机统一。

轨道交通工程建设数字化平台核心价值是应用数字化手段从系统、全局的角度，对工程建设各要素、各对象、各层次统筹协调，加快形成即时感知、科学决策、主动服务、高效运行、智能监管的新型智慧工地形态、治理模式，必须加强顶层设计。

轨道交通工程建设数字化平台构建跨角色、跨业务、跨层级的协同工作平台和相应的管理机制，主要负责领导必须亲自推动，从整体考量上进行系统谋划，以全局、整体的思路整合资源、优化流程，统筹考虑目前以及未来技术创新、技术变革后的需求，从技术革新到业务创新，从管理创新到体制机制改革，用数字化管理的手段推动一体化、便捷化、智能化的管理和服务，适应未来变化，成体系推进"数字工地"改革建设。

在顶层设计中，要构建数字化平台支撑体系，建设统一的技术支撑平台、数据共享平台；提供特色应用场景的创新开发环境，以及标准化、专业化的服务组件和多元化的丰富数据资源，培育众智共创的应用生态体系，服务参建单位个性化需求。

轨道交通工程建设数字化平台建设的立足点始终是服务于工程项目建设管理，始终是面向一线、解决一线问题，必须在以系统思维整体性设计的基础上统筹规划、顶层设计、分步实施，有序推动平台建设稳步进行。平台要以系统思维进行整体性设计，统筹考虑目前以及未来技术创新、技术变革后的需求，适应未来变化，用系统的观点结合不同层级的（决策层、管理层、操作层）、不同管理单位的具体要求，用集成、统一观点整合项目的人、机、料、法、环各个子系统功能，以全局、整体的思路整合资源、优化流程，用数字化管理的手段推动一体化、便捷化、智能化的管理和服务。

实践是检验成效的最好标准，要因地制宜、因时制宜组建工作专班小组，加强基层探索、一线示范。通过建立工作专班认真梳理重点难点、业务场景和专项场景工作任务，结合不同层级（决策层、管理层、操作层）、不同管理单位的具体要求，用集成、统一观点整合项目的人、机、料、法、环各个子系统功能，通过设置试点示范形成以点带面、攻坚破难的带动效应，逐步打破传统、优化管控模式。

二是始终坚持综合集成与定制开发的有机统一。

作为平台化建设，在轨道交通工程建设数字化平台实践中要积极借鉴已有信息化建设经验、智慧及成果，用好综合集成方式，平台功能采用模块化设计，易于集成扩展。如人员管理中应用成熟的劳务实名制系统产品，与政府部门要求保持一致；各工点环境监测系统也按照环保部门要求设置，利用先进的监控设备仪器，结合施工现场实际情况，实现实时、全过程、在线监测工地现场 $PM_{2.5}$、PM_{10}、粉尘、噪声等环境参数，并记录异常状态。通过成熟产品的应用与集成，大大降低平台开发难度及应用周期。

轨道交通工程建设数字化平台的价值体现在工程建设管控提升，这就要求平台进一步契合工程建设管控模式，系统平台遵循系统开放性、安全可靠性、操作易用性、模块化设计等原则，强调平台的实用价值，不断锐意创新、定制化开发。平台的功能设计及迭代更新应深入到现场业务层面，梳理细化需求，让平台的功能更深入地与工程管理相融合，在日常管理中切实发挥平台价值，兼顾管理规范化和项目个性化需求，满足项目建设过程中的组织扩张、新技术应用等轨道交通工程项目必须面临的管理变化。如在建筑工程的单项目基础上定制开发门禁集中授权适应多工点、全线路的统筹管控，基于定制化的技术与服务推动资源共享，打通数据链，联动业务链，在应用中不断完善功能，更好地服务于工程管理。

轨道交通工程建设数字化平台同步开展技术和管理标准的研究制定工作，以标准化保障平台各组成部件的技术融合、业务融合和数据融合；紧紧围绕共享共用、去繁从简、优化迭代等工作要求，实现地铁建设向高质量、高效能的品质特征发展。

三是始终坚持业务数字化与数字业务化的有机统一。

业务数字化围绕业务的解构和重构，形成数据驱动的业务模式，利用数字技术不断扩展业务边界，使业务可量化、可视化、可优化，借助数据价值挖掘，实现业务模式的创新，提升业务成效。

数字业务化在业务数字化的基础上，"用数据说话、用数据决策"，提高经营决策水平。通过数字业务化将项目实施过程中的各种数据实时汇集到企业管理层，管理层基于数据进行项目物资采购及进场事项等决策。用数据赋能决策，实现企业资源配置及经营决策能力升级。

轨道交通工程建设数字化平台不是简单的新技术创新应用，而是发展理念、生产方式、管理模式、组织方式等全方位的转变，既是业务转型，又是融合企业业务、技术和组织三大领域的系统工程，要坚持以价值驱动为导向、以客户为核心、以项目为主体的业务数字化和数字业务化。通过业务数字化，用数据驱动业务流程，实现业务模式的优化与创新，提升企业生产能力，引发企业效率革命，最终完成对人力的解放。通过数字业务化，赋能企业从"经验决策"向"数据＋算法"的智能决策转变，降低决策风险，提高决策效率，最终实现对脑力的增强。

四是始终坚持价值驱动与考核牵引的有机统一。

轨道交通工程建设数字化平台作为工程项目构建"纵向到底、横向到边"全面管控的核心引擎，通过数据聚合、应用集成和服务融合发挥价值，参与工程建设的各方应提高认识、发挥主观能动，将平台作为有效提升管控现场、助力企业高质量的工具，更深入地在工程管理中应用系统功能、平台数据，加强数据分析，学会用数据指导施工管控，充分发挥平台价值，集合多方智慧，强调持续落实，加强数据与项目管理的关联分析，挖掘数据的价值，共建"实用、好用、管用、想用"的轨道交通工程建设数字化平台。

轨道交通工程建设数字化平台的建设是创新和改革，过程中有各种各样的艰难阻力，要加强引入考核牵引机制，把平台的建设及应用纳入工程建设日常管控中，发挥考核指挥棒、风向标、助推器作用，推动工作落实，强化发展导向，通过完善指标体系、工作体系、考核体系，进一步细化量化"做什么""谁来做""怎么做""怎样才算做好"；通过明确职责，编制管理办法、值守制度、使用手册、功能说明、数据标准、考核办法等建章立制，以设计联络、项目例会、检查验收、研讨提升等形式，建立工作闭环机制，加强数据的真实性、有效性、及时性、准确性考核，助力工程项目管控水平的全面提升。

在平台实践中，通过构建"建管部-总承包部-参建项目部"三级联考评价机制，采取日常考评与年度检查考评相结合，宣贯落实"言出必行"思想，进一步健全管理运行评价体系，完善效果评价。通过平台数据了解生产状况、细化考核项目、量化考核指标、规范数据统计、实施考核评价，从而保证管理者在进行考核评价的基础上更加深入地开展战略分析和实时决策。丰富、翔实的数据也将有力地指导后续线路的建设，确保建设模式和成果得以共享。

3.2 把握方向

轨道交通工程建设数字化平台是由外到内、自上而下、从左到右对工程建设管理进行整体考量,从技术革新、业务创新、管理创新、体制变革等方面开展全方位的改革。

在推动过程中,首先要找准切入点:从项目切入,从岗位入手。

工程项目是建筑产业最重要的业务原点,也是各参与方互相协作的载体,工程项目数字化转型直接影响着企业转型的效果。岗位是项目的最小生产单元,也是数字技术最有力的融合点,直接促进生产力的提升。轨道交通工程建设数字化平台要以工程项目作为转型切入点,从岗位数字化入手,最大化发挥协同作用,快速取得转型成效,保障整个企业的数字化转型进程。

在具体操作中,找好路径方略:点-线-面-体。

根据梅特卡夫定律,一个网络的价值与节点数量的平方成正比,而数字化的收益与系统集成的广度呈指数增长的关系。沿着"点-线-面-体"路径的不断深入,企业将跨越价值拐点,数字化收益逐渐超过投入,并最终呈现指数级别的增长,推动快速发展。

3.2.1 "点"——岗位作业层数字化

轨道交通工程建设产业的"点"即岗位,是企业的最基本单元。岗位作业数字化是企业转型的基础,如物料数字化可实现对物料的精准控制、机械数字化可实现机械的高效利用、安全数字化将大幅降低安全事故等。"点"的数字化应用,是提升岗位作业的质量和效率最为基础的要素,可以有效促进项目整体效率的提升。

3.2.2 "线"——项目管理层数字化

项目是轨道交通工程建设产业的业务原点,项目的成功与否是决定产业可持续健康发展的根本。项目管理层的数字化通过对"人、机、料、法、环"等生产要素数字化,对进度、质量、成本、安全等作业过程数字化和建筑实体数字化,推动项目组织管理与决策的数字化,全面提升项目的集成化和精细化水平。

3.2.3 "面"——企业运营层数字化

当"点"和"线"的数字化进行到一定阶段,必然形成企业级、产业级的"协同网络面"。打通企业层面的业务流、物流、信息流、资金流等,实现纵向的价值链整合,各项目之间实现有效的资源配置与协同协作,在企业数据积累基础上,通过数据驱动助力企业的集约经营。

3.2.4 "体"——企业生态层数字化

构建建筑产业多方共赢、协同发展的生态系统。通过数字建筑平台,可以保障产业链相关方在平台上大规模、生态化聚集,共同完成建筑的设计、采购、生产、施工与运维,形成一个竞争力和功能强大的商业生态集群。可实现"产业链垂直融合、价值链横向整合、端到端的撮合",连通直接产业链与间接产业链,形成开放、共享、生态共聚的产业新生态。

在推动过程中,要始终坚持平台优先、体系保障、价值核心的战略定力。

(1)平台优先。整合资源,打造统一管理、融合共享的数字平台。把数据作为核心生产要素,推动技术融合、业务融合、数据融合,实现全局管理、协同运行,有效消除信息孤岛。

(2)体系保障。数字基础建设绝不单单是搭建一个平台、上几套系统,也不仅仅局限于技术应用,更应该考虑从体系发力,同步开展体系研究建设,即标准规范体系、信息安全体系,进行全方位保障。

(3)价值核心。云计算、大数据等本质上就是提供服务,在价值链各个环节中都要"以用户为中心"去考虑问题,满足各类用户需求,加强信息化技术与轨道交通建设的深度融合创新,服务企业高质量发展要求,助力智慧城市建设。

3.3 组织保障

人是轨道交通工程建设数字化管理的最大推动者,相对也是最大阻碍者。作为最关键因素,在数字化转型过程中,要通过数字技术的深入应用,形成数据穿透,改变传统的组织模式,打造自驱+赋能型组织(图3-1)。

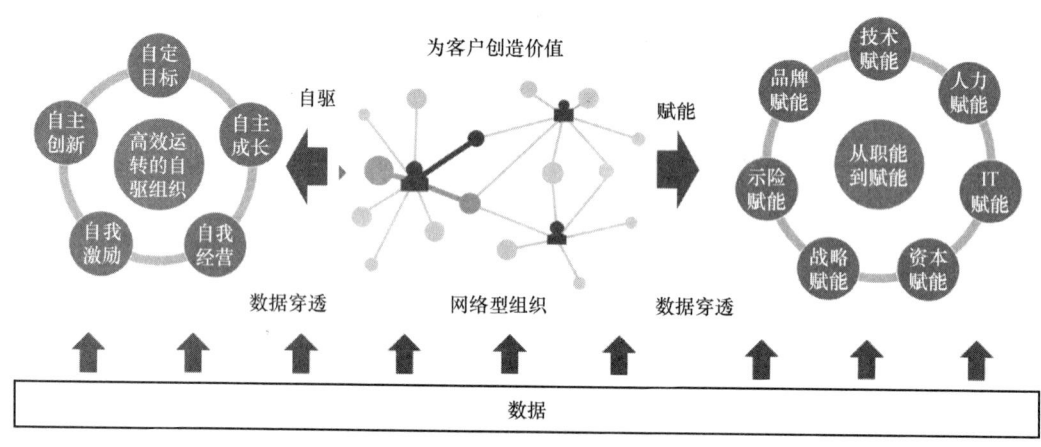

图 3-1 自驱+赋能型组织

在新的组织形态下,流程化将会被打破,人人都能够直面用户,深刻理解用户需求,聚焦用户痛点,围绕用户创新赋能;职能制将会被打破,在人工智能赋能下,形成不同的专业赋能群,用数据换资源、数据控风险;科层式将会被打破,通过大数据按照能力层级划分资源,形成事业机会,按需拉动人财物力,组成自驱组织,在共识、规则下自主运营,全面激发组织活力。

建设单位作为五方责任主体中的统筹协调核心,肩负首要责任、全面责任。在平台建设中,业主单位要勇于突破,牢固树立狠抓落实的鲜明导向,作为核心推动力检查落实各方主体责任,整合资源,落实资金,凝聚参建单位力量,发挥总承包模式的优势,加强集团层面统筹，统一规范各线路工程建设管理系统人机界面的设计、数据标准、考核评价标准等，更好地在大规模线网建设层面上统筹推进系统平台的建设及应用。

总承包方牵头的施工单位承担建设的主体责任，必须敢担当、善作为，推动轨道交通工程建设数字化平台在工程施工全过程的高效管理与应用，加大技术创新及研发投入，推进产学研用一体化，突破重点领域、关键共性技术开发应用，严格把控重点管理要素，推广工程建设数字化成果交付与应用，推动把工作重心下沉到工地一线，推动任务在一线落实、问题在一线解决、成效在一线体现、品牌在一线树立。

监理单位作为建设的主要监管单位，必须主动作为，应用轨道交通工程建设数字化平台加强监管，加强信息归集，健全违法违规行为记录制度，科学评价，按照法律法规、有关技术标准、设计文件和工程承包合同进行监理，应用数字化手段全面加强监理责任。

勘察设计单位、第三方监测单位、质量检测单位等作为工程建设的重要组成，应积极应用轨道交通工程建设数字化平台，按法律法规和工程建设规范标准的要求保证勘察设计文件、测量资料、监测等数据的真实性、及时性、有效性。

强化组织保障，通过创新组织严格落实轨道交通工程建设数字化平台的系统建设及应用工作，在全面负责线路建设的一线部门建设管理部中成立专责小组，系统推进平台的建设及应用。小组成员涵盖各参建单位核心骨干人员，深入梳理业务需求，牵头组织设计联络，并与实体工程同步推进系统建设，同步开展开工工点的感知层部署、网络连接及系统调试，完成线路指挥调度中心及项目部/工点监控室的投用，建立中心-现场的两级监控体系，完成与线网指挥调度中心的对接。

平台满足各级管理岗位对现场作业过程所需知识的即时获取、共享和沟通。对现场工作人员所面对的是具体工作包的现场作业指导、检查、验收等，以及与现场施工管理人员相关的设计、监理、业主、分包、第三方等不同干系方之间的沟通管理。

平台的建设与实践要时刻加强数字化人才的培养，组织学习宣贯和应用推广培训，通过各类数据让各级管理者从另一个维度精准掌握现场施工生产情况，通过信息交互与数据有效应用提升各项风险要素的可预测性和可控制性，全方位支撑安全管理，达到工程项目管控水平的全面提升，做好数字化转型的人才储备、支撑工作。

工程建设管理数字化转型最终可以推动传统思维向新用户思维聚焦，依托智慧化、大数据、物联网等技术，利用即时传感等手段，打通管理数据与生产一线数据的关联，形成数据上下透明，推动生产组织、业务运作、决策模式的精准与协同，最终形成面向新信息时代的管控模式、组织运作、管理模式，以及紧扣终端工程需求、符合自身经营利益的敏捷型组织。

第4章 轨道交通工程建设数字化平台总体方案

4.1 系统框架

轨道交通工程建设数字化系统采用分层设计理念,由系统应用层、通信网络层、感知层等组成(图4-1)。

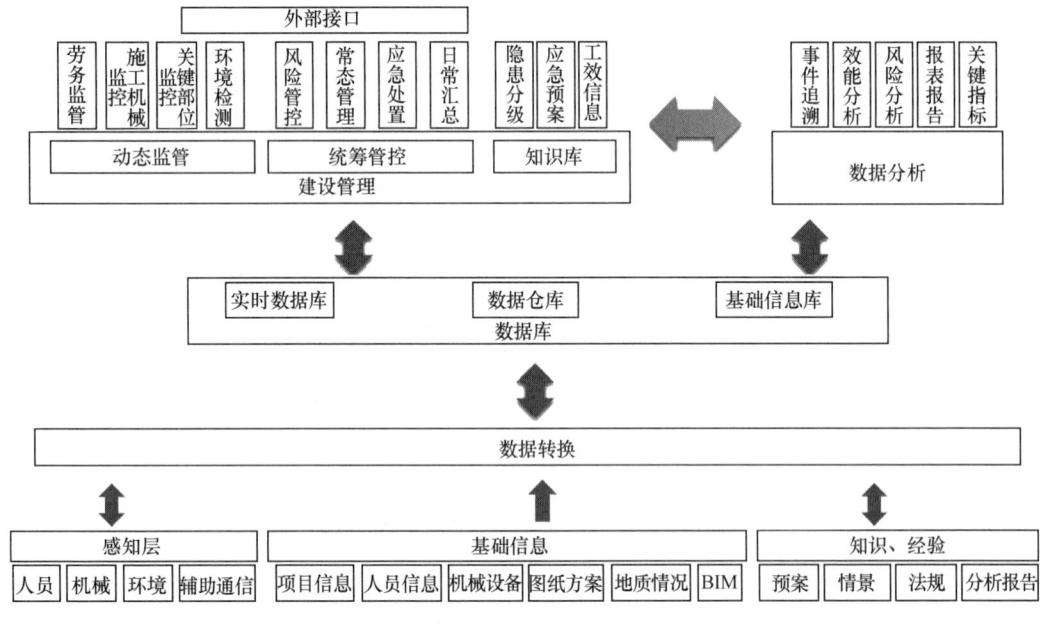

图4-1 系统分层设计

分级管控的设计匹配施工管理模式,能够做到对轨道交通建设区域及参建单位的全覆盖,能够契合总承包施工管理模式下,基于全线统一设置的指挥调度中心,可以对轨道交通建设工程进行统一管理,依托各工区/工点设置系统监控室,可以分区域落实就地管控责任。

4.2 总体架构

遵循总体规划,轨道交通工程建设数字化系统始终秉承"平台为基、数据为本"的原则,把云、网、数、服四大平台的建设作为轨道交通工程建设数字化管理支撑架构的基石,采用成熟先进的技术和超前的理念,实现高起点规划、高标准设计、高质量打造。

系统建设采用向下联结工程现场布置的物联感知智能终端，中间利用横向融合云、人工智能、大数据、视频、融合通信、时空地理信息、物联网等新 ICT 技术的数字平台，建设技术中台和数据中台，向上提供设计、采购、制造、建造、交付、运维等工程建设全生命期专业应用服务能力，支撑智慧应用的总体架构（图 4-2）。

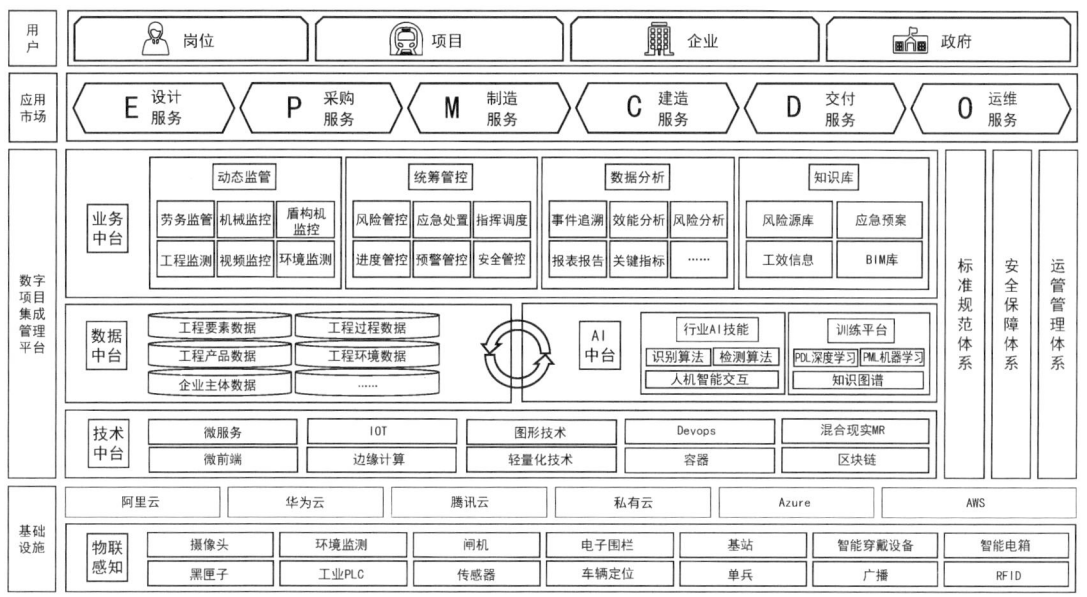

图 4-2 平台总体架构图

（1）技术平台是基础。技术平台涵盖云计算平台、图形平台、物联网平台、BIM 模型平台等。其中，物联网平台可以通过布置在工地现场、生产工厂、建筑空间中的传感器实时采集业务数据；图形平台、BIM 模型平台可以将物理世界中的数据变成数字空间中的数据；云计算平台则是数据存储、处理和流动的载体。技术平台作为数字建筑平台的基础设施，实现业务数据的自动采集，构建起物理世界与数字世界连接的渠道，支撑着万物智联场景落地。

（2）数据中台是中枢。数据中台为各业务所涉及的所有应用系统提供统一的数据接口，通过数据的存储、交换和分析，将工程要素数据、工程过程数据、工程产品数据、工程环境数据和企业数据等形成项目大数据，衍生数据智能。数据中台是集数据融合、治理、组织管理、智能分析为一体的整体平台，将数据以服务方式提供给业务中台使用，以提升业务运行效率、持续促进业务创新。

（3）业务中台是核心。通过业务中台，将大部分基础业务和管理业务集成业务组件，通过"平台＋组件"的方式快速、灵活地生成组件应用产品方案，满足不同客户差异化使用需求。作为业务中台的数字项目集成管理平台，将赋能工程项目全参与方，围绕项目建设全过程，实现数据驱动的精益建造，全面提升工程项目的集成化和精细化管理水平。

（4）应用服务是关键。业务数字化最终的表现形式是各种应用及服务，即企业的最终用户直接使用或交互的系统。对于系统而言，应用需围绕项目全生命周期展开，为项目设计、采购、制造、建造、交付、运维等阶段提供服务。应用是否能够提供覆盖全面、高效安全、种类丰富的应用，直接决定着数字化系统的使用效果，影响着产业数字化的进程，是数字化系统落地的关键。

4.3 功能架构

轨道交通工程建设数字化系统聚焦工程建设主责主业，将计划、综合、合同、技术、专项、现场全面联动，以管理、调度、服务、协同和支撑为职能线，以安全管理、劳务管理、进度管理、机械管理、质量管理和应急管理等为业务线，加强与职能部门的横向会商和与现场模块的纵向会商，构建纵横贯通的整体型业务体系，通过网格化管理服务工程一线。

系统面向建设工程安全管理、质量管理、进度管理、风险管理及常态管控等开展，进一步提高工程建设管理的水平，面向的对象主要包括线网指挥中心管理人员、线路指挥调度中心的调度及管理人员等、各工区及工点的值班人员及各层级管理人员和系统维护人员等，满足建设单位、监理单位及施工单位等参与工程建设各方的功能要求。在各级监控中心，参建单位安排专业人员全程负责调度指挥、日常值守，建立24h值班制度（图4-3）。

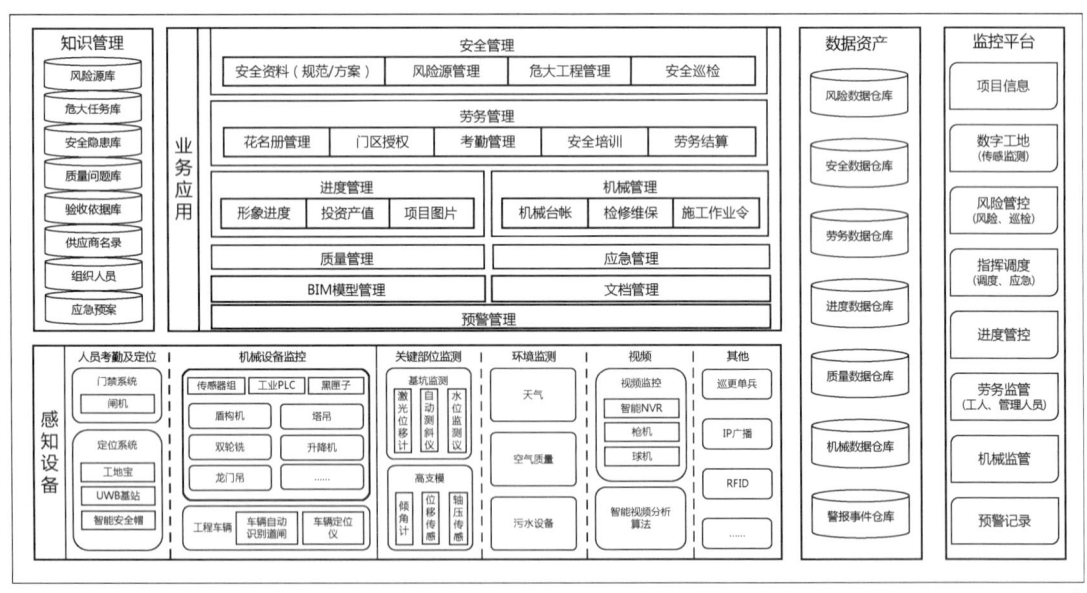

图4-3　工程建设数字化系统功能框架

轨道交通工程建设数字化系统立足需求，紧紧围绕工程建设新形势、新要求，坚持问题导向，注重应用价值，强化数字化系统的实际应用，进一步契合工程建设施工管理模式，梳理轨道交通建设数字化需求，整体包含以下四个方面。

4.3.1 统筹管控,协调指挥

契合广州地铁目前线路建设的施工总承包管控模式,为了对全线路站点及区间工程建设情况进行综合监控和协调指挥,系统应具有很强的实时性和可靠性,能够快速准确地获取线路上各工点的工程常态数据,并能根据项目重点难点,排查风险隐患,系统提供综合信息可视化展现,并能及时提醒参与各方采取措施。同时,系统应融合通信、监控、统计报表等功能,集语音、视频、数据通信于一体,提供自动同步应急通信录、简报查收、多方音视频会议、一键呼叫、自动应答、监控查看等便捷操作功能,从而真正实现调度指挥桌面化、便捷化。

4.3.2 动态监管,合规合法

对于施工现场人员、机械、关键部位、环境等关键生产要素,系统要做到有据可查、动态监管。人员方面,落实劳务人员实名制管理,建立流程化管理机制;机械方面,保证合法的机械进场,资料完备齐全,同时对于关键机械,还要能够监控机械的实时运行状态,保证现场机械施工的安全;关键部位方面,对施工过程中的关键部位,采用高精度传感器和自动采集仪,实时采集关键位置信息状态,实现实时监测、超限预警、危险报警的监测目标;环境方面,各工点设置环境监测系统,利用先进的监控设备仪器,结合施工现场实际情况,实现实时、全工程、在线监测工地现场$PM_{2.5}$、PM_{10}、粉尘、噪声等环境参数,并记录异常状态。

4.3.3 应急处置,便捷服务

系统对应急资源、应急流程进行管理;紧急情况下,通过设定的预案进行应急管理,并能产生应急联动,提供指挥决策支持;具备应急视频会商能力,在紧急情况下为指挥决策人员与现场人员提供高效、便捷的沟通渠道,为工程事故预防、处理、总结提供全过程的智能化服务。

4.3.4 数据融合,科学决策

系统作为全线的"全要素、全流程、全覆盖"统一管理平台,将工程建设全过程中的人、机、料、法、环等各要素的信息实时或及时采集,进行直观、动态、综合、统一的建设管理监控信息可视化展示,实现数据交互与共享。系统将数据按主题、成体系地加以呈现,统计数据既可以加载于综合页面之上,也可单独形成专门的数据统计分析主题页面,展示数据在不同维度下呈现的数据背后的规律,帮助管理者从不同角度观察、分析数据,聚焦趋势规律,辅助管理者做出科学合理的决策。

系统全面地实时展示整条线路的工点、人员、盾构机、机械、风险、进度等情况,对项目信息、生产信息、异常信息等进行展示,包括工点统计信息、实时人员统计信息、GIS地图信息、实时机械信息、风险监控信息、进度信息等模块,对重大事件进行提醒,并通过查看详情进行应急指挥调度管理,便于对突发事件及时响应。

4.4 技术架构

系统技术架构设计遵循面向服务的架构（SOA）设计思想，以服务为核心，提供标准化的服务接口、服务组件和服务访问方式；以复用为原则，尽可能实现服务在整个数据中心所承载的各类应用中的重用；以服务间的松耦合为基准，提供多种服务组合方式；以灵活的业务编排为手段，满足多种智慧业务的需求。

技术实现以数字平台为核心，提供包括云计算、大数据、时空信息服务、视频云、融合通信、物联网、人工智能等能力，统一由能力开放平台进行服务发布和接口管理。打破各能力平台、云、网络边界，连接平台底层能力和应用，打通业务和数据流，通过服务连接API对外提供数字化服务。

4.4.1 工程软件平台是关键

工程软件定义工程数字化管控的规则体系，在数字空间通过算法对建造技术、工艺、流程、项目管理等知识的逻辑化、数字化和模型化，以软件为载体为用户提供应用服务。在设计阶段，通过全过程数字化打样，实现设计方案最优、实施方案可行、施工组织合理的全数字化样品；在商务合同环节，构建数据驱动的数字征信体系，使整个交易过程透明高效；在建设阶段，通过基于数字孪生的精益建造、基于智慧工地的数字管控，实现工厂制造与现场建造的一体化，工地现场的可视、可知、可管；在运维阶段，通过大数据驱动的人工智能，实现数字化移交，提供个性化精准服务。

工程软件平台是项目全要素、全过程和全参与方连接的载体和枢纽，通过"平台＋组件"的方式构建产业数字化转型的数字基础设施，为参与各方提供平等、开放、协作、共享的产业服务。

4.4.2 工程大数据是核心

工程建设过程中会产生大量的工程环境数据、工程要素数据、工程过程数据和工程产品数据。通过对数据的采集、处理、存储、分析，有效服务于项目的设计、建造、运维与项目管理，提升生产效率，实现由"经验驱动"到"数据驱动"的转变。工程大数据应用于企业管理，可以通过大数据分析，辅助企业、参建各方精准解决管理问题，降低经营风险。工程大数据应用于行业治理，将形成数字征信，对建设主管部门的政策制定和评估，对施工单位、设计单位、监理单位等市场主体的治理与服务提供有效支撑。

4.4.3 工程物联网是基础

工程物联网是物联网技术在工程建造领域的拓展。通过工程要素的泛在感知与连接，实现建造工序协同优化、建造环境实时响应、建造资源合理配置及建造过程按需执行。通过工程物联网构建一套工程物理生产线与工程数字生产线之间的基于数据自动流动的泛在感知、异构互联、虚实映射、分析决策、精准执行、优化自治的闭环赋能体系，解决工程建设过程中的复杂性和不确定性问题，减少过程信息损失的同时提高资源配置的效率。工程物联网作用于建造生产的全过程、全要素、全参与方，实现工程项目在线化，从而推动工程管理的范式升级。

4.5 数据架构

数据架构是对数据及其产生、流转、整合、应用、归档、消亡全生命周期的结构化描述。系统依托统一的数据标准规范，从数据采集、数据汇聚、集成治理、数据存储到数据开放共享和数据服务，建设完整的大数据架构体系，实现数据全生命周期的管理，支撑大数据的业务应用。

从数据流维度出发，数据中心架构可划分为数据源层、数据接入层、数据存储计算层、数据服务层、数据应用层（图4-4）。

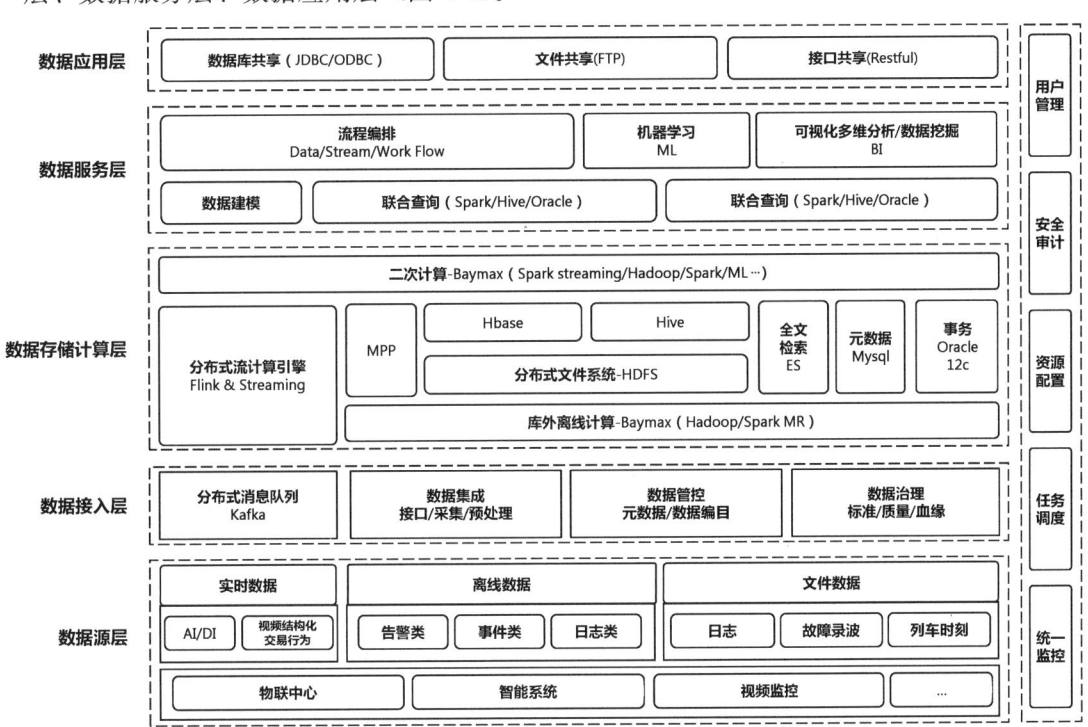

图4-4 数据架构

从功能职责角度出发，数据中心架构又可划分为数据采集中心、数据计算存储中心、数据管理中心、数据服务中心、数据业务中心。

1. 数据采集中心

数据采集中心通过各类物联设备、视频监控等系统建立接口，实现生产业务数据的采集和获取，满足数据采集需求，实现对数据平台的支撑。

2. 数据处理存储中心

数据处理存储中心汇聚轨道交通工程建设多种数据源点业务系统的异构数据后，开展高效的数据混合存储，同时由于业务数据中包括结构化、半结构化、非结构化三种类型的数据，要求针对三种类型的数据提供合理的数据处理、存储管理能力，综合考虑资源的利用、数据处理效率、系统运行效率等因素，保障面向大数据的整体性能和服务能力。

（1）结构化数据处理

为了保证进入数据中心数据的标准化，需要对输入的数据进行数据预处理操作，常见的数据预处理方法有：数据抽取、数据加载、数据清洗、数据集成、数据变换和数据归约。

（2）非结构化数据处理

非结构化数据仓库为综合业务应用系统提供对于非结构化数据的保存和使用，如图片、报表、报告、音频片段、视频片段。用户通过其他业务系统，利用系统接口将从中导出的数据打包成压缩文件、图片等非结构化的格式，并上传到非结构化数据库中。在需要使用这些资源时，通过相关业务系统获得这些非结构化业务资源。

非结构化数据仓库包含 ETL 数据抽取转换、Webservice 服务及非结构化数据管理。

3. 数据管理中心

数据管理中心包含元数据管理、数据质量管理、用户权限和审计管理、系统数据和任务调度管理、数据备份和恢复管理、运维和监控管理、系统管理等。

4. 数据服务中心

数据服务中心作为工程建设数字化管理的重要支撑平台，对数据管理和分析水平、降低使用数据和利用数据的成本、提高数据价值的挖掘、数据对企业运营的决策支撑具有重要意义。

经过多年发展建设，轨道交通工程建设已经建成众多生产系统和 IT 支撑系统，承担着支撑建设业务运行和内部管理的功能，众多系统每天都在产生大量的业务数据。但这些数据目前分散在各个系统中，数据标准不统一、数据质量参差不齐。如何对这些数据进行整合，如何从这些累积的数据中挖掘更多的价值，从而为工程建设数字化管控提升提供更好的支撑，成为数据服务拓展的主要方向。

5. 数据业务中心

数据业务中心的实现基于大数据应用的统一支撑能力。数据业务中心的具体功能应包括但不限于数据检索、数据计算、数据服务、数据挖掘、数据可视化、多维分析，以及基于人工智能技术提供的知识图谱、规则引擎、图像识别等支撑功能，为城市轨道交通工程建设所涉及的各业务应用系统提供丰富的支撑能力和多元化的支撑手段。

4.6 安全架构

系统的信息安全基于《信息安全技术 网络安全等级保护基本要求》GB/T 22239—2019、《信息安全技术 网络安全等级保护测评要求》GB/T 28448—2019、《信息安全技术 网络安全等级保护安全设计技术要求》GB/T 25070—2019、《信息安全技术 云计算服务安全指南》GB/T 38249—2019 等标准规范，构建安全技术体系、安全管理体系、安全运维体系（图 4-5）。

图 4-5　信息安全体系图

安全技术体系建设从技术层面上构建信息安全纵深防御体系，在物理和环境安全、网络和通信安全、设备和计算安全、应用和数据安全方面，遵循"安全分区、网络专用、横向隔离、纵向认证"的原则，实现网络安全隔离，搭建网络安全态势感知平台，实现全网业务可视化、威胁可视化、攻击与可疑流量可视化，通过事前预警，缩短应对新生威胁的时间，快速准确定位网络攻击源。在零信任网络安全架构研究的基础上完成试点应用，开展抗DDOS攻击和入侵检测防御网络安全设备的建设，提升网络防御能力，建设一个具有韧性的安全技术体系。

安全管理体系从管理制度制定、安全管理机构和人员、安全赋能培训的实施、安全策略和管理制度、安全建设管理等，落实网络安全工作责任制，全力做好网络安全防护工作，保障后期安全、健康的运营。

安全运维体系从事前进行漏洞扫描、攻防演练等主动发现系统的漏洞，事中发现攻击行为进行及时响应及补丁修复，事后进行策略调整及攻击事件的溯源、应急情况下的预案编制及安全响应，构建全方位立体的安全运维体系。

第5章 轨道交通工程建设数字化物联层

感知层将现场各个感知设备通过自身的传感器或系统软件产生的各种数据通过通信网络传输到工程建设数字化系统，对现场的感知设备进行监控管理（图5-1）。

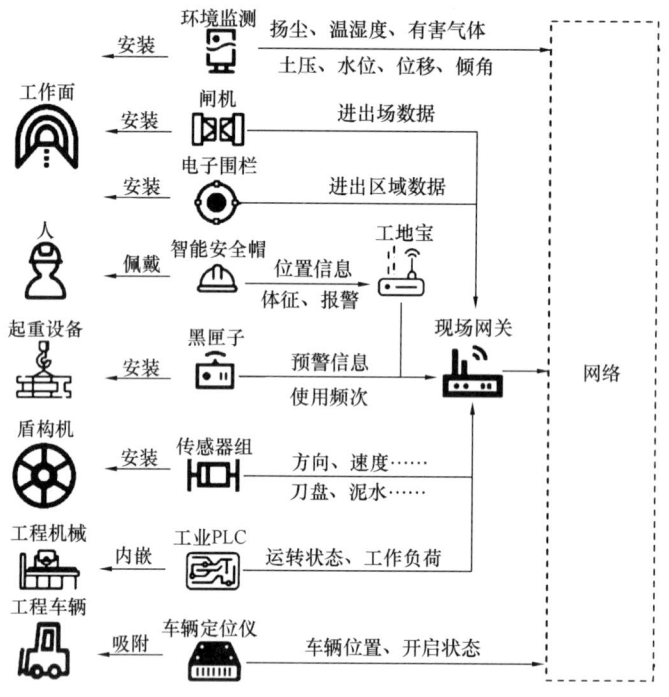

图5-1 轨道交通工程建设数字化平台感知层

智能感知设备包括：门禁系统、定位系统、关键机械设备监控系统、关键位置监测系统、视频监测系统、环境监测系统等。

5.1 门禁系统

施工现场门禁系统用于控制符合要求的人员进出场管理，主要用于进入施工作业区人员的监控，能实时显示出入施工作业区的人员信息，随时掌握进入施工作业区的人员。门禁系统设置在办公区、生活区与施工作业区之间，人员取得授权后方可进出。

5.1.1 需求分析

门禁系统应准确、稳定、可靠，系统所采用的技术和设备应符合国家标准和业界标准，为系统的扩展升级、与其他系统互联互通提供良好的基础。门禁系统的需求如下：

（1）具备极高的可靠性，适应现场安装环境。硬件本身需基于施工现场环境复杂、电磁干扰信号多、运行环境振动强、非常潮湿甚至结露、环境温差大、电粉尘遍布、工作噪声大，对门禁系统硬件的环境适应性有较高要求，还要求在通信结构设计、数据库结构设计等环节上系统能长期可靠地运行。

（2）满足建设工程多级的管理模式。轨道交通建设过程涉及人员多、管理分级复杂，所以在门禁系统中，要能细致地按照职责和区域对人员权限进行划分，并在高一级的管理部门对所管理的区域进行统一协调。

（3）系统具有良好开放性，实现与其他系统集成和交换数据。门禁系统需与人员管理数据打通并联动，所以在选择门禁系统时必须要求其是一个开放的系统，具有标准的数据接口，以方便与其他系统进行集成和交换数据，同时还需要这些开放接口有很好的兼容性。

（4）根据施工地点要求可在人脸识别验证或人脸识别加智能安全帽双重验证中切换设置。

（5）具有固定施工地点，现场可封闭的工程；施工区围挡封闭，设置专用工人通道，人车分流，生活区与施工区互相独立；不能完全封闭的项目需要强有力的制度保障刷卡率。

5.1.2 技术方案

门禁系统由线路中央级系统、现场级系统、门禁卡及传输网络组成。

门禁中央级系统对各区域门禁系统进行集成和管理，实现本线路门禁系统全线设备的控制和所有区域的数据采集、统计功能及中央级管理、授权等功能。

门禁系统现场级设备设置在各车站、区间、段场、主所。现场级系统由门禁控制器、交换机、工作站、发卡器、读卡器、三辊闸、LED显示屏、人脸识别设备、抓拍摄像机等组成。门禁系统现场级设备通过各工点交换机接入全线的骨干传输网络。

门禁现场级系统实现对现场管辖范围内设备的监控，满足系统运作、临时授权、网络管理、维修管理及系统数据的采集、统计、保存、查询等功能。

门禁应根据现场出入口情况选择相应通道设置方式（图5-2）。

5.2 定位系统

定位系统设置在各车站、区间、段场、主所，系统实现人员、重要设备、轨道车等定位、运动轨迹回放、安全预警等功能，便于进行更加合理的调度管理及安全监控管理。

5.2.1 需求分析

定位系统应准确、稳定、可靠，具有国内先进水平。系统所采用的技术和设备符合国际标准、国家标准和业界标准，为系统的扩展升级、与其他系统互联互通提供良好的基础。具体功能需求如下：

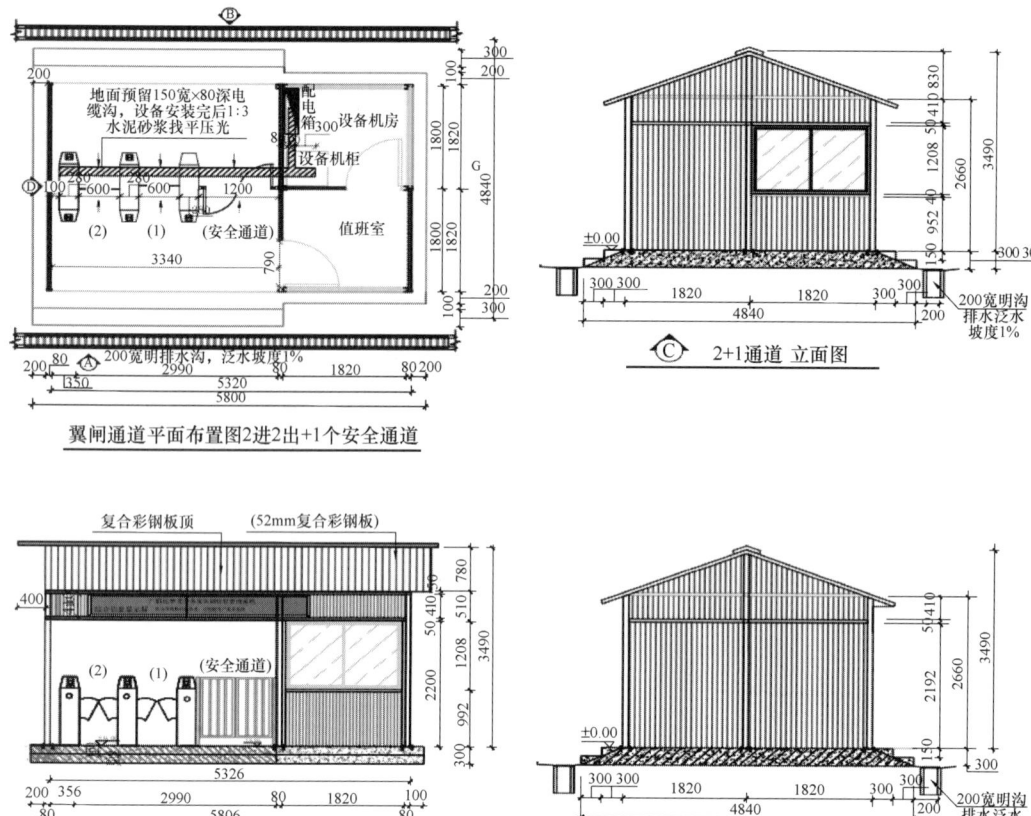

图 5-2 标准 2 通道翼闸施工参考图纸

（1）管控区域信号全覆盖，准确判断项目实施范围内各个生产区域、作业场所人员分布情况。

（2）对重要生产区域实现分片、分层网格化管理，可按不同区域安全生产需要差异化设置管控范围。重点生产区域定位精度 3～5m，道路（室外）等其他区域定位精度 5～10m，巡检点和重大危险源定位精度 1～2m，避免把从旁边经过误判为到位或进入。

（3）可靠的电子围栏和预警报警机制，包括越界报警、静止报警、滞留报警、超/缺员报警，报警需双向、准确。

（4）能够为施工人员提供声光报警的警示，以及对指定区域内进行安全规范的广播，提高施工人员的警惕性。

（5）多种定位功能和显示效果的支持。轨道工程的中车站结构和高架桥梁结构的施工过程，需支持作业面区域定位功能，需使用二维和三维定位效果；而区间类型的隧道结构、轨道结构的施工过程则需支持一维线性的高精度人员定位功能，以二维视图显示定位效果。

（6）系统具备良好的扩展性，能对接环境监测、数据采集等其他与生产现场有关的系统。

（7）如需辅助应急救援，采用应急分站。定位终端可与应急分站直接通信，当发生事故原有基站损毁时,救援人员可携带应急分站进场,被困人员可通过一键求救功能向应急分站发送求救信号。

(8) 支持对接属地监管平台,支持将信息接入属地信息监管平台,支持将现场的出入人员信息及各作业区人员数量、分布情况与安全信息进行公告。可针对可燃有毒气体进行监测和预警,如一氧化碳、甲烷等有害气体监测,遇到不良情况系统自动进行报警,确保施工作业环境安全性。

同时,需满足一些性能要求:

(1) 人员定位要准,不漂移、不乱动、不穿越,不犯"飘忽不定、动静不分、上下不分、内外不分、穿越装置/设备/墙体"等原则性错误。

(2) 实时性要强,系统延时不得超过3s,保证电脑显示位置、电脑报警位置和现场实际位置一致。

(3) 产品电磁兼容安全,严禁干扰生产仪器仪表和生产用通信工具,严禁与对讲机同频,造成互相干扰。系统自身抗现场电磁信号干扰。

(4) 抗现场正常生产噪声干扰,定位结果不因噪声而变化。

(5) 定位设备独立性强,当一个设备出现问题时,不影响其他设备定位效果。

(6) 系统双向报警,不但能上传报警信息,指挥中心还能下发报警信息到指定人。

(7) 系统工业环网,网络故障自愈,最大限度保证网络传输的可靠性。

5.2.2 技术方案

5.2.2.1 定位方式

与户外环境相比,地铁基坑、隧道内环境要复杂得多。由于GPS技术在无法直视天空的环境中几乎无法工作,为此,针对不同的施工现场定位需求存在着多种解决方案,主要采用的技术手段包括以下几种:

1. 被动定位

(1) 可以选择利用RSSI(Received Signal Strength Indication,接收的信号强度)的蓝牙/Zigbee/Wifi定位系统

RSSI的不确定性使得RSSI与物理位置的映射关系不是一一对应的,而是复杂的、非线性的、多对多的映射关系,严重影响定位精度。

(2) 基于编码发射和接收的超声波定位系统

超声波定位技术是基于超声波编解码技术的多用户精确定位技术,利用当前的超声学、信号处理和通信领域的技术;在隧道环境内使用的超声换能器体积较大,因此标签端体积较大。

(3) 基于脉冲无线电超宽带(UWB)技术的高精度定位系统

脉冲无线电超宽带(UWB)技术作用频率在3.1~10.6GHz。UWB技术中信号的功率谱密度极低,脉冲宽度极窄,基带脉冲携带的信息占用极大的带宽。UWB技术中良好的时间分辨率对多径效应不敏感,因此它的距离分辨率精度高于其他系统。UWB脉冲宽度大致纳秒或者亚纳秒级,理论上它能达到厘米级或者毫米级的定位精度。

2. 主动定位

基于捷联惯导的自主定位系统，以其自主导航、不需要额外设施的优点，受到导航工业界和学术界的广泛关注和集中研究。利用IMU（惯性测量单元）输出的三轴加速度计数据、三轴陀螺数据、三轴磁罗盘数据及气压传感器输出数据、温度传感器输出数据，进行一系列数字信号处理，计算出携带IMU物体的运动轨迹。但是高精度IMU传感器价格昂贵，不适合在建筑施工场景中大范围推广。

5.2.2.2 车站、段场定位方案

在轨道交通工程的车站结构和高架桥梁结构的施工过程中，需严格控制人员和车辆的出入，支持作业面区域定位功能，需具备二维和三维定位效果。施工过程中建造围壁，与门禁系统结合形成相对独立的场内环境。

基于三维场布模型，在场内布置覆盖场地的智能蓝牙盒子，实现定位基站功能，结合加装定位芯片的智能安全帽产品应用，系统真实反映场内人员和工种分布情况，掌握各作业部位实时用工数据，现场巡查时可调取工人档案和行动轨迹。系统提供人员出勤异常数据，区分队伍和工种，可监测人员出勤情况，辅助项目进行人员调配；提供人员异常滞留提醒，辅助项目对人员安全监测。

1. 项目场布模型，人员、机械实时分布和历史轨迹

当施工人员进入施工现场时，系统主动感应安全帽芯片发出的信号，记录时间和位置；通过物联网上传到云端，再经过云端服务器处理，得出人员的位置和分布区域信息，并绘制全天移动轨迹；机械安装定位标签后，同样也可查看实时分布和历史轨迹。

2. 智能语音预警提示

当施工人员进入施工现场时，主动感应安全帽芯片发出的信号，区分队伍和个人，进行预警信息播报；预警信息预置可通过使用手机端自助录入。

3. 人员异动信息自动推送

人员出勤异常数据，区分队伍和工种，可监测人员出勤情况，辅助项目进行人员调配。

4. 人员滞留提醒

人员进入工地现场长时间没有出来的异常提醒，辅助项目对人员安全监测。

5.2.2.3 区间隧道定位方案

区间类型的隧道结构、轨道结构的施工过程则需支持一维线性的高精度人员定位功能，以二维视图显示定位效果。综合隧道施工的应用要求，区间隧道类型工程选择UWB高精度定位方案。

UWB定位中的关键在于测距技术，即需要测量出UWB基站和UWB标签之间的距离，从而解算出UWB标签的坐标。UWB定位技术实现测距的原理有多种可选：基于到达时间（TOA）、基于飞行时间（TOF）、基于到达时间差（TDOA）、基于接收信号强度指示（RSSI）、基于到达角度（AOA）等。一般在UWB定位系统中会采用TOF/TOA/TDOA的方式，这样能有效利用UWB信号良好的时间分辨率。

TOA的测距方式是通过每个UWB基站和UWB标签之间的多次通信来实现的；基于TOF的测距方式与基于TOA的测距方式在本质上是相同的，而TOF测距不依赖

基站与标签的时间同步，故没有时钟同步偏差带来的误差，但 TOF 测距方法的时间取决于时钟精度，时钟偏移会带来误差，因此为了减少时钟偏移量造成的测距误差，通常采用正反两个方向的测量方法，即远端基站发送测距信息，标签接收测距信息并回复，然后再由标签发起测距信息，远端基站回复，通过求取飞行时间平均值，减少两者之间的时间偏移，从而提高测距精度；基于 TDOA 的测距方式通过测量 UWB 信号从 UWB 标签到两个 UWB 基站之间传播时间的差值，得到标签到两个基站之间的固定距离差，TDOA 算法是对 TOA 算法的改进，它并不是直接利用信号到达时间，而是利用多个基站接收到信号的时间差来确定移动目标的位置，因此与 TOA 相比并不需要加入专门的时间戳来进行时钟同步，定位精度相对有所提高。

在 UWB 基站和 UWB 标签之间无遮挡的情况下，每一个 UWB 标签能被相邻的两个 UWB 基站扫描到，那么可以采用 TDOA 方式的测距及定位；但在真实的隧道环境中，UWB 基站和 UWB 标签之间有可能被遮挡，并且在一些定位高价值区域仅能安装一个基站，即 UWB 标签在一些特定场景下仅可能被一个 UWB 基站扫描到，此时需要通过 TOF 方式的测距及定位。因此，该系统方案中能同时支持 TDOA 方式及 TOF 方式，且两者可无缝切换。

一个完整的定位系统包括定位子系统和数据传输子系统及展示系统。在隧道定位系统中，定位子系统选择 UWB 高精度定位方案；数据子系统可根据需要采用有线数据传输方案或全程无线数据传输方案。

在一条 4000m 的隧道内，各类设备的部署大致如图 5-3 所示，在满足隧道内视距范围的前提下，UWB 基站的部署间隔大致是 80m，每三台基站用有线的方式连接一台交换机，大致每根 2 芯光纤上串联五台交换机。

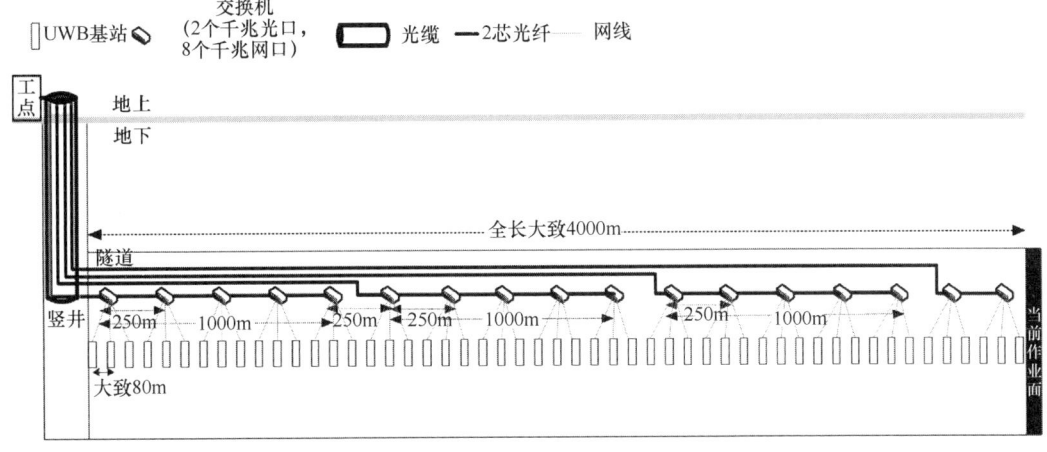

图 5-3 UWB 高精度定位结合全程有线数据传输方案

UWB 高精度定位结合全程有线数据传输方案的最大问题是实施安装运维的不便捷性。隧道内的定位服务需要覆盖隧道工程施工的全过程，随着施工的进度，需要不断地在新掘进的环境内部署有线网络、安装新的设备（交换机及 UWB 基站），并且在有的工艺阶段还需要将原先的有线网络和设备拆掉，该工艺阶段结束后再重新部署有线网络及安装设备。因此,实施安装运维的过程需要消耗大量的人力成本和时间成本。如采用全程无线数据传输方案,整套系统则更易部署和维护。

5.3 关键机械设备监控系统

对施工过程中的关键机械设备应配置监测系统,实现实时监控设备的运行状态,并将数据传输至数字化系统,实现设备的动态管理。

5.3.1 需求分析

关键机械设备的范围主要包括盾构机、架桥机、双轮铣、起重机械(龙门吊、汽车吊、履带吊、龙门吊)、升降机、卸料平台、电瓶车等重要机械,如原厂未设置需进行监测系统的应进行加装。系统梳理不同设备的核心数据需求,对于设备有内置数据系统的,直接对接采集;对于设备无内置数据系统的,加设相关的感知层设备后,对接采集。

系统应能实现临界报警、违规操作报警和限制、故障实时通知报警、恶劣条件报警和控制、精确定位、区域限制、防碰撞、远程监测等动态管控功能,同时通过与远程终端的联动,及时为司机提供警示以避免操作失误,确保机械设备在运行过程中的安全。

5.3.2 技术方案

5.3.2.1 工程机械监控构成

在工程机械中通过物联网网关连接机械控制器(PLC)等,可采集工程机械的地理位置信息、行驶数据信息、状态数据,经过网络将数据传输到远端服务器,用户通过Web软件可远程访问、监测数据等,如出现异常,可通过客户端和App收到报警信息,从而实现对工程机械的工作状态、运行参数等数据远程监测的功能。

5.3.2.2 监控系统接入方式

工程项目使用的设备是多种多样的,并且来自不同的供应商,接入系统的方式也是多样的。数字化系统应兼容多厂家、多类型的设备,支持多种接入方式。机械供应商具体情况不同,提供的数据形式也不同,有些提供的是加工完成的基于云平台的数据,有些是未经过加工的基于硬件设备的数据。因此平台支持从不同的数据源取数,并进行加工。

方式一:直接取对方云平台数据。

对接厂商将PLC数据经过网关转换成可识别的数据形式,系统只需要将对方的数据取回来加工成标准格式即可。

方式二:对接厂家未对PLC数据进行加工,系统需要采集对接厂家的PLC数据并将其加工转换成标准数据形式。

系统提供标准的API接口,对应统一的数据标准格式,由对接厂商自行调取接口,将数据加工成规范的数据格式,并传送给系统,完成在系统的数据呈现。

5.3.3 盾构监测系统

盾构监测系统主要包含盾构机信息采集装置，以实现对盾构机信息的实时监测并进行存储分析，通过网络建立系统间数据传输，并将相关信息上送，通过实时监测盾构运行各项参数，结合盾构施工环境，实现监控参数远程实时显示、材料消耗、施工进度、功效统计；PLC控制系统或工控机OPC服务器设置传感器等感知设备，实时记录泡沫量、同步注浆量、膨润土量、盾尾油脂量、主驱动油脂量等关键数据，如同步注浆系统配置流量传感器，用于记录注浆量；泥水盾构环流系统配置阀门位置传感器，可反馈阀门开关状态，泥水盾构环流系统进排浆管路配置密度计；实现全站仪激光导向、管片管理、变形监测、管环平整监测、掘进机导向监测等功能，满足主要掘进参数的曲线分析、掘进参数预警等功能。

盾构机作为地铁施工的关键机械，监测系统的可靠性显得尤为关键，系统的可靠性除了要保证系统在使用中要具有极高的稳定性外，还要求在通信结构设计、数据库结构设计等环节上保证系统能长期可靠地运行。

由于地下施工情况复杂，所以盾构监测系统需要实现保证盾构机监测数据的实时性和可靠性，能够实现对盾构机信息的实时监测并进行存储。盾构监测系统不仅要能够采集数据，同时还需要能够通过网络将相关信息上送，通过实时监测盾构运行各项参数，结合盾构施工环境，实现监控参数远程实时显示、材料消耗、施工进度、功效统计，以及主要掘进参数的曲线分析、掘进参数预警等功能。

盾构机监测系统在每台盾构机上设置信息采集装置，实现对盾构机信息的实时监测并进行存储分析，通过网络传输将相关信息上送，通过实时监测盾构运行各项参数，结合盾构施工环境，实现监控参数远程实时显示、材料消耗、施工进度、功效统计，以及主要掘进参数的曲线分析、掘进参数预警等功能。

每台盾构机需配置PLC控制系统，工控机OPC服务器应配置以太网接口，协调导向系统通信接口，并设置传感器等感知设备实时记录泡沫量、同步注浆量、膨润土量、盾尾油脂量、主驱动油脂量等关键数据，如同步注浆系统配置流量传感器，用于记录注浆量；泥水盾构环流系统配置阀门位置传感器，可反馈阀门开关状态，泥水盾构环流系统进排浆管路配置密度计。

5.4 关键位置监测系统

关键位置监测系统是指利用计算机技术对地铁施工监测工作所产生的监测数据和基础信息即时进行存储管理、综合分析，并利用网络通信技术进行数据的传输、发布，以便设计、施工、监理、业主能够实时掌握地铁施工监测信息，为设计、施工、监理等及时判断前一阶段施工工艺和施工参数的合理性提供保证，是动态施工与动态设计的必要手段。关键位置包括高支模、深基坑、穿越铁路、穿越巷道、穿越高速公路、穿越既有线路等。

对精细化要求较高的工程区域设置三维扫描，用于对已完成施工的空间外形和结构及色彩进行扫描,以获得物体表面的空间坐标,将实物的立体信息转换为计算机能直接处理的数字信号并上传至系统。

5.4.1 需求分析

关键位置监测主要为了获得现场数据,地铁施工监测信息系统的数据来源于车站及附属结构基坑施工的监测项目和区间施工的监测项目。

监测的内容一般包括:

(1) 明挖基坑(明挖车站主体及附属结构、暗挖车站及暗挖区间的临时施工竖井、中间风井及风机房、出入段线明挖段、轨排井等)工程的监测(采用常规监测或自动化监测手段)。

(2) 软弱(岩溶)地层中,区间隧道下穿或邻近重要建(构)筑物附近地面沉降的监测。

(3) 与车站、区间近接的需重点保护的建(构)筑物的沉降、倾斜、裂缝监测(采用常规监测或自动化监测手段)。

(4) 爆破振速监测。

(5) 针对特殊地段的自动化监测。

(6) 边坡工程(新修建边坡、基坑边的现状边坡)的监测。

(7) 盾构法及矿山法洞内监测。

(8) 高支模监测。

(9) 车辆段及停车场:①车辆段建筑物、整体道床沉降观测;②超长盖板应力及变形监测;③车辆段及停车场的场坪内整个场坪进行沉降监测,道床、整碎过渡段沉降监测;④车辆段及停车场的周边挡土墙;⑤车辆段及停车场的U型槽基坑范围;⑥对控制中心及运转楼等建筑钢结构屋盖的应力、温度、变形进行监测(表 5-1)。

监测项目、测点布置和监测精度一览表　　　　　表 5-1

序号	监测项目	位置或监测对象	测点布置	仪器	监测最小精度
1	支护桩(墙)顶水平及竖向位移	支护结构桩(墙)顶	边长大于30m的按间距30m布点(按四舍五入原则计),小于30m的按1点布置	全站仪	1.0mm
				全站仪+小棱镜/激光位移计	
2	支护桩(墙)体水平位移	支护结构内	边长大于30m的按间距30m布点(按四舍五入原则计),小于30m的按1点布置。同一孔测点间距为0.5m	测斜管、测斜仪	1.0mm
				测斜管、固定式测斜仪、数据采集终端	
3	支撑轴力	钢管支撑:端部;钢筋混凝土支撑:中部	标准站每层不少于5根,车站长度超220m者按每40~50m增加1根考虑;通道、风道、出入口、施工竖井、区间风井、盾构井每层支撑道数超过5根的按2根计,5根以下按1根计	钢管支撑:轴力计、钢筋混凝土支撑:应变计	≤1/100(F·s)
				轴力计、应变计、数据采集终端	

续表

序号	监测项目	位置或监测对象	测点布置	仪器	监测最小精度
4	支撑立柱沉降	支撑立柱顶上	立柱总数超过25根的按20%计；总数大于10根、小于25根的按5根计，小于10根的按1根计	水准仪	1.0mm
				全站仪+小棱镜/激光位移计	
5	地下水位	基坑周边	间距20~25m	水位管、水位仪	5.0mm
				水位管、水位计、数据采集终端	
6	锚杆（索）拉力	锚杆（索）位置或锚头	不少于锚杆（索）总数的5%，且每层不少于5根	钢筋计、压力传感器	≤1/100（F·s）
7	爆破振速监测	需保护的建（构）筑物	不少于总爆破次数的20%	传感器、放大器、记录器	1.0mm/s
8	土体深层水平位移	基坑周边布设	一般每站布设2~4孔	测斜管、测斜仪	1.0mm
9	沉降、倾斜、裂缝	需保护的建（构）筑物	每个建（构）筑物不少于3个测点	全站仪、水准仪、静力水准仪、倾角仪、数据采集终端	1.0mm
10	地面沉降监测	盾构区间道路范围；矿山法车站和区间地面范围	监测横断面在线路方向间距15m，监测的每个横断面设3个测点	全站仪、水准仪	1.0mm
11	边坡坡顶水平位移及垂直位移	边坡坡顶、边坡支护结构顶部	每一典型边坡段设置不少于3个观测点	全站仪、水准仪	1.0mm
12	边坡地表裂缝监测	坡顶1.0H（岩质）~1.5H（土质）范围内	人工巡视，出现裂缝时布测点，测点沿裂缝间距20~30m	目测、直尺或裂缝计	1.0mm
13	洞内监测	包含洞内巡视、拱顶沉降、净空断面收敛等规范规定要求的必测项目，其余项目由设计人员根据现场地质情况，按相关规范、规定确定	测点布置断面建议车站矿山法隧道约10~20m一个、区间矿山法隧道约20~30m一个。另外，盾构区间进洞、出洞处、矿山法隧道洞口、联络通道必须有监测断面。暗挖联络通道测点布置不少于一个监测断面。监测断面与施工监测部分重合，即监测点位由施工单位埋设，地面有监测项目时断面里程也必须统一	全站仪、水准仪	1.0mm

续表

序号	监测项目	位置或监测对象	测点布置	仪器	监测最小精度
14	沉降观测	车辆段及停车场	①对于道床区：每个整体道床及整体道床与碎石道床过渡段设置一个监测断面，当股道较多时沿断面每隔20~30m增加一个监测单元，碎石道床每隔50~60m设置一次监测断面；②场坪沉降监测：除道床区外场坪内50~60m正三角形布置沉降观测点；③整体道床及建筑物沉降观测点	全站仪、水准仪	1.0mm
15	水平位移监测	车辆段及停车场	挡土墙顶水平位移和垂直位移，每隔25m布置一个监测点	测斜仪及全站仪	1.0mm
16	基坑测斜	车辆段及停车场	基坑顶水平位移和垂直位移，每隔25m布置一个监测点	测斜仪及全站仪	1.0mm
17	支架水平位移	①在单元框架的角部及四边的中部位置应布设测点组，测点宜布置在结构的顶层、底层，且间距不大于5步；②支撑结构单元内部在承受荷载较大或稳定性较差的部位应布设监测点，且测点间距不宜大于两倍主梁跨距	模板支架顶部、底部及中部位置	全站仪或位移计	1.0mm
18	模板沉降	①在单元框架的角部及四边的中部位置应布设测点；②单元框架中部在承受荷载较大部位应布设监测点，且测点间距不宜大于两倍主梁跨距	模板底部	全站仪或位移计	1.0mm

续表

序号	监测项目	位置或监测对象	测点布置	仪器	监测最小精度
19	立杆轴力	①单元框架角部及四边中部立杆应布设测点;②单元框架或单元桁架中受力大的立杆应布设监测点	立杆顶托和模板之间	应力计或应变计	≤1/100（F·s）
20	立杆倾斜	①单元框架角部及四边中部立杆应布设监测点;②单元框架中受力大的立杆应布设监测点	立杆上端部	倾角计	0.02°
21	钢结构构件的应力及温度监测	空腹桁架中杆件	杆件中部布置测点	应力计	≤1/100（F·s）
22	钢结构构件的竖向变形	桁架杆件节点、钢梁	杆件节点、钢梁拼接点	应变计	≤1/100（F·s）

同时，还需要人工对关键部位外部进行巡查和记录，主要包括：

（1）对工程周边环境中的建（构）筑物，巡视检查应包括建（构）筑物开裂、剥落，地下室的渗水情况及附属设备状况。

（2）对地下管线，巡视检查应包括管线及接口的破损、渗漏情况。

（3）对周边道路（地面），巡视检查应包括地表沉降、隆起、开裂情况。

（4）对基坑工程，施工单位每天均应有专人进行巡视检查。基坑工程巡视检查应包括支护结构、施工工况、基坑周边环境、监测设施，以及根据设计要求或经验确定的其他巡视检查内容。

（5）对盾构法隧道，巡视检查应包括洞门渗漏水、管片衬砌的状态、周边环境情况。

（6）对矿山法隧道，巡视检查应包括支护结构、围岩体渗漏水、工作面坍塌、施工工况、降水效果等情况。

5.4.2 技术方案

系统的数据采集层需要完成人工采集数据、现场量测数据的录入功能，以及仪器自动采集与录入功能。数据采集层必须具有现场记录、无线传输数据的功能。数据采集层的功能包括：

（1）人工采集数据的记录功能：针对现场监测中部分监测项目（如区间周边建筑物的沉降监测）采用自动监测困难的情况，系统建立人工采集数据的录入功能，人工采集的数据或计算结果可以直接录入系统数据库。

（2）仪器自动采集的记录功能：利用自动监测仪器的存储计算功能，建立系统与仪器的数据接口,按照仪器数据存储格式,直接将现场测量数据导入系统数据库,并进行平差处理,完成监测项目的自动计算与录入功能。

5.4.2.1 测量机器人

测量机器人是一种能代替人进行自动搜索、跟踪、辨识,以及精确照准目标并获取角度、距离、三维坐标等信息的智能型高精度全站仪。它是在全站仪基础上集成步进马达、CCD影像传感器构成的视频成像系统,并配置智能化的控制及应用软件发展而形成的。测量机器人则通过CCD影像传感器和其他传感器对现实测量世界中的"目标"进行识别,迅速做出分析、判断与推理,实现自我控制,并自动完成照准、读数等操作,以完全代替人的手工操作,再与能够制定测量计划、控制测量过程、进行测量数据处理与分析的软件系统相结合,完全可以代替人完成许多测量任务。

测量机器人自动化监测系统以基于一台测量机器人的有合作目标(照准棱镜)的变形监测系统为基本单元,可以由多个基本单元通过网络连接起来组合而形成一个测量机器人远程网络监测系统,系统提供有线和无线两种组网方式。

自动化监测系统是基于测量机器人的有合作目标(照准棱镜)的极坐标监测系统。

基站:基站即为极坐标系统的原点,架设测量机器人的测站。

参考点:参考点(三维坐标已知)应位于变形区域之外的稳固不动处,点上放置正对基站的单棱镜(采用强制对中装置)。

目标点:根据需要,目标点一般较均匀地布设于变形体上的变形点。

测量机器人自动化监测系统主要实现测量机器人的控制、测量计划的制定、观测成果质量的监控、数据的自动处理与输出等功能(图5-4)。

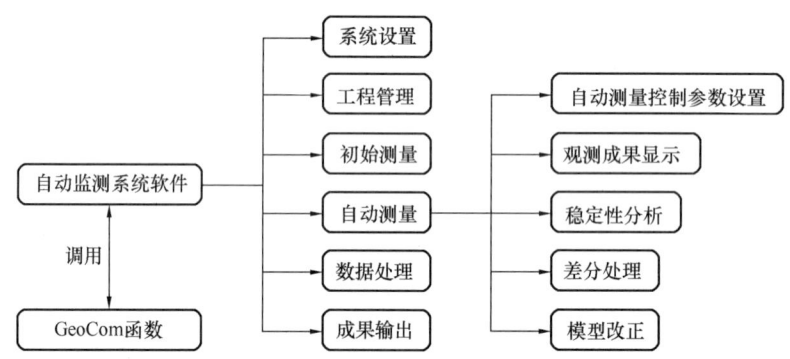

图 5-4 测量机器人自动化监测系统功能图

1. 基准点检核

每天监测开始前对控制网基准点进行自动观测,检核其相互之间的关系,确保控制网工作基点的稳定。

2. 监测实施

在测站点上安置测量机器人,并与现场工控机相连接,通过"全站仪自动化变形监测系统"对测量机器人进行控制网基准点、控制网工作基点、监测点的自动测量及数据采集。

首次观测时,需要对所有的点(控制网基准点、控制网工作基点、监测点)进行学习,流程如下:

(1) 工程配置：设定工程的 2C 互差、归零差、测回互差、测距误差等限差；

(2) 测站配置：输入测站名、仪器高及测站的三维坐标；

(3) 学习点配置：依次输入观测点名称、棱镜高，确认后测量，得到学习点的三维坐标；

(4) 设定测回数，开始测量，仪器按照全圆观测法，对所有待测点进行指定测回数的测量，测量完成后自动保存数据；

(5) 若发生观测误差超限的情况，仪器自动重测（重测规则：①对上半测回归零差超限及其他原因未测完的测回，立即重测；②若零方向的 2C 互差超限或下半测回的归零差超限，则应重测整个测回；③某一测回距离互差超限，应重测该整个测回）。

3. 坐标系统

平面坐标系：根据现场情况，建立独立平面直角坐标系，坐标系统 X 轴与隧道轴线平行，Y 轴垂直于 X 轴；本车站及区间 X 轴东方向为"+"方向，Y 轴北方向为"+"方向；高程系统：采用独立高程系统，采用三角高程的方法进行观测。

4. 数据处理

(1) 竖向位移计算

通过全站仪平差得到监测点三维坐标后，Z 轴坐标即代表当前测点的高程，通过比较本次高程与初始高程即可得到观测点的沉降量。即：

$$\Delta H = Z_i - Z_0$$

式中，ΔH 为累计沉降量，Z_i 为第 i 次观测的测点高程，Z_0 为测点的初始高程。

(2) 水平位移计算

通过全站仪获取对隧道测点 A 点的三维坐标后，通过以下计算过程得到隧道位移值：

假设测得测点 A 点坐标为 (X_a, Y_a, Z_a)，A 点水平位移 ΔA 如下：

$$\Delta A = \sqrt{(X_{ai} - X_{a0})^2 + (Y_{ai} - Y_{a0})^2}$$

式中，X_{ai}、Y_{ai} 为第 i 次测得 A 点的 X、Y 坐标，X_{a0}、Y_{a0} 为 A 点的初始 X、Y 坐标。

根据 X 和 Y 的变形量方向的夹角，可以确定隧道水平位移的方向。

(3) 径向收敛计算方法

采用全站仪自由设站极坐标法测量，通过测量径向两点的三维坐标，并通过坐标计算径向两点空间长度即为本次测量值，将各次测量值与原始值进行比较，即可得隧道的径向收敛变形情况。变化量为正表示拉伸，为负表示压缩：

$$距离 = \sqrt{(x-x')_2 + (y-y')_2 + (z-z')_2}$$

5.4.2.2 三维扫描与放样

三维扫描点云技术是指利用三维激光扫描仪快速获得被测对象表面每个采样点空间立体坐标，得到被测对象的采样点（离散点）集合即点云，导入点云分析软件中，生成三维点云模型。从点云模型中提取三维特征构建三维模型，通过在三维模型表面粘贴彩色纹理，可进行空间仿真、虚拟现实等可视化模拟操作。三维扫描设备包括扫描头、云台、三脚架和点云分析系统。

三维模型放样技术是指将三维建模软件导出的三维格式文件转换为移动端格式文件，用于移动端信息读取及建立放样任务，链接移动端设备与放样机器人，通过移动端设备进行可视化操控，实现自动化、高精度放样。三维模型放样设备包括移动端设备和放样机器人。

采用三维扫描复核现场测量、施工误差，可及时有针对性地调整方案，应用三维模型放样技术，实现现场精准放样，最大限度减少施工误差。

5.4.2.3 高支模监测

高支模：全称高大模板支撑系统。根据住房和城乡建设部 2009 年 12 月 26 日发布的《建设工程高大模板支撑系统施工安全监督管理导则》，高支模的定义如下：

危险性较大高支模：高度超过 5m，或搭设跨度超过 10m，或施工总荷载大于 $10kN/m^2$，或集中线荷载大于 15kN/m 的模板支撑系统。

超过一定规模危险性较大高支模：高度超过 8m，或搭设跨度超过 18m，或施工总荷载大于 $15kN/m^2$，或集中线荷载大于 $20kN/m^2$ 的模板支撑系统。

高支模坍塌在工程建设事故中一直占有较高的比例。高支模安全事故主要是由于高支模在荷载作用下产生过大变形或过大位移，诱发系统内钢构件失效或者诱发系统的局部或整体失去稳定，从而发生高支模局部坍塌或整体倾覆，造成施工作业人员伤亡。通过对混凝土浇筑过程中的高支模系统进行系统的监测，采取强有力的技术保障和管理监督措施，协助现场施工人员及时发现高支模系统的异常变化，及时分析和采取加固等补救措施。当高支模监测参数超过预设限值时，及时通知现场作业人员停止作业、迅速撤离现场，预防和杜绝支架坍塌事故的发生。因此，在混凝土浇筑过程中对高支模的监测是十分必要的。

从以往的高支模事故中可以总结出，高支模发生局部坍塌，主要是高支模局部立杆失稳弯曲，由相连水平钢管牵动相邻立杆，引起连锁反应，同时模板下陷，混凝土未固结时会在下陷处聚集，从而加重荷载导致高支模局部坍塌；混凝土已初凝但强度不足时，则构件会"超筋"脆性破坏下坠，亦导致高支模坍塌。

高支模的坍塌具有突发性、破坏性和危险性，因此高支模的监测要点为：在混凝土浇筑阶段，实时对建筑施工模板支撑系统的位移和沉降等变形特征进行连续监控，及时反馈模板支撑的变形情况，防止其坍塌及造成人员伤亡。

高支模的监测内容主要包含模板支撑系统关键部位或薄弱部位的水平位移、模板沉降、立杆轴力和杆件倾角等（表5-2）。

高支模监测要求一览表　　　　表5-2

序号	监测项目	位置和监测对象	仪器	监测最小精度	测点布置
1	支架水平位移	模板支架顶部、底部及中部位置	全站仪或位移计	1.0mm	①在单元框架的角部及四边的中部位置应布设测点组，测点宜布置在结构的顶层、底层，且间距不大于 5 步；②支撑结构单元内部在承受荷载较大或稳定性较差的部位应布设监测点，且测点间距不宜大于两倍主梁跨距

续表

序号	监测项目	位置和监测对象	仪器	监测最小精度	测点布置
2	模板沉降	模板底部	全站仪或位移计	1.0mm	①在单元框架的角部及四边的中部位置应布设测点；②单元框架中部在承受荷载较大部位应布设监测点，且测点间距不宜大于两倍主梁跨距
3	立杆轴力	立杆顶托和模板之间	应力计或应变计	≤1/100（F·s）	①单元框架角部及四边中部立杆应布设测点；②单元框架或单元桁架中受力大的立杆应布设监测点
4	立杆倾斜	立杆上端部	倾角计	0.02°	①单元框架角部及四边中部立杆应布设测点；②单元框架中受力大的立杆应布设监测点

设置高支模实时监测警报系统，采用实时监测的自动化措施，通过对高大模板支撑系统的模板沉降、支架变形和立杆轴力的监测，对高支模进行预压监测和混凝土浇筑过程中的安全监测，保证监测数据的及时性、准确性和有效性。当监测值超过预警值时，现场人员在作业时能从机器上读取预警信号，监测设备、系统发出报警信号的同时，安装在现场的警报器也会发出警报声（图 5-5）。

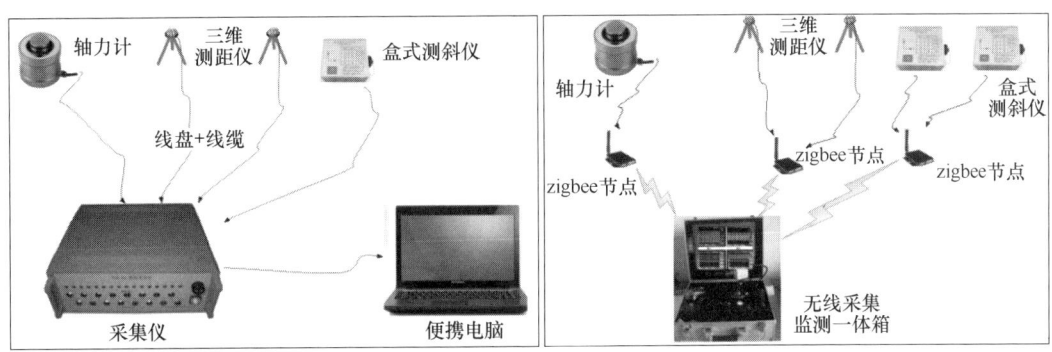

图 5-5　高支模实时监测警报系统

5.4.2.4　基坑自动化监测

建立深基坑在线监测，对基坑的支护结构及周边环境监测数据的自动采集、实时传输、自动预警功能，保证监测数据的真实性、完整性、及时性；各个工点通过系统可以及时查询在建工程基坑现场的监测数据，实时掌握工程监测情况，实现动态监管目的，保证地下工程及基坑工程施工安全。

基坑开挖过程中应根据监测数据进行数字化施工，及时对开挖方案进行调整。

1. 支护结构桩（墙）顶水平位移及竖向位移自动化监测

（1）支护结构桩（墙）顶水平位移测量及竖向位移测量方法采用全自动全站仪＋小棱镜进行监测，用控制系统定时采集数据。

（2）全自动全站仪精度不应低于1″，1mm＋2ppm。

(3) 现场放置全站仪位置需建造具有强制对中装置的观测墩，且安装防护棚，全站仪安装后不可轻易移动。

(4) 测点为 L 型直角小棱镜，小棱镜固定后需用坚固的保护罩保护。

(5) 控制点的标志应按《建筑变形测量规范》JGJ 8—2016 规定采用。

2. 桩（墙）体深层水平位移自动化监测

(1) 采用固定式测斜仪＋自动数据采集终端监测，在埋设于围护结构内的测斜管内进行测试。测点宜选在变形大（或危险）的典型位置。

(2) 测斜仪精度不应低于 1mm/500mm。

(3) 安装时装测斜仪用固定杆固定，固定好后每个固定杆节点相连接，每连接一根节点后下放节点到测斜管，继续连接下一节点。

(4) 管底应与钢筋笼底部持平或略低于钢筋笼底部，顶部到达地面（或导墙顶）。

(5) 测斜管与支护结构的钢筋笼绑扎埋设，绑扎间距不宜大于 1.5m。

(6) 测斜管的上下管间应对接良好、无缝隙，接头处牢固固定、密封。

(7) 测斜管绑扎时应调正方向，使管内的一对测槽垂直于测量面（即平行于位移方向）。

(8) 封好底部和顶部，保持测斜管的干净、通畅和平直。

(9) 做好清晰的标示和可靠的保护措施。

(10) 对于已施工了围护结构的情况，如需要采取钻孔埋设的方法，参照土体侧向变形测斜管埋设要求实施。

3. 支撑轴力自动化监测

(1) 支撑轴力采用自动数据采集仪读取及发送数据。

(2) 钢支撑应选用端头轴力计（反力计）进行轴力测试。

(3) 将轴力计安装架与钢支撑端头对中并牢固焊接。在拟安装轴力计位置上焊接一块 250mm×250mm×25mm 的加强垫板，以防止钢支撑受力后轴力计陷入钢板，影响测试结果。

(4) 待焊接温度冷却后，将轴力计推入安装架并用螺丝固定好。

(5) 安装过程必须注意轴力计和钢支撑轴线在一直线上，各接触面平整，确保钢支撑受力状态通过轴力计（反力计）正常传递到支护结构上。

(6) 混凝土支撑应采用钢筋应变计进行测试，绑扎钢筋笼时进行埋设，宜在截面分布均匀，并牢固固定。应变片的数量应保证上、下侧各不少于 2 片。

4. 立柱沉降

(1) 立柱沉降采用全自动全站仪＋小棱镜进行监测，用控制系统定时采集数据。

(2) 全自动全站仪精度不应低于 1″，1mm＋2ppm。

(3) 测点宜在支撑立柱沉设后、基坑开挖前布置在变形大（或危险）的典型位置的支撑立柱顶上。

(4) 测点为 L 型直角小棱镜，小棱镜固定后需用坚固的保护罩保护。

(5) 进行张拉、锁定过程的应力对比测试。

5. 地下水位

（1）地下水位监测采用渗压计＋自动数据采集仪进行监测，渗压计精度不应低于 0.5%FS。

（2）地下水位测点宜布置在基坑的四角点及基坑的长短边中点，且应布置在止水帷幕外侧约 2m 处。

（3）滤水管埋设时应在滤孔外包上土工布，且下放前必须确保滤水管过滤层牢靠绑扎在滤水管上，过滤层如有破损应进行更换。

（4）水位观测孔管口应高出地面 10cm 以上，且管口应设必要的保护装置（窨井、护筒等）。

5.4.2.5 既有线自动化监测

当明挖基坑在一倍基坑深度范围内存在已运营地铁车站，或区间、暗挖（盾构）隧道在一倍洞径范围以内存在已运营地铁车站或区间时，需对既有车站或区间进行自动化监测。

自动化监测需准确获得初设值，明挖基坑支护结构施工前和暗挖隧道距离监测断面 70m 时，应开始自动化监测。当明挖结构封顶并回填土方且监测数据趋于稳定，暗挖（盾构）隧道开挖面距离监测断面超过 70m 且监测数据趋于稳定时，自动化监测可以结束。

自动化监测测点布置应能反映既有线路两根钢轨的沉降差，以及既有车站和区间的整体沉降及倾斜。监测横断面间距一般为 5～10m。测站的布置应能满足可视要求。盾构区间或矿山法区间（单洞单线）每个监测断面设置 6 个监测点。

自动化监测一般情况 1 次/4h，在基坑开挖期间、暗挖隧道小于一倍洞径通过期间或出现变形征兆时进行连续监测（1 次/2h）。

变形控制标准应根据运营安全的要求确定，一般情况下，车站和隧道绝对沉降量和水平位移量限值：±20mm；运营线路轨道静态尺寸容许偏差值：两轨道轨距变形及横向高差＜4mm/10m。警戒值可取限制的 80%。

明挖车站及区间自动化监测测点布置于轨行区轨道中间及两侧（每断面三个测点），左右线均要布设（图 5-6）。

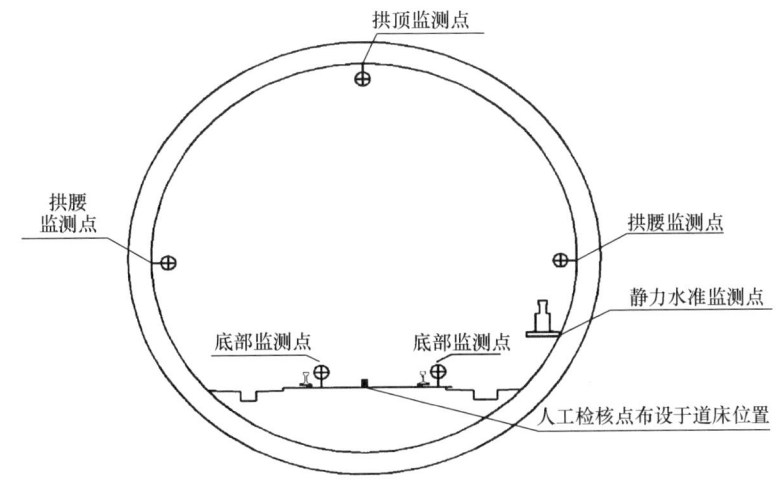

图 5-6 既有线隧道自动化监测点断面示意图

5.5 视频监控系统

视频监控系统主要包括前端设备部分、传输系统部分与管理、显示与存储系统三个部分。前端摄像设备是整个系统的"眼睛",它把监视的内容变为图像信号,通过传输系统传送到各工点、工区监控中心、总承包部监控中心,进而实现存储或大屏显示。视频分析功能由系统应用层实现。

5.5.1 需求分析

视频监控系统应包括监控设备与监控软件两部分。设备部分由工地现场安装的监控摄像头及视频存储设备组成,现场级设备主要包含红外智能高速球摄像机、红外调焦摄像机、六类非屏蔽双绞线接入节点箱的交换设备、室外铠装光纤、节点箱(节点箱的材质及对内置设备的防护、安装工艺等需要满足隧道复杂施工环境要求)。

视频监控系统实现施工现场监控室对施工作业面的实时监控,以及通过专用网络实现各施工工点、工区、线路指挥调度中心、线网指挥中心的互联互通,实现远程对所有施工现场及作业面的安全生产情况的实时监控。

5.5.1.1 摄像机的布点需求

按实践来看,每个工点设置的前端摄像机数量应不低于40路,做到对工地的视频覆盖管理。

(1) 对土建施工基坑、附属结构、地下暗挖掌子面、盾构施工作业面等重要部位的实时监控。

(2) 对车辆段施工竖井提升设备的大梁处、中间风井、暗挖隧道工程每个施工掌子面、高边坡施工区域、主变电站、出入段线交接处、综合楼、停车库、检修库地基处理、网架施工、高支模施工等重要部位的实时监控。

(3) 对机电施工阶段、机电施工车站、轨行区等作业面及工程车等重要部位的实时监控;

5.5.1.2 重要监控场景包括

1. 盾构施工视频监控

通过视频监测盾构机工作状况,监控盾构刀盘掘进、管片拼装、配套设施运行等,另外需在端头井、接收井安装摄像机监控吊装、盾构出土、设备材料进出洞等情况。

2. 基坑施工视频监控

在基坑上部部署高清球机,全景监控基坑内的施工情况,如支撑固定情况、地面积水和沉降情况等。

3. 高架施工视频监控

选取合适的位置安装摄像机,使用附近建筑物、立杆等作为载体,监控施工作业情况。

4. 工地出入口视频监控

工地是人员出入的场所,需在每个门口设置监控点,实时监控进出人员和货物,安装摄像机时需考虑夜晚的光线很差,并且要求每个监控点要看清楚进出人员的样貌等。

5. 建筑材料堆放处视频监控

建筑材料堆一般零散放置很多材料，在材料堆放置红外高清筒型摄像机，监控材料的取用与还回，避免偷盗事件发生。当发生偷盗行为时，高清摄像机清晰的画面为破案提供证据。

6. 塔吊上方全景视频监控

塔吊是整个工地的制高点，可以俯瞰整个工地现场的作业情况，使用高清网络球机查看塔吊操作台作业情况，并同步俯瞰地面作业情况。

7. 围墙位置视频监控

在工地的四面围墙上布设摄像头对工地周边情况进行实时巡视，实现周界监控和周界报警防范使用，保证工地安全。

8. 易燃品区域视频监控

在施工区域材料堆场、物资仓库等区域，存在有大量的易燃品，易燃品的火灾监测管理对于施工现场整体安全至关重要，针对该类区域可采用高清摄像机进行监测。

9. 航拍视频监控

在施工区域定期从空中进行航拍，监控工地整体概况，了解工地周边变化，并上传至系统。

10. 移动感知视频监控

在施工期间为施工人员、监理人员配备适当的便携式视频拍摄设备，实现关键部位施工过程远程监控和记录。

通过安装于各施工现场的监控点，应能通过工地通信网络实现对全天 24h 在线实时、不间断的监控，视频本地存储，通过网络结合 GIS 系统可以实时集中观看监控视频，并可以即时抓屏和固定频率抓拍，同时支持移动终端同步观看视频，可以按照区域存储时间、区间进行视频回放。

5.5.2 技术方案

视频采集架构通常由以下部分组成：前端施工现场、传输网络、智能分析设备、NVR 前端存储、大屏显示系统（图 5-7）。

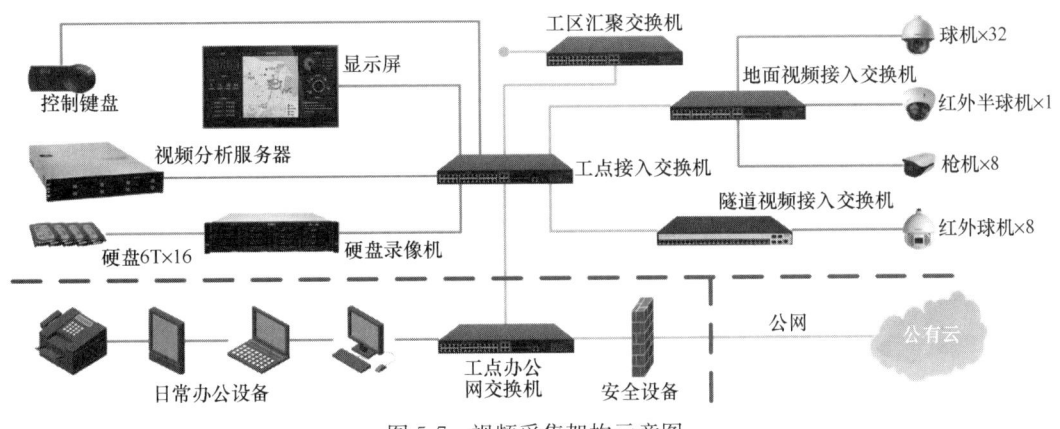

图 5-7 视频采集架构示意图

5.5.2.1 前端采集

工地前端系统主要负责现场图像采集、录像存储、报警接收和发送、传感器数据采集。

前端监控设备主要由分布安装在各个区域的高清枪机、高清网络球机、硬盘录像机和相关的传输设备组成，用于对建筑工地的全天候视频监控、数据采集和存储，满足对现场监控可视化、报警方式多样化和历史数据可查化的要求。

5.5.2.2 前端存储系统

存储设备采用网络硬盘录像机，该方案优势是存储系统对网络依赖较低、组网灵活、建设成本低等，劣势是存储数据安全性不高，硬盘故障将导致数据恢复成本巨大。

前端视音频经数字化处理后以网络码流形式写入NVR设备中，由NVR进行集中录像存储、管理和转发，NVR不受物理位置制约，可以在网络任意位置部署。同时，考虑到视频图像存储数据的重要性，存储系统采用N＋M备份机制，以进一步保障存储数据的完整性和存储系统的持续运行。

5.5.2.3 采用NVR直接存储的优势

(1) 采用磁盘预分配技术，保证在硬盘循环记录过程中杜绝文件碎片的产生。可以很好地解决监控数据长期覆盖读写的特点，以及文件频繁建立和删除带来的文件碎片问题。

(2) 采用独有的文件保护技术，支持目录区冻结保护，可彻底解决由于断电引起的文件系统不稳定甚至文件系统损坏而导致的监控服务停止、数据只读或丢失等故障问题。

(3) 针对监控存储大码流并发为主的特点，嵌入式NVR基于特有的文件系统，将多路并发随机访问变为顺序访问，同时减少由硬盘磁头工作时频繁长距离寻道带来的性能下降和寿命下降的问题。

(4) 支持非工作硬盘休眠技术，一方面延长硬盘寿命，另一方面也可降低整机功耗。

(5) 支持硬盘smart预警技术，在硬盘彻底损坏之前提前预警，同时录像切换到下一块硬盘录像。保证了监控数据不会因为硬盘损坏而导致数据丢失，大大提高了数据的安全性。

(6) 支持硬盘分组管理，通道配额设置，冗余录像、重要录像文件保护等机制，在提高数据安全性的同时，可针对实际应用提供更加灵活的配置和管理机制。

(7) 支持将录像段锁定，在循环覆盖录像卷时，不会覆盖此段被锁定的录像。但是当清空录像卷时，仍然会清空此条录像。提供两种方式来锁定录像：一种是制定录像锁定策略，录像的同时实现加锁；另一种是手动执行锁定录像段，给现有的录像段完成加锁。

(8) 采用双千兆网卡、支持网络容错、负载均衡及双网络IP设定等应用。

(9) NVR支持对国际和国内的众多第三方厂商接入，并能通过ONVIF/PSIA等协议实现无缝接入，而不需要做额外的开发。

5.5.2.4 存储计算

(1) 存储方案：高清视频监控系统中，监控录像数据的容量需求较大，本系统规划每个工地建设 40 个监控接入点，要求采用 1080P（1920×1080）的图像分辨率格式进行存储，8M 实时码率，7×24h 实时保存 30 天。本项目采用部署网络硬盘录像机的存储方式，存储设备中集成了录像服务软件，省去了存储服务器，降低了使用成本，减少了单点故障。存储可以实现按需分配，存储容量可以根据各个社区监控规模的发展和增长来动态增长，具备检索功能，对于存储在 NVR 系统中的所有录像资源，都可以随时随地进行灵活、快速、准确的检索和回放。

(2) 存储要求：单路图像按 8M 码流计算，图像保存 30 天。

考虑硬盘损耗，10% 单路存储 30 天的容量计算=[8M×3600(s)×24(h)×1(路数)×30(天数)]/[8×1024×1024]/0.9=2.74TB。

综上所述，本系统采用 4T 硬盘，所需硬盘数量=40 台×2.74TB/4T=28 块，共需要两台 16 盘位硬盘录像机。

本系统采用 6T 硬盘，所需硬盘数量=40 台×2.74TB/6T=19 块，共需要两台 16 盘位硬盘录像机。

工地前端摄像机到工地硬盘录像机，前端设备按传输距离配备光纤收发器，将网络信号汇聚至工地监控设备机房，连接至交换机，将数据存储至 NVR 中。

5.6 环境监测

在各工点设置环境监测系统，实时采集气象数据，监测项目施工现场环境，如 $PM_{2.5}$、颗粒物、温度、风速、风向等数据，并对污水处理设备进行实时监测，并通过拍照记录异常状态。

5.6.1 需求分析

(1) 工点设置环境监测系统，安装扬尘污染在线监测设备，实现实时在线监测工地现场 $PM_{2.5}$、PM_{10}、粉尘、噪声、风向等环境参数，同步上传数据至系统，并接入城市扬尘污染在线监管系统统一管理（表 5-3）。

环境监测数据内容　　　　表 5-3

数据名称	采集频率	数据来源	备注说明
温度	实时	扬尘在线监测仪	
湿度	实时		
风速	实时		
风向	实时		
噪声	实时		
$PM_{2.5}$	实时		
PM_{10}	实时		
空气质量	实时	天气信息	晴、多云、阴天、小雨、大雨……
天气情况	实时		优、良、轻度污染、中度污染、重度污染

（2）设置污废水净化处理系统，并实现数据与综合监控系统对接，实时监测水质情况，超过设定的阈值则发出报警（表5-4）。

排污监测方式　　　　　　　　　　表5-4

数据名称	采集频率	数据来源	备注说明
污水排放情况	实时	视频摄像头	
污水处理设备运行状态	实时	污水处理设备/智能配电箱	

（3）设置喷淋系统，在现场扬尘等加大时，自动开启喷淋系统进行降尘。

（4）设置用水量、用电量、排水计量装置，定期自动采集工地现场施工区、办公区、生活区等区域用水量、用电量、排水情况等数据。

（5）设置烟雾探测器，内置微电脑控制，故障自检，能防止漏报、误报，输出脉冲电平信号、继电器开关或开和关信号。当有烟尘进入电离室时会破坏烟雾探测器的电场平衡关系，报警电路检测到浓度超过设定的阈值发出报警。

（6）设置水位探测器，实时监测关键位置水位变化情况，超过设定的阈值发出报警。

5.6.2　技术方案

5.6.2.1　环境监测系统

各工点环境监测系统通过接入各工点的交换机，接入全线的骨干传输网络，并通过网络传输到系统（图5-8）。

图5-8　环境监测系统设置图

5.6.2.2　隧道气体监控

借助先进气体传感器监测技术，在施工隧道内，专门安装多套有害气体自动监测报警装置和便携式气体检测仪，来对有害气体进行防突检测和监测，并实时监控隧道内空气质量。

5.6.2.3　智能临电

运用物联网的技术对施工现场临电（各级配电箱）进行综合管理，防范风险。定期自动采集工地现场施工区、办公区、生活区等区域用电量等数据。通过接入系统的数据对现场各级配电箱电流、电压实时监测，并及时统计分析各级箱体的用电数据；现场发生跳闸、过载等故障实时报警，电工或相关管理可通过手机 App 实时发现现场配电箱运行状况；对线缆挖断、偷盗电缆等问题进行实时监测，便于电工、保安等相关人员及时了解信息并处置。

第6章 轨道交通工程建设数字化网络层

网络层主要实现建设阶段施工现场的各类数据采集与传输，通过目前的主流网络传输方式将数据进行实时传输，保障施工工地的各类数据能被实时采集，反映现场施工的实时状况。

网络层根据各系统的实际需求向相关现场系统感知层开放网络资源，为系统感知层提供逻辑上独立的全线网络传输通道，并保证整体网络安全（图6-1）。

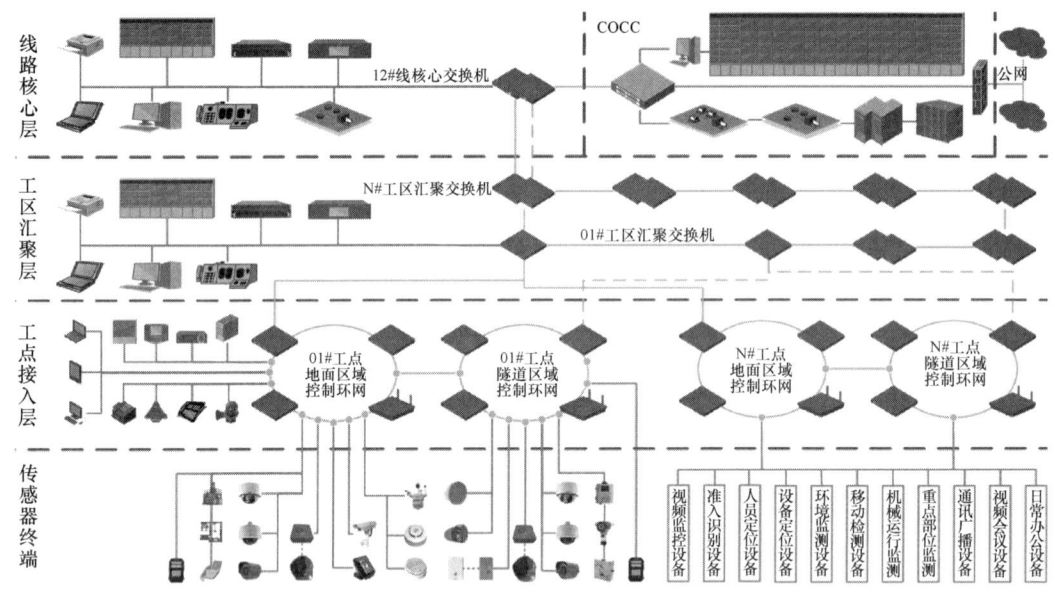

图6-1 线路、工区、工点、终端四级网络通信体系

6.1 传输网络

从网络建设特点来看，城市轨道交通建设阶段系统通信网络应是一个完整的集成化通信传输系统，通过使用符合标准规范的布线部件，采用电力猫、六类双绞线与光缆混合布线方式，模块化组合连接站点、区间、车辆段、停车场、监控室、指挥中心内的话音设备、数据设备、电子通信设备和网络交换设备等，并能使这些设备与外部通信网络相连接，为城市轨道交通建设阶段系统的数据连通提供实用、可靠、灵活、可扩展的介质通路。

从网络应用场景来看，城市轨道交通建设阶段系统通信网络包括主干网络、工地有线网络和工地无线网络。主干网络指连接个工点、工区、线路控制中心及线网级指挥中心的网络，工地网络指各工点施工现场用于连接各个子系统设备的网络。

6.1.1 主干网络

城市轨道交通建设阶段系统通信网络需要连接的各工点、工区、线路控制中心及线网级指挥中心，在空间分布上跨度较大，自建光纤链路受到政策条件制约，主干网可选方案均基于网络服务运营商的网络服务租用。基础网络服务运营商可提供的方案包括专线和裸纤两种服务项目，均可用于支撑城市轨道交通建设阶段应用场景。

专线是构建在光纤链路上的业务，是网络服务运营商的基本业务，具有覆盖范围广、通信条件优良的特点，分为互联网专线和数字链路专线（点对点数据专线），网络服务运营商提供数据处理、专业人员维护管理，服务质量较好。专线安装带宽计算费用呈阶梯状计费，针对企业、个人等任何用户均可开通使用，专线租用价格也相对比较高。数字链路专线可用于建立企业内部数据传输的独有通信通道，通过主干光纤及两端设备实现内网互联，用于单位连接互联网使用，特点是带宽大、稳定可靠，具备保密性、安全性。数据链路专线为用户提供多带宽选择的端到端的国内数字链路连接，可承载数据、语音及多媒体流的数据传输要求。数字链路专线支持多点数据传输，设置面向互联网的网络出口，即可与互联网连接。互联网专线特点为移动性、带宽有限、价格较高。数据链路专线采用隧道加密、认证鉴权、流量控制、路由隔离等多种安全防护机制，互联网专线以新一代宽带 IP 技术为核心，以电信级网络为基础，网络容量大、安全性能高、产品功能强，可提供电信级服务质量保障，满足服务等级协议所约定的服务标准。

裸纤是指网络服务运营商提供光纤物理通道，即纯净光纤线路，中间不经过任何交换机或路由器，只经过配线架或配线箱作光纤跳线，不提供数据处理等服务，整条光纤干线也不经过任何数据处理设备，由用户自行配置两地的收发设备，可以理解成网络服务运营商仅仅提供一条物理线路。裸纤主要针对企业用户开通业务，通过光缆直连或局端转接的方式实现两端或多端私网互联，实现满足企业内部数据传输的独有通信通道，具备良好的保密性和安全性，并具有高速率传输的特征（10M 以上至 1G）。城市范围内的长距离裸纤租用计费方式基于线路长度测算，通常按月度计算费用；城市范围内的短距离裸纤铺设，需要满足市政等许可条件，资费通常按照一次性建设费用收取。

租用专线与租用裸纤在可靠性、性价比、使用场景等方面存在差异，对比分析如下：

（1）采用租用网络服务运营商专线构建的主干网，其可靠性主要依赖于网络服务运营商的设备整体稳定性和维护管理水平，受光纤挖断等物理影响较小。采用租用网络服务运营商裸纤，其可靠性主要依赖于光纤保护，需要确保光纤不被挖断，网络服务运营商内部交换机、路由器等设备故障对可靠性影响不大。

（2）专线租用具备高质量服务，大流量则相对资费较高，且由于是按照带宽速率收取费用，对于需要高带宽传送的客户资费问题会比较突出。裸纤租用优势在于资费很低，且不限制接入速率，裸纤为单纯光纤链路铺设后以租赁形式提供服务，适合有大带宽数据传输需求的企业用户。裸纤租用根据业务两端路由距离计取资费，路由距离不等同于两点实际直线距离，传输能力由客户两端设备自行定义，最大传输可超万兆，但对于小速率客户需求报价相对偏高。

（3）专线租用面向用户范围宽泛，专线无须用户维护、资源丰富、覆盖范围广、通用性好、具有普适性。裸纤租用受限于网络服务运营商资源限制和超长距离限制，一般不超出城市范围，且城市部分非主要区域未必具备资源，因此很多区域不具备租用。

由上可知，在城市主要区域范围内，裸纤租用带宽性能良好、资费合理、性价比较高，尤其对存在视频传输等大规模数据传输要求的用户来说，是一种非常适合的解决方案。裸纤租用会受到已有光纤资源的限制，需要有既定保障方案和应对措施，例如，对于部分不具备裸纤租用条件的区域，在传输路径较短且规模不大的情况下，可以追加光纤敷设以确保资源覆盖。

在网络建设中，超过3km的网间距离一般用光纤来连接，用户租用网络服务运营商裸纤组建网络，可根据相应的应用环境租用相应的纤芯数，每个接入点所租用的纤芯数量由用户的组网方式和传送设备的需求确定。裸纤使用 $9/125\mu m$ 或其他不带包层的光纤，实现光纤全覆盖，可以为用户在城域网范围内提供满足其组建自有骨干网的需求。裸纤主要特点和应用优势如下：

（1）传输距离远：光纤连接距离可达 70km。

（2）传输速度快：光纤能够承载 10Mbps、100Mbps、1000Mbps 高速带宽。

（3）损耗低：由于光纤介质的制造纯度极高，所以光纤的损耗极低，在通信线路中可以减少中继站的数量，提高了通信质量。

（4）抗干扰能力强：因为光纤是非金属的介质材料，使用光纤作为传导介质，不受电磁干扰，这是其他电缆所不能比拟的。

此外采用网络服务运营商裸纤租用组建网络还具有如下几方面的服务优势：

（1）灵活的租赁方式。用户可依据自身网络规模和容量需求，量入为出地选择最适合自己的服务方式，针对不同租赁期限选择裸纤租赁模式，从而合理控制成本，更有效地进行投资。

（2）个性化的工程实施服务。网络服务运营商在深入了解用户业务模式的基础上，可为用户提供量身定制的路由选择和网络设计方案，参与线路测试、引接等协调工作，并提供一系列配套工程实施服务，随时向用户报告工程进展，并根据用户需求提供设备购买、施工及后续的代维代管等服务，确保组网顺利完成。

（3）强大的运营维护支持。由网络服务运营商网管中心对所有路由段的光纤进行全天候监控。开通时提供光纤测试数据，协助用户开通；光缆路由及线路的日常巡检与回访；专业的维护队伍将及时发现线路的阻断并迅速实施故障处理，从而根据用户动态需求提供高品质服务。

（4）网络基本架构。城市轨道交通建设阶段系统采用裸纤租用构建主干网，即采用裸光纤+以太环网（RRPP环）实现主干网与工点网之间安全可靠的网络传输，采用互联网专线租用设置网络出口，实现与互联网连接。

在网络规划和实际组网应用中，大多采用环网来提供高可靠性。环网技术简单来说，就是将一些网络设备通过环的形状连接到一起，实现相互通信的一种技术。一个环形连接的以太网网络拓扑成为一个 RRPP 环，RRPP（Rapid Ring Protection Protocol，快速环网保护协议）是一个专门应用于以太网环的链路层协议，它在以太网环完整时能够防止数据环路引起的广播风暴，而当以太网环上一条链路断开时能迅速启用备份链路以保证环网的最大连通性。与 STP 协议相比，RRPP 协议的优点是拓扑收敛速度快（低于 50ms），收敛时间与环网上节点数无关。

城市轨道交通建设阶段系统的光纤专网将建立线网级指挥中心、线路控制中心、工区、工点之间点对点的信息通道，线网级指挥中心、线路控制中心、各工区项目经理部监控室、各工点监控室及终端设备通过光纤组成一个 10G 的 RRPP 环；选择某线路控制中心采用互联网专线租用，设置为互联网网络出口，实现与互联网连接，满足面向公有云的互联网访问需要；各工点网采用网络接入方案实现网络数据汇聚（图 6-2）。

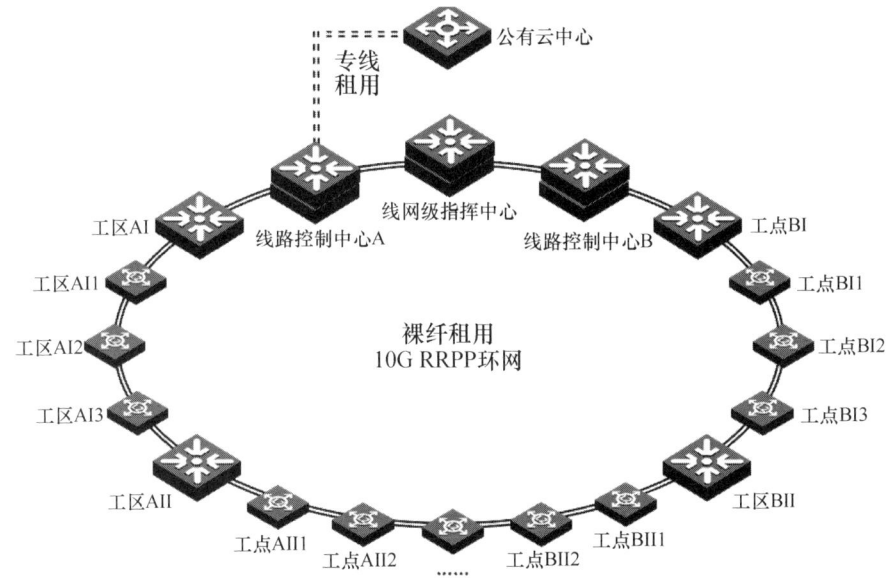

图 6-2 系统主干网络拓扑关系示意图

6.1.2 工点有线网络

在地面工点中，如具备相对良好的室内、室外环境，可采用千兆 POE 接入交换机，满足工作站、打印机等办公千兆线路接入的同时，也支持 POE 接入监控摄像头、无线 AP 等终端设备。

千兆 POE 接入交换机具备设备级和链路级的多重可靠性保护。硬件支持过流保护、过压保护和过热保护技术；支持电源和风扇的故障检测及告警，可以根据温度的变化自动调节风扇的转速，这些设计使设备具备了很高的可靠性。除了设备级可靠性以外，该产品还支持丰富的链路级可靠性技术，包括 LACP、STP、RSTP、MSTP、Smart Link 等保护协议。支持 IRF2 智能弹性架构，支持 1：N 冗余备份，支持环形堆叠，支持跨设备的链路聚合，可极大提高网络可靠性，当网络上承载多业务、大流量的时候也不影响网络的收敛时间，保证业务的正常开展。

千兆 POE 接入交换机支持增强的以太网供电（PoE+）功能，PoE 供电款型可以提供每端口最大 30W 的输出功率，可以为 802.11ac 的无线接入点、可视 IP 电话、大功率的监控摄像头及更多的终端设备提供以太网供电能力。

在地下工点中，由于环境条件恶劣，同时需要接入多种系统信息终端，可采用工业级接入交换机，支持千兆接入速率。

工业级接入交换机是严格按照工业规范要求而开发出的新一代工业宽温交换机，全系列交换机基于工业级硬件器件支撑系统开发，在同等情况下元器件可靠性明显高于商业器件；采用无风扇散热能量回路设计，通过内置散热片、散热导胶等多重散热结构设计使其能够在各种恶劣环境中的表现始终如一，工作温度范围宽；支持交流 220V 外接适配器供电，更适合监控、交通场景施工使用，支持防振、防尘、防水等防护标准，支持高等级电磁兼容性防护，支持静电放电抗扰、辐射电磁场抗扰、电快速瞬变脉冲群抗扰及浪涌抗扰，支持高压防雷，支持掉电告警，使用冗余电源输入时支持单路电源异常告警。

6.1.3 工点无线网络

城市轨道交通建设阶段可采用无线局域网 WLAN 构建无线网络。

1. 隧道

隧道内每 600m 放置室外基站一台（含定向天线）进行无缝覆盖。考虑到隧道内的空间密闭性，回传链路采用 5.8G 信号覆盖，以减少 AP 间的干扰。各基站接收到的数据回传到就近的车站。

2. 车站工点

每个车站部署 AP 实现施工区域无线信号的覆盖，用于传输音视频通信、视频监控、人员定位的数据。

3. 其他工点（含车辆段、主变电站、风井等）

参照车站工点布设网络设备，原则上网络应覆盖全部施工范围。

中央级设置无线网络管理设备，包括网管服务器、操作系统、数据库软件、网络安全软件、无线网络和固定电话互联软件及客户端、定位软件等，为相关施工作业人员及管理人员配置无线终端（含语音、视频通话软件）及定位卡，实现无线对讲及定位功能。

同时考虑到 5G 技术的飞速发展，其大带宽、低时延、全连接等众多优点，能支持更多的无线业务应用。

由于在工区指挥调度或地面工点监控室中，需要提供方便的工点无线网络覆盖和无线终端的接入，需要部署无线网络 WIFI，所以可以采用无线控制器+FIT AP 的组网方式，由线路指挥中心统一部署，集中控制整体无线网络，各工点通过 POE 接入交换机，接入无线 AP 提供无线信号覆盖，方便使用，简单管理。具备以下优点：

1. 提供灵活的数据转发方式

传统的无线控制器部署一般采用集中式转发模式，AC 可以对报文进行全面控制和安全监管，但所有的无线业务流量需要到 AC 进行统一处理，核心链路带宽和 AC 转发能力容易成为瓶颈。特别是 AP 和 AC 通过广域网方式进行连接时，AP 作为数据接入设备部署在分支机构，而 AC 部署在总部，所有用户数据由 AP 发送到 AC，再由 AC 进行集中转发，导致转发效率低下。无线控制器可以支持集中式转发、分布式转发、策略转发，用户根据业务需要和网络实际情况可以灵活设置转发方式。无线控制器同时支持集中认证本地转发的组网方式，在数据流本地转发的情况下，提供 802.1X 和 Portal 的集中认证和管理。

2. 提供新一代智能业务感知

智能业务感知（Intelligent Application Aware）为有线和无线用户提供基于用户角色的应用层安全、QOS 和转发策略。通过智能业务感知功能，可以指定谁能访问网络，其各种应用（如 http、ftp 等）能访问的网络范围及允许的网络带宽。相比上一代产品，新一代智能业务——感知业务加入了对报文深度分析（DPI）功能，扩充了应用的识别和统计功能。在上一代系统中，主要是基于以太网协议的四层端口号粗犷的识别（如 80 端口对应 HTTP 协议、20/21 对应 FTP、8000 端口对应 QQ 等），用户可以通过设置代理之类的方式绕过访问限制；而在新一代系统中，直接基于以太网协议报文的七层特征，根据具体应用中报文的特征库进行识别，对于这样精准的识别，是可以进行完全的限制。通过报文深度解析功能不需要逐条设置禁止访问的网站，而只需要设置禁止访问网站即可，简化了配置工作，提升了配置效率。

城市轨道交通建设阶段系统需要对无线终端设备安装区域进行无线覆盖，无线接入设备连接至接入交换机，完成无线接入。城市轨道交通建设阶段系统根据工点地点分为地上无线覆盖和地下隧道无线覆盖。地上层根据人员流动情况，分区域配置室外或室内无线 AP，满足轨道交通人员的无线上网需求；地下隧道由于需要一直进行施工操作，可选用带天线的无线 AP 进行定向无线覆盖。在线路控制中心配置一台无线接入控制器，灵活配置无线接入点的管理数量，具有良好的可扩展性。

WLAN 的网络部署需要进行前期的现场调研及勘查、覆盖设计、频率规划、容量规划、网络优化等几个步骤。此处的 WLAN 部署规划为后期的网络配置规划。

6.2 多媒体融合通信

多媒体融合通信调度系统是调度指挥及应急处置最重要的工具，应集语音、视频、数据业务为一体，提供包括语音调度、视频调度等多种多媒体信息的互联互通，并支持分布式应用。融合通信调度系统能够帮助指挥调度人员通过多媒体方式实现指挥调度，并且能够与各种业务系统进行高度集成，提高指挥调度的智能化和自动化水平。

1. 核心突出

融合通信调度系统是管理的核心，是各类网络资源和各类信号融合接入的共享系统，是各类融合共享业务开展的基础设备，是所有业务开展的核心控制系统。多媒体融合通信在整个网络架构中起承上启下的作用,各部门根据业务开展的特点使用相关业务系统,由系统提供标准的业务接口,各业务系统按规定和标准有序接入、规范使用,按照系统的授权,根据其业务职能,享用系统接入的业务资源,是网络及业务融合的核心。

2. 融合资源

系统可提供基于指挥中心的融合指挥场景,也可以提供基于移动终端的现场指挥,支持数据、语音、图像、视频等各类指挥通信手段,将人员、视频会议、视频监控点等各类用户的视频信息实时推送、共享和转发,实现各类视频源的统一调度与会议共享,指挥过程更加直观。

3. 高效指挥

基于语音、视频、GIS、基础数据及资源的数据互联互通,以音频、视频、图片、文字等各种方式,提高信息上报效率,实现感知泛在的信息上报及命令下达能力,支撑数字化系统实现常态与应急调度一体化管理、扁平化指挥,整体提升资源利用率,实现无所不达的统一指挥。

4. 业务开放

上层业务支持:开放的 iSDK 提供丰富的 API 接口,为各业务单位的不同应用系统提供基础能力支撑。

底层资源融合:支持业界主流通信协议和各种行业标准,各类通信设备无缝对接。

横向业务整合:对接其他基础资源库及其他业务应用,为信息采集、指挥决策提供支撑。

基础数据开放:提供开放的数据接口,为大数据的业务分析提供素材。

6.2.1 系统功能

多媒体融合通信调度系统可把各种通信终端、视频终端,如模拟话机、IP 话机、可视话机、对讲组、视频监控终端、视频会议终端、宽带集群终端等各种音视频终端,集中定义在系统界面上,可自定义分组策略。提供视频调度界面可实现对可视话机、视频监控终端、单兵终端、宽带集群终端的视频调度功能,并提供语音呼叫资源。系统采用前瞻性设计,具有良好的可扩展性,不仅满足综合调度的需求,同时可与多个业务单位及其业务应用系统联动,保护前期投资。

6.2.1.1 融合语音调度功能

无论是固定指挥中心应急指挥,或是现场移动指挥联络,首先需要保障的是系统的高可靠性通信联络。为保障指挥中心或现场调度人员指挥命令的快速可靠的下达,融合语音调度系统可通过 SIP 中继、数字中继网关、模拟中继网关、无线集群接入网关实现各异构网络的融合通信,充分利用相关部门机构已建或待建的通信系统,避免重复建设。

系统可实现各类通信终端的统一综合接入(包括 IP 话机、固话、手机、宽带集群终端等),并实现在调度台上一键指挥调度,提供强插、强拆、监听、热线电话、紧急电话等基本调度和通信功能,保证指挥中心对各类指挥业务、活动现场的综合指挥功能。

1. 常用语音调度功能

系统可根据实际管理需要，提供灵活多样的基本语音调度功能，具体如下：

（1）一键点呼——在调度员需要呼叫某岗位的值班人员时，可直接在调度台上一键点击对应人员的图标，或通过搜索用户名称，点击用户，免去查找通信录的烦琐步骤。

（2）通信录——可将政府各部门人员的多个电话号码、职务、姓名等信息输入通信录系统中，通过输入姓名首字母或全称查找某一用户，方便调度员快速搜寻用户。

（3）强插——当调度员有紧急事件需要联系某人时，而此人又正在通话中，调度员可在调度台界面直接选中要强插的用户，点击强插按钮，可直接插入通话中与被强插用户通话，调度员结束通话后，原来的通话可继续进行。

（4）强拆——在调度台界面可直接点击正在通话的用户，点击强拆按钮，直接与选中的用户通话，原来与被选用户的通话被拆除。

（5）监听——在某些特殊行业或特别需求时，需要监听某个用户的通话时，此时可选中正在通话的用户，点击监听按钮，可以听到被选中者通话内容，被监听者听不到监听者的声音。低级别用户不能对高级别的用户使用此功能。

（6）紧急电话——可设置紧急电话，当紧急电话呼入时，在呼入电话显示区域紧急电话置顶，调度员摘机将优先听取紧急电话。

（7）多组呼叫——调度员可以同时呼叫多组分机，各组之间互不干扰。

（8）自由呼叫——调度员可以通过拨号盘呼叫网内任意一部电话，也可以呼叫网外电话。

（9）拆线——调度员可以对某个分机、某组分机或者所有分机进行拆线。

（10）来电接入——调度员可以接通任意呼入电话，单独进行通话。

（11）单独通话——调度员可以选择与任意一个调度分机单独通话，而不影响调度会场中其他人员的通话。

（12）来电显示——群内来话显示分机号，对于群外来话显示用户号码。

（13）来电提示——调度分机或其他任意电话拨入调度台，都有声光提示：若调度员话机处于空闲状态，则话机振铃，调度员取机即可通话；若调度员话机忙，调度台会有相关提示。

（14）呼叫等待——调度分机或其他任意电话拨入，若调度员来不及处理，拨入电话将进入等待队列，并听到音乐。

（15）来电群答——调度员按"群答"键即可同时接通等待队列中的所有电话，并带入调度会场进行全交互通话。

（16）电话转接——调度员可将来电转给某一成员或加入一个会议。

（17）调度分组——调度台可以分组，每一组设置不同的级别，优先级高的调度台组可以强插强拆优先级低的调度台组的电话。

（18）呼入模式——对于呼入电话，支持两种分配模式：单机振铃模式和同组振铃模式。

融合指挥调度系统通过连接与无线集群网相同通话组（频道）的车载或手持电台实

现接入无线集群网，实现与无线集群网的半双工通话。

2. 与语音系统的融合

VoIP系统：会话初始化协议（SIP）是VoIP通信系统的信令标准之一，它具有可扩展性、灵活性、简单和易实现等优点，融合通信调度系统通过SIP实现与VoIP系统的互联互通，实现基于融合通信调度台的IP语音调度。

广播系统：通过广播对接网关与扩音系统对接，实现现场传来的语音直接转到音响系统，通过音响系统放大，所有指挥中心人员都能听到，而且决策人员可以通过麦克风和前方通信，直接调度前方工作人员。对接后能够提供的功能点有：调度台可以控制实现会议麦克风与内外线话机、集群等通信终端的通话；实现内外线话机、集群的通话语音在会议音响上播放。

3. 电话会议功能

系统支持召开交互式电话会议，由调度台或调度台指定分机进行召集。调度台在系统会议资源足够的情况下，可随时召开3方或3方以上的多场会议。

原则上会议的场数不受限制，每场会议双工方数受系统相关会议资源板容量的限制。各地有同时组织至少两组独立电话会议的能力，且电话会议总容量满足不小于256方同时通话的需要。

会议功能有召集会议、禁言、单独通话、会场放音、将成员踢出会议、指定主席、结束会议、预置会议等。

4. 融合视频调度功能

视频集中调度模块主要实现各类视频源的接入，并通过视频调度服务器实现对各类视频源的转码、转发、分发等功能，接入的视频源包括视频监控系统、视频会议系统、单兵系统、宽带集群终端、可视话机等各类视频源。

5. 与公网集群系统的融合

集群调度模块可实现对集群系统内部电话进行呼叫和调度，而融合调度系统可以对该集群系统及其他系统进行统一调度。融合调度系统本身不具备集群呼叫的能力，集群呼叫能力依赖于集群系统实现。

集群系统有自己的调度台，可以独立运行工作，对集群系统内的终端进行呼叫和调度。融合调度系统与集群核心网之间通过SIP协议对接实现互通，实现对集群系统的终端进行呼叫和调度，完成多集群的集中统一调度。

与集群对接功能如下：

（1）语音业务：单呼、组呼、全双工语音单呼、半双工语音单呼。

（2）多媒体集群调度业务：可视单呼、同源视频组呼、视频推送给组/单UE、视频转发给组/单UE、视频上拉/回传、不同源视频组呼（语音组呼叠加视频等）。

（3）集群数据业务（承载业务）：实时短数据、组播短消息、广播短消息、状态消息、定位。

（4）集群补充业务：紧急呼叫、动态重组、遥毙/遥晕/复活、强插/强拆、调度台订阅、故障弱化、集团短号、调度区域选择、预占优先呼叫、全呼、组播呼叫、合法监听、环境监听、环境监视。

6. 与视频会议系统的融合

融合指挥调度系统主要通过 SIP 协议或 SDK 与视频会议系统互联，实现各种不同的音视频通信终端的统一召开会议。调度员在音视频混合会议中，可对混合会议及与会人员进行控制。

首先在调度台创建会场或召开会议，将需要参加会议的有线终端、无线终端等各种语音终端加入会场，并生成一个临时会议号码注册至 MCU；系统通过调度指令通知视频会议的 MCU 呼起需要参加会议的普通视频终端、多屏会议终端、视频监控终端等，并且由 MCU 呼叫语音临时会议号码，形成混合会议。

在召开混合会议过程中，如果需要增加现场或其他相关人员进入会议，可通过调度台呼叫相关人员加入会场（图 6-3）。

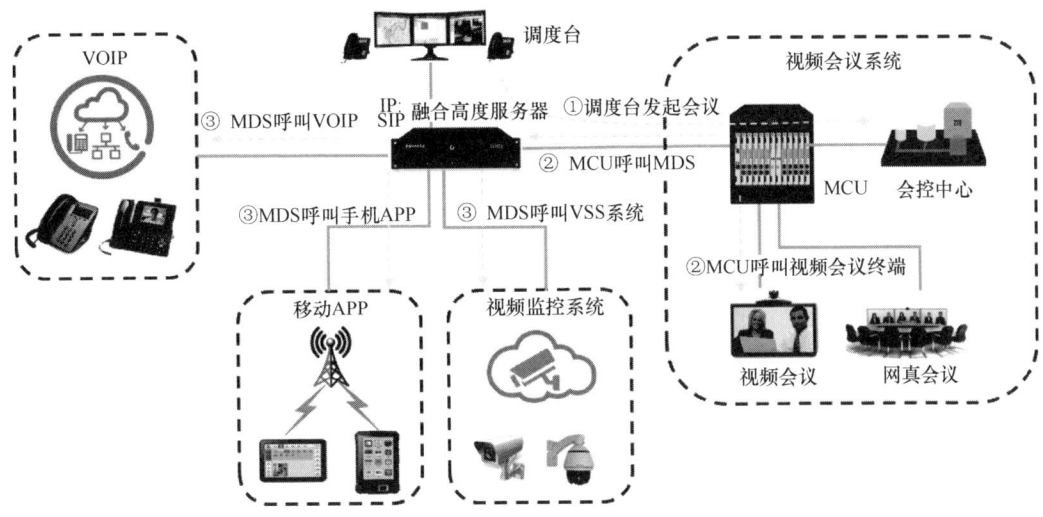

图 6-3　与视频会议系统融合

7. 视频调度功能

视频调度功能如下：

（1）实时预览：可在综合调度台上实时查看某监控点的摄像头监控图像，支持抓拍、录像等功能，支持云台方向、镜头远近、大小、聚焦等控制功能。

（2）转发管理：可将监控图像或视频转发至其他显示终端。

（3）大屏控制：可实现将综合调度台视频图像推送至大屏或电视墙。

（4）视频分发：通过综合调度台界面可对多种终端进行视频分发，支持转码功能，将高码率的转成低码率来适应不同的终端。

（5）视频转发：通过综合调度台界面可进行任意点对点视频转发。

（6）可视强插/强拆：当调度员有紧急事件需要联系某人时，而此人又正在可视通话中，调度员可在综合调度台界面直接选中要强插的可视通话用户，点击强插按钮，可直接插入可视通话中进行三方通话。

（7）录音录像：可对音视频调度进行录音录像，可支持并发多路录像。

（8）视频会议：支持 16 方视频会商功能。

(9) 编码格式：支持 H.264、H.263 等。

(10) 其他：支持用户级别权限设置等功能。

8. 视频会商功能

实现指挥中心在处理重特大应急管理事件，需前后方协同，跨部门、跨系统融合音视频信号，会商处理的功能。

(1) 支持多编码协议及多码率、多分辨率的自适应转码。

(2) 支持调度台直接发起多点决策会议。

(3) 支持多类型终端参会，如会议终端、可视话机、移动终端。

(4) 监控视频实时入会。

(5) 多画面及分屏切换。

(6) 支持双流会议。

(7) 强大灵活的会控功能。

9. 录像、录音功能

实现指挥中心录像系统的开始录制、结束录制、暂停录制、继续录制等操作功能，实现应急远程调阅录播资料的功能，所有资料调阅的日志统一进行管理。

可对所有经过指挥调度系统的用户呼叫进行录音，包括任何呼入、呼出、转接等所有调度通话的全程录音；会场录音是指对调度会议会场进行全程录音。

录像功能分为调度录像和会商录像。调度录像是指对通过管理控制台调阅、查看、接收的视频或图像进行录像，如监控视频、单兵视频等；会商录像是指对通过管理控制台进行的视频会商图像进行录像，如可视话机图像、视频会场图像等。

录音录像均支持自动和手动两种录制模式（可配置），录播文件可通过操作台客户端或 WEB 登录方式进行管理，管理控制客户端也可支持本地录像存储。

6.2.1.2 一键应急响应

主要用于发生突发事件时，现场人员通过按压设置在相关区域的报警按钮（根据事件对应级别，可设置不同的按钮），可迅速通知工点、线路中央、线网的相关部门。上述部门的相关显示终端可显示报警发生的位置，同时联动视频、广播、门禁等系统触发相应动作，帮助各级管理人员第一时间掌握现场突发事件情况，实现突发事件的扁平化指挥。

基于辅助决策支持系统、预案系统等多系统之间的信息共享，通过知识库、案例库、精细化预案等信息支撑，通过移动终端和单兵系统的综合应用，支撑数字化系统实现预警发布、事件上报、命令下达及接收、应急响应等功能，为指挥调度移动化应用提供了数字化、图形化的实时辅助决策支持。

6.2.2 系统组成

多媒体融合通信调度系统由核心调度系统、各种接入网关设备、移动端设备构成，相互间基于 IP 网络互通。

核心调度系统包括调度服务器、录音录像服务器、视频业务服务器等设备，用于语音/视频终端的注册、语音/视频业务的交换，设备之间通过 IP 网络实现互通，支持云化，可部署于虚拟服务器。

网关设备主要用于语音、视频终端的接入，以及各种网络的接入。针对不同终端类型和网络类型选配合适的网关设备，如 IP 广播网关（广播系统接入）、综合语音网关（E1 接入）、视频接入网关（视频监控/可视电话等的接入），所有网关均支持灵活扩容和堆叠，并支持 IP 远程部署。

基于移动视频通信、指挥调度应用需求，在各施工工点配置单兵移动终端，实现无线视频传输和全双工语音对讲功能，可快速采集现场声音、视频、图片等信息，并通过移动网络传回现场图像。

移动终端可兼作电子巡检执法仪，集数码摄像、数码照相、对讲送话器功能于一身，能够对检查、巡检过程中进行动态、静态的现场情况进行数字化记录，同时内置红外灯，在全黑的夜晚条件下依然能够保证图像的清晰拍摄（图 6-4）。

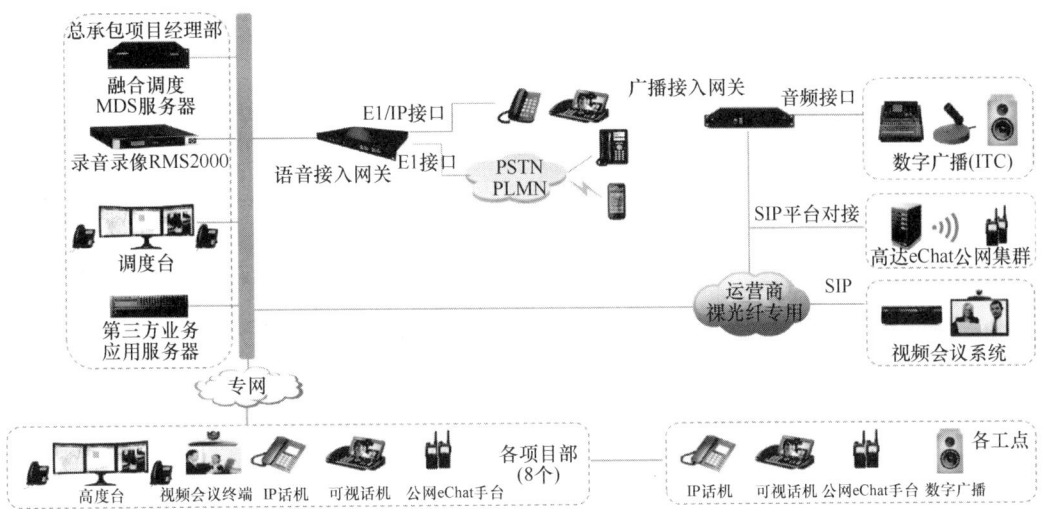

图 6-4　融合指挥调度系统组网图

多媒体融合通信现场配置无线对讲、广播、视频会议、一键应急响应等终端。

1. 无线对讲

面向的用户主要是现场施工作业人员和管理人员，支持通过软终端等方式实现呼叫功能、用户权限管理等基本通话调度功能以及语音视频功能；支持系统配置管理，支持用户管理、统计报告等系统管理功能。无线对讲采用 WLAN 网络为载体，通过 App 实现与上级融合调度服务器通信。

2. 广播系统

广播系统由车站工点广播和中心级广播两级广播构成。中心广播系统由上级融合调度服务器统筹设置并提供广播服务，可输出的话音信号和控制信息，经传输设备传输到各个车站工点，并由车站工点广播控制设备接收，根据中心发来的指令，对指定的广播区域进行广播。同时车站工点广播控制设备亦将本站执行的状态反馈传送到控制中心，并在中心有关调度员控制台和中心调度员备用广播控制台上显示，完成中心调度对车站的选站、选区遥控操作和指挥。

车站工点广播由值班员广播控制台、信源设备、广播机柜（含功能模块），以及设置在车站工点等处的扬声器、噪感器及线缆等组成。

3. 视频会议

视频会议系统采用中心至工点（车站/车辆段/停车场）的二级组网模式。协议宜采用 H.323 方式。

中心视频会议系统由上级融合调度服务器统筹设置并提供视频会议服务，并在中心主会场的视频会议终端设备配置拼接显示屏、摄像机、话筒设备。工地分会场的会议终端设备应配置显示屏、摄像机和话筒设备。

4. 一键应急响应

一键式应急联网报警系统主要包括计算机、软件、总开关、按钮、广播、警笛、警灯、摄像机、警报器、网络、电源等设备，现场设备可通过有线或无线网络接入融合通信服务器。

第7章 轨道交通工程建设数字化系统应用层

7.1 设计原则

遵循架构规划,在系统应用层具体设计中,一方面要基于城市轨道交通建设业务特征,充分考虑技术架构对应用架构、数据机构的兼容和支撑,确保技术架构的稳定性和可靠性;另一方面也要结合新兴技术的发展趋势,选择合理的技术体系,考虑技术架构对应用架构、数据架构的促进能力和优化潜力,以确保轨道交通工程建设数字化系统在相当长的一段时期内仍能保持一定的先进性。系统设计应遵循的主要原则如下。

7.1.1 技术先进性

基于一体化集成及支持未来发展变化需要,必须选择一个灵活、开放的技术系统,该系统包括如下技术特征:完全基于B/S架构设计,遵循J2EE技术规范;支持集中式、分布式处理模式;支持多种操作系统、多种数据库;支持移动办公;基于模式化和提供可视化建模工具的开发;开放的、基于SOA、支持多种集成方式的系统集成。需具有如下特性:

(1) 满足不同项目、不同规模管理应用的复杂性和全面性要求。

(2) 满足管理模式、组织模式、业务流程、生产模式和功能需求不断完善和发展的要求。

(3) 满足不同层次管理中的规范性和灵活性的要求。

(4) 满足对系统易用性(适应我国的文化传统、管理风格、使用习惯、人员素质等)的要求。

(5) 满足快速构建或重构项目生产各类业务模型并快速实施的要求。

(6) 满足与其他应用系统(如CAD、BIM、PLC、传感设备等)的集成要求。

(7) 满足软硬件技术的兼容和跨系统迁移(适应多种操作系统、多种数据库系统)的要求。

(8) 满足系统不同安全等级和不同环境部署方式的应用要求。

7.1.2 方便扩展

基于先进的技术系统,对项目统筹、数字工地、风险管控、指挥调度、进度管控、劳务监控、机械监控等各个系统功能主要信息管理内容都能集成到统一的信息管理系统,兼顾管理规范化和项目个性化需求,尽量避免出现信息孤岛现象,同时满足项目建设过程中的组织扩张、新技术应用等大型项目必须面临的管理变化。

系统设计从最开始就应该适应于多种运行环境，而且还必须具有应变能力，以适应未来变化的环境和需求，要求软件设计上非常灵活，具有很好的通用性，能够随时通过增加网络设备或模块来对现有设备进行升级和扩展，并能把替换下来的网络设备应用到分支或边缘网络上。

7.1.3 稳健、适度

不追求一步到位、大而全的建设方案，而是采取整体规划、分步实施、稳健操作、适度优化的原则。先解决最为关键、核心的人员及现场感知设备监管的需求问题，在取得阶段性成果的情况下再行推进和扩展。

系统建设遵循实用性与适应性原则，以需求为导向，以方便使用为原则，同时融入先进的管理经验，系统需与业务紧密结合，要有严格的业务针对性，提交给用户的功能都应该是实用的、解决问题的。

7.1.4 系统开放性

全面支持跨硬件系统、跨操作系统、跨数据库，在系统扩充和升级时能够实现平滑过渡。基于 SOA 框架的组件化设计，可以随时增加新的功能模块和业务组件，提供二次开发系统。提供数据字典，使得应用项目技术人员容易理解数据结构和便于维护系统。基于国际标准 XML 的数据交换语言，支持与第三方软件的项目应用集成。

7.1.5 安全可靠性

在运行环境方面，支持分布式部署，支持服务器集群；在安全管理方面，支持防火墙和 VPN，支持 SSL、数字签名和 CA 认证，支持多种数据备份；在权限管理功能，具有多级安全机制，系统核心数据传输时，采用加密设置。

7.1.6 操作易用性

符合建设行业对项目的管理模式。操作统一采用浏览器界面，操作便捷，易学易用。菜单、模型、语言等界面元素符合现有操作习惯。

7.2 系统性能

7.2.1 稳定性及可靠性

系统要满足高可用性的设计原则，服务器、应用服务、数据存储、客户端、数据传输采用成熟可靠的技术以保证系统的高可用性，7×24h 运行，可以进行负载均衡和失效转移，业务快速恢复。系统总体设计要保证运行无单点、有实时备份、可快速切换，确保关键业务不中断、关键数据不损失，业务数据处理保证"不丢、不错、不堵、不漏"；系统应具有很强的容错机制，以保障系统的高可用性与不间断运行，保证服务的质量；

系统可以从数据传输层安全、数据存储安全、网络结构安全等多个方面对系统的安全性进行支持。

在确保可靠性的前提下，系统各功能、各环节数据处理和响应速度应满足业务对时效性的要求和常人对性能优良的普遍认知。

系统具备容错性的设计，无论客户端还是服务器端的应用程序都应对正常运行环境条件和数据条件进行必要性判断，对常见预知故障进行判断和处理，对不可预知故障进行适当的异常处理。故障隔离性要好，不能因一个功能故障导致软件整体瘫痪，不能因非关键性故障（如版本保存或记录日志故障）导致关键性功能中断。无论关键性还是非关键性故障，无论客户端还是服务器端，应用程序均应记录出错日志，并针对不同类型故障进行适当异常处理。出错后，客户端程序应给出可理解、有意义的界面提示并记录日志，服务器端程序记录出错日志，并为报警功能提供信息支持。

系统基于成熟的架构体系及严谨的业务逻辑设计，基于底层强大的封装服务，使得系统具备优异的稳定性能，能够稳定支持日常工作的正常开展，并有足够的技术手段减少系统或服务器宕机，提供在线性能监控和预警手段，确保系统提供稳定服务。针对用户不停机的现实需求，通过数据库热备份＋群集方案或者数据库热备份＋数据库镜像方案实现良好的数据不停机备份策略。

7.2.2 开放性

系统具备良好的开放性，支持流程自定义、表单自定义、业务规则自定义和报表高级设计等用户个性化功能。同时具备强大的扩展性，支持业务功能模块部署、数据上报下发的自定义和动态调整功能，可以很好适应组织机构的动态变化、业务流程的动态调整，以及业务规则和各项系统设置的灵活定义和调整。系统通过流程、业务规则、报表等自定义机制提供了强大的客户个性定制能力，同时提供了业务功能模块和数据上报下发功能的动态部署机制，方便用户进行功能组合及调整，也提供业务模块及报表等二次开发功能，为客户后续扩展开发提供保障。

系统支持客户自定义界面风格，实现客户业务系统的个性化风格定制。系统开发内部采用平台化机制，在开发平台支持下，根据统一的开发规范、开发框架进行系统开发，具备完善的配置管理体系，提供完善的技术解决方案文档、培训资料。

系统参照 RBAC 权限模型和 WFMC 工作流标准设计实现权限管理和工作流体系，提供多级单位应用支持，具有二级单位独立门户，并有独立管理员、权限设定功能。

系统具备多数据库支持能力。系统在服务层的运行框架中建立了一个统一的数据库访问层，通过 G-SQL 语言屏蔽了不同类型数据库的语法差异，真正实现了业务系统与数据库的无关性，即用一套业务逻辑可以同时兼容支持 Oracle、MS SQL Server、DB2、MySQL 等业界主流数据库，从而使得企业后续的数据库转型或升级提供强有力的保障。

系统具备良好的集成能力。系统提供大量的标准服务接口，用于业务系统开发和第三方系统集成。应用适配器即为连接标准接口与业务系统的桥梁。

系统提供通用开放的集成接口标准，使得每个软件开发商只用遵守该标准，就可以实现与别的也遵守该标准的软件产品的集成，而不用考虑该企业的软件系统的变化，从而使得企业不断变化发展的应用集成成为可能。

7.2.3 扩展性

系统应采用模块化设计，易于扩展。系统提供丰富的二次开发接口文档和强大的开发工具包，开发人员基于二次开发工具，通过元数据模型定义的方式，可以快速定义业务对象属性、设计业务操作界面、实现业务处理逻辑、配置业务处理流程。

系统对业务数据定义、UI组件、界面布局、权限绑定、流程绑定、门户展现等开发环节都提供了强大的工具和模板支持，具备良好的业务逻辑一致性、界面一致性和系统可靠性。

系统提供自定义表单、流程、报表功能。表单是以业务流程管理系统采集的数据为基础，将分散在公司各信息系统中的数据进行整合，并能通过自定义报表进行分析，把原始数据变成指导业务决策的有用信息和宝贵知识。

任何用户都能够通过自定义报表系统自己定制自己需要的业务报表而无须程序开发，业务执行、业务管理、企业管理各个层次上的用户都能够使用不同的工具得到不同层次的信息，为业务一体化提供了一个良好的工具。同时也提供组织架构的多级建模、数据表单建模、业务流程建模等二次开发应用。

系统应提供快速配置实施工具，便于管理人员或者实施人员通过实施配置工具，快速完成普通应用的构建工作，大大缩短了需求响应时间。

7.2.4 可用性

系统提供高效能的应用技术，具备较高的系统性能及大并发量用户访问策略和响应时间。系统具有完善的性能监控、预警与处理机制，通过服务器负载均衡技术最小化网络带宽占用，采取有效数据库技术及缓存读写机制，提高普通页面和复杂查询页面的响应速度。

系统能使系统管理员通过集中控制台方便地配置、监视、控制、诊断整个系统，并且能够监视和控制用户情况、提高效率、消除隐患；即应充分考虑系统的方便管理和低成本维护，便于集中管理、配置、监控、故障隔离及故障恢复，节约管理维护成本。系统性能要求如下：

1. 网络传输性能

网络传输是系统响应速度的关键瓶颈之一，系统按以下关键点进行设计：

静态资源文件（图片、静态网页、js脚本、样式文件）将通过前端代理的方式进行缓存加速。

（1）通过更改掉服务器传回客户端的last-modified文件修改时间参数的值，这样导致客户端本地保存的文件时间每次跟服务器端传回来的时间不一致，所以每次客户端误认为服务器端有静态文件更新，每次都会去服务器端取"所谓的最新数据"。这样我们可以看到，不管在浏览器访问多少次，返回的http状态都是200，从而提高服务器处理性能。

（2）除了存储在客户端的静态缓存（浏览器静态）技术外，我们在服务器端的静态缓存技术主要分为磁盘缓存和内存缓存两大类。单纯围绕 nginx 的 squid、varnish 等一类中间件，提升处理静态数据的性能。核心是 nginx 基于 epoll 网络模型，对比业界常用的 apache 基于 select 网络模型。apache 的优势在于密计算型，稳定性好。而我们使用的 nginx 偏向静态处理、反向代理、高并发。

（3）除了磁盘缓存，我们还使用了内存缓存，就是把静态文件缓存在服务器端的内存中。所以这种缓存，如若命中缓存的话，取内存中的缓存数据返回比取磁盘中的缓存数据返回，性能要高很多。内存缓存因为需要通过编码实现，所以灵活性特别高。这块可以结合自身业务系统的特点，让静态缓存的灵活性和效率都能得到保障。

独立出第三方公共代码和样式文件使用 CDN 加速，由浏览器端直接访问，而不需要占用应用服务器的带宽、计算和存储资源。

其基本思路是尽可能避开互联网上有可能影响数据传输速度和稳定性的瓶颈和环节，使内容传输得更快、更稳定。CDN 加速优点是成本低、速度快，适合访问量比较大的网站。在传统的动态系统的访问中，用户对网络的请求过程，一般需要经过网络中多台路由器的传输，最终将发送的请求交于动态系统来处理。但是，由于 IP 网络本身的"尽力而为的原则"、网络链路中复杂的环境及硬件不可靠性的确实存在，致使用户要出现重复发送请求的现状，所以最终导致用户的请求在提交的过程中出现等待、数据加载时间过长的现象普遍存在，这些在线提交式系统的缓慢直接影响到办公人员的工作效率，这也是制约很多大型企业在协同办公 OA、ERP、SAP 等信息化建设中，出现最多的问题。而 CDN 分发解决方案解决了与静态网站相关的性能和可靠性问题，而在当今线业务体验中，与分发静态和动态元素的应用相关，则由速网的动态网站加速来解决。CDN 几乎能涵盖国内所有线路。而在可靠性上，CDN 在结构上实现了多点的冗余，即使某一个节点由于意外发生故障，对网站的访问能够被自动导向其他的健康节点进行响应。CDN 能轻松实现网站的全国铺设，不必考虑服务器的投入与托管、新增带宽的成本、多台服务器的镜像同步及更多的管理维护技术人员。

2. 应用性能

应用层包含所有的业务逻辑和计算资源，系统按以下关键点进行设计：

（1）应用服务器支持横向扩展：借助于横向扩展机制，使得应用服务器可以动态地进行伸缩，应对业务峰值。

（2）缓存策略：根据系统中的性能瓶颈，针对性地使用 Redis 缓存加快查询，避免数据库操作。

3. 数据性能

针对不同数据类型的规模、特点和使用方式，针对性地设计了由对象存储、关系型数据库和分析型数据库组成的混合存储方案，以尽可能地提高数据存储和访问的效率。此外，在系统开发和测试过程中，还会使用性能测试工具（如 JMeter、LoadRunner 等）进行全方位的性能测试，以及时发现系统瓶颈并进行优化。

Apache JMeter 是 Apache 组织开发的基于 Java 的压力测试工具。用于对软件做压力测试，它最初被设计用于 Web 应用测试，但后来扩展到其他测试领域。它可用于测试静态和动态资源，如静态文件、Java 小服务程序、CGI 脚本、Java 对象、数据库、FTP 服务器等。JMeter 可用于对服务器、网络或对象模拟巨大的负载，来自不同压力类别下测试它们的强度和分析整体性能。另外，JMeter 能够对应用程序做功能/回归测试，通过创建带有断言的脚本来验证你的程序返回了你期望的结果。为了达到最大限度的灵活性，JMeter 允许使用正则表达式创建断言。

Apache JMeter 可用于对静态和动态资源（文件、Servlet、Perl 脚本、Java 对象、数据库和查询、FTP 服务器等）的性能进行测试。它可用于对服务器、网络或对象模拟繁重的负载来测试它们的强度或分析不同压力类型下的整体性能，可以使用它做性能的图形分析，或在大并发负载的环境下测试服务器、脚本、对象。

LoadRunner 是一种预测系统行为和性能的负载测试工具。通过模拟上千万用户实施并发负载及实时性能监测的方式来确认和查找问题，LoadRunner 能够对整个企业架构进行测试。企业使用 LoadRunner 能最大限度地缩短测试时间、优化性能和加速应用系统的发布周期。LoadRunner 可适用于各种体系架构的自动负载测试，能预测系统行为并评估系统性能。

4. API 设计性能

API 的设计将按照业务要求使用标准的 Restful 设计思想描述请求数据和结果数据。REST 指的是一组架构约束条件和原则，满足这些约束条件和原则的应用程序或设计就是 RESTful。Web 应用程序最重要的 REST 原则是，客户端和服务器之间的交互在请求之间是无状态的。从客户端到服务器的每个请求都必须包含理解请求所必需的信息。如果服务器在请求之间的任何时间点重启，客户端不会得到通知。此外，无状态请求可以由任何可用服务器回答，这十分适合云计算之类的环境。客户端可以缓存数据以改进性能。在服务器端，应用程序状态和功能可以分为各种资源。资源是一个有趣的概念实体，它向客户端公开。资源的例子有：应用程序对象、数据库记录、算法等。每个资源都使用 URI（Universal Resource Identifier）得到一个唯一的地址。所有资源都共享统一的接口，以便在客户端和服务器之间传输状态。使用的是标准的 HTTP 方法，如 GET、PUT、POST 和 DELETE。Hypermedia 是应用程序状态的引擎，资源表示通过超链接互联。

前端应用将对字典等元数据信息用 LocalStorage 作浏览器端缓存，避免重复请求。我们使用这个特性主要是作为本地存储来使用的，解决了 cookie 存储空间不足的问题（cookie 中每条 cookie 的存储空间为 4k），localStorage 中一般浏览器支持的是 5M 大小，这个在不同的浏览器中 localStorage 会有所不同。它拓展了 cookie 的 4K 限制，另外可以将第一次请求的数据直接存储到本地，这个相当于一个 5M 大小的针对前端页面的数据库，相比于 cookie 可以节约带宽，但是这个却是只有在高版本的浏览器中才支持。

5. UI 交互层面性能

对较大数据量的获取接口，如报表查询、台账展现、层级数据等，会尽量使用分页加载、懒加载和分级加载等方式。

当数据量很大时，分页（分段）加载是必要的，不能一次性加载所有数据。同时，当用户浏览到页面底部时，自动加载下一段数据并展示，可以增快新页面内容展现速度，提升用户体验。

Web 应用程序做得最多的就是和后台数据库交互，而查询数据库是非常耗时的过程。当数据库里记录过多时，查询优化显得尤为重要。为了解决这种问题，有人提出了缓存的概念。缓存就是将用户频繁使用的数据放在内存中以便快速访问。在用户执行一次查询操作后，查询的记录会放在缓存中。当用户再次查询时，系统会首先从缓存中读取，如果缓存中没有，再查询数据库。缓存技术在一定程度上提升了系统性能，但是当数据量过大时，缓存就不太合适了。因为内存容量有限，把过多的数据放在内存中，会影响电脑性能。而另一种技术，懒加载可以解决这种问题。

对图片的展示会优先使用缩略图，减少网络传输数据量，同时也能提高浏览器页面渲染性能，网页上或计算机中图片经压缩方式处理后的小图，其中通常会包含指向完整大小的图片的超链接。缩略图用于在 Web 浏览器中更加迅速地装入图形或图片较多的网页。因其小巧，加载速度非常快，故用于快速浏览，相当于图片文件预览及目录的作用。

7.2.5 易用性

易用性（Useability）是交互的适应性、功能性和有效性的集中体现。一般而言，易用性包含易理解性、易学习性和易操作性。即易用性是指在指定条件下使用时，软件产品被理解、学习、使用和吸引用户的能力。

1. 易理解性

易理解性是指用户认识软件的结构、功能、逻辑、概念、应用范围、接口等难易程度的软件属性。该特征要求软件研制过程中形成的所有文档语言简练、前后一致、易于理解及语句无歧义。包括宣传资料应实事求是、言简意赅，而不是过度包装；功能名称、图标、提示信息等应该直接、明了，没有歧义，容易理解，让用户一看就知道是干什么的，而不是猜测其作用；使用手册应该站在读者的角度，充分考虑普通用户的接受水平，语言直白，描述细致，逻辑清晰，尽量避免专业术语。

2. 易学习性

易学习性是指用户学习软件应用（运行控制、输入、输出）难易程度的软件属性。该特征要求提供的用户文档内容详细、结构清晰、语言准确；要求用户进入操作界面后一目了然，能够很直观、很容易找到自己要使用的功能菜单，方便地完成操作，藏得很深的功能就不容易被发现，无法使用；在业务功能屏幕中不宜提供过多的操作功能使操作者眼花缭乱，摒弃无关信息的堆砌，简单的界面更能突出功能的强大；操作或处理错误的提示信息要明确，不要说了等于白说，这使用户非常苦恼；使用手册也需要站在用户的角度，每一操作步骤都要细致、清楚，让用户轻松获得帮助。

3. 易操作性

易操作性是指用户操作和运行控制软件难易程度的软件属性。该特征要求软件的人机界面友好、界面设计科学合理且操作简单等。易操作的软件让用户可以直接根据窗口提示上手使用，无须过多地参考使用说明书和参加培训；各项功能流程设计得很直接，争取在一个窗口完成一套操作；在一个业务功能中可以关联了解其相关的业务数据，具有层次感；合理的默认值和可选项的预先设定，避免了过多的手工操作；如果软件某操作将产生严重后果，该功能执行应是可逆的，或者程序给出该后果的明显警告，并且在执行该命令前要求确认；如果一旦出现操作失败，及时反馈信息是非常重要的，没有处理结果或者是处理过程的信息不反馈，均不能界定为好的系统；流畅自然的操作感觉，来源于每一次操作都是最合理的。在页面和流程上浪费用户的鼠标点击，是在挥霍用户对于软件的好感。清晰、统一的导航要贯穿系统的始终；操作按钮、快捷键等遵循一致的规范、标准是必需的，不要给操作者额外记忆的负担。

在易用性和功能性方面，产品设计是个取舍的问题，易用性和功能性本身就存在一定冲突。更多的功能可能使用户无所适从，核心业务的处理能力不够也会使用户的满意度下降，合理地规划和平衡易用性与功能性的取舍是值得关注的，这需要对应用软件的整体把握和经验的不断积累。一般的原则如下：

（1）用户的注意力是有限的资源。在功能设计上不要浪费使用者的时间，应该减轻其工作强度和没有必要的操作，同时又要提高工作效率。

（2）将要添加的任何一项功能都有可能是用户找到另外一项功能的绊脚石。需要认真分析增加新功能的必要性，现在的手机功能很多，但日常又能使用多少呢？为此，要用较长时间才能找到需要的功能。

（3）如果必须添加一些功能，试图替换掉另外一项类似的功能是值得考虑的。不是功能越多越显示软件的强大，重要的是客户的感受，信息的再次加工和综合性展示是重要的。

（4）经常需要为了一些功能的易用性牺牲另外一些功能是必要的。特别是在流程控制中，控制是必要的，但由于过多的控制使现实不可操作的做法是不可取的。

（5）系统功能的个性化裁减、配置和收藏是必要的，每个操作者经常需要运行的功能在进入系统后会一目了然，没必要每天到处去寻找而浪费时间。

一个优秀的软件在用户界面的设计上是易用性的重要体现，它需要功能设计者和人机工程设计者的相互配合。功能设计者决定了业务处理的方便性和灵活性，页面设计者给操作者带来视觉的冲击和美观的感受，使每一天面对屏幕的操作不再是枯燥，而是一种工作的快感。为此应该在以下几个方面进行考虑：

（1）符合标准和规范

尽可能地符合现行的标准和规范，这是最好的选择。或者制定自己的标准和规范，并严格执行，保持页面的风格是一致的，包括快捷键、菜单选项、术语和命名，如 OK 和 Cancel 按钮的位置、颜色等。

（2）直观、明了

用户界面应保持洁净、不唐突、不拥挤，结构布局合理，提供的功能明显，没有多余功能，能够良好地帮助系统，可维护项、显示项明确。

（3）操作灵活、方便

多种视图的选择：状态跳转、状态终止和跳过。数据输入快捷，具有合理的省缺值、列表和快速查询选择代码操作。

（4）舒适和友好

好的视觉效果可减少操作者的视觉疲劳。操作提示易于理解，使用友好、准确、恰当的语言是必需的。操作执行的过程和结果要有反馈是非常重要的。

（5）符合习惯、实用

数据输入的顺序、查询的方便和显示格式、重要业务数据的相关性排列顺序等需要引起重视。

7.3 系统架构

为满足项目建设阶段对人、机、物、法、环数据的实时性、客观性、稳定性等的监控需求，城市轨道交通建设系统由基于大屏版和基于工作站的软件模块组成，采用基于通用中间件的、标准的、先进的、浏览器/服务器（B/S）结构（图7-1）。

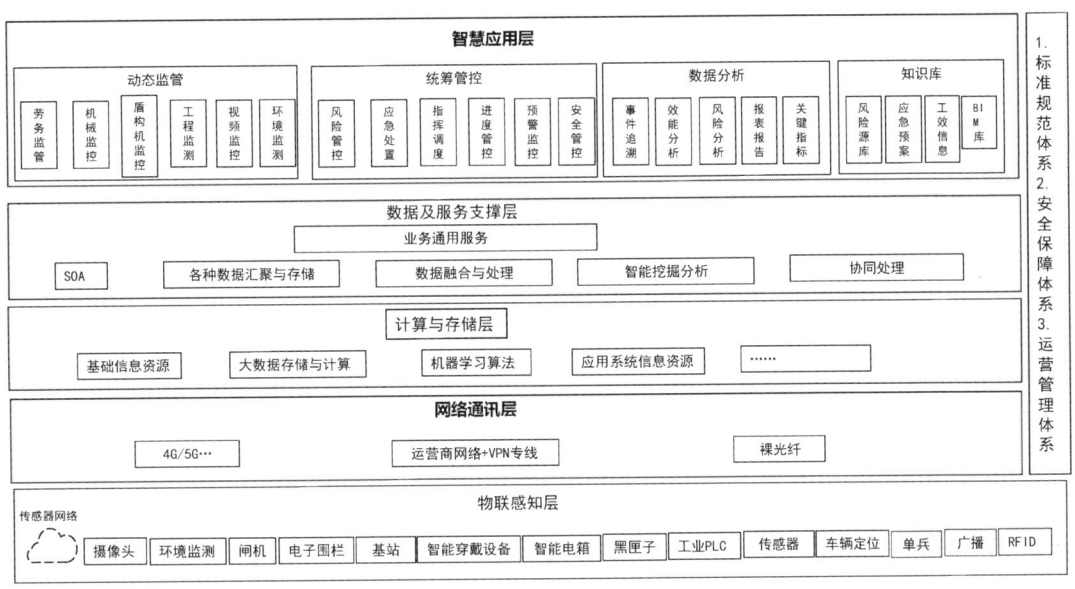

图7-1 系统结构

系统的基础建设采用横向扩展、纵向延伸的设计思想，采用了业界领先的SOA设计理念，按照基于标准化服务的方式建立工程建设数字化操作系统，提供系统开发和整合所必需的基础服务，如统一身份认证、统一权限管理、统一系统审计、数据交换、统一门户、互信机制、工作流引擎、文件传输、即时通信等，提供大量二次开发标准接口和应用实例，建立统一整合、安全可靠、随需而变的信息基础环境系统。

系统分别针对数据采集层、数据传输层和数据存储/处理建立标准数据模型和通信规范，实现系统与各子系统的数据共享与协同工作，并能够实现智慧工地各业务的统一集成展现、统一用户权限管理、统一开发部署和运维。

系统应用微服务架构，支持灵活扩展。

系统部署在云上，云端基于虚拟化、分布式存储、并行计算、负载调度等技术构建统一的基础设施资源池，为各类业务提供弹性调度、按需分配的基础架构资源服务。

系统基于安全性较高的公有云或私有云的 SAAS 模式，支持动态伸缩，并具备自动租户隔离机制，提供数据库层的租户分隔，严格保障了数据的安全性、完整性。

系统采用基于 NGINX+ZOOKEEPER 的高可用架构设计，保证系统可用性。产品内部采用基于 DUBBO 的 RPC 服务，提升核心服务运行效率。应使用 MongoDB 存储业务数据，支持海量数据存储，支持分布式事务。

系统采用分布式应用架构，数据采集、清洗、分析、汇总独立部署、独立运行。可以自动负载均衡，支持动态监测系统负载，自动对系统可用资源进行调度、调整和分配。对静态内容和动态内容分离，使用 REDIS 的高速缓存保证访问时效性。

系统使用基于 elastic-job 的分布式定时任务框架，支持失效转移、弹性扩容缩容和灵活的作业停止、恢复、禁用功能。

系统与各子系统应开放基于 HTTP 协议的 Rest 风格数据接口，应用系统间的数据接口应支持采用非对称加密算法进行加密，以保证应用间安全、可靠、高效、标准化的数据交换能力。

系统具有集成的图形化监控工具，对 JVM、线程池、连接池和 RPC 方法调用等系统资源进行监控，提供完善的错误日志查询、分析系统。

智能移动端使用最新的前端技术 HTML5+CSS3+Vue，支持更好的用户交互和使用体验。

7.4 系统功能

7.4.1 技术服务

技术服务通过对各种技术中间件进行整合和包装，对外过滤掉技术细节，提供简单一致、易于使用的应用技术基础设施的能力服务。通过技术平台构建一个开放、可迭代、可重用的技术支撑体系，为系统业务应用提供共性技术支撑。

7.4.1.1 工作流管理

通过工作流和业务逻辑单元化，实现业务流程的图形化管理，进而达到业务流程全程可视化和业务流程的快速开发及自适应。

工作流管理将轨道交通业务对象抽象成流程元素，根据业务规则设计流程模型，支持人工或事件触发相应的业务流程。全面支撑轨道交通业务的预案执行、系统联动、自动控制、流程审批等业务场景的流程服务。

7.4.1.2 消息总线

消息总线对使用方屏蔽了消息发送、路由、分组、存储、消费负载、通信、高可用等一系列技术细节，实现面向业务的接入方式，提供端到端的，支持一对一、一对多、多对多，满足 QoS 的各种异步数据通信能力。

在轨道交通工程建设业务高并发的环境下，消息总线提供的异步通信能力可有效提升业务系统性能，更好应付突发流量，保证系统稳定。通过消息总线可建立多个应用之间的通信频道，管理和传播应用间的消息，实现服务间异步调用、服务之间解耦、系统流量削峰。

7.4.1.3 流程引擎

业务系统大多都是通过工作流引擎实现数据流转的，由于业务流程随时有可能发生变化，对于最终用户或管理员而言，需要能够方便地修改流程。系统采用 Silverlight 技术提供了可视化流程设计器，以清晰易懂的图形和图标表现业务流程，用户在浏览器中就能够通过鼠标拖放的方式快速修改业务流程。

流程引擎作为系统核心模块提供对审批流、业务流、服务流和自由流的全方位支持，具备极其完善的"流"能力，包括多版本、多实例、多组织、实例循环、实例协作（顺序、并行）、显性及隐性的复杂分支聚合、流规则、信号、流程间通信、流程触发、子流程、回退、流程控制等，而且系统支持插件体系，可以根据需要自由扩展流程环节，可以完全满足各种流程应用需求。

流程引擎充分利用了系统对组织对象和业务对象的支持，将组织对象和业务对象纳入流程运算中。流程引擎可以根据组织对象的业务属性，如所属视图、业务职能、部门级别来计算流程路由，也可以根据正在流转的业务对象的属性来进行路由判断，如根据合同的金额判断应发给谁进行审批。由于业务系统都是基于元数据模型来构建的，这些业务属性的条件和定义都可以在运行期由管理员或实施人员手工配置调整。

流程引擎可以适用于项目各种审批流、业务流、服务流、自由流的应用场景。

7.4.1.4 组织模型

系统组织结构模型能快速构建各种类型的组织架构，为权限控制、业务管理提供满足使用需求的组织形式和数据服务。

每个组织对象都具有基本属性和扩展属性，其中部门对象具有若干业务属性，利用这些业务属性，可以满足各种组织展现形式需求和业务处理需求。

7.4.1.5 分布式数据总线

通过分布式数据总线，实现业务系统的解耦、降低接口和依赖关系对设计直至集成阶段的复杂度、新业务的快速适应。通过分布式应用的底层技术实现难度对应用开发者屏蔽，使开发者能够聚焦自身业务逻辑，像开发同一终端一样开发跨终端分布式应用，也使最终消费者享受到强大的跨终端业务协同能力为各使用场景带来的无缝体验。

目前，轨道交通工程建设行业均已建立专职专责的业务系统，承载不同的业务、数据、流程，然而在数字化生产与管理中，则需要将若干个独立业务建立数据联动，参与完整业务流程，在此过程中若发现信息不完整则无法做出决策。系统之间无法智能互联，完成一项业务操作需要到各个系统进行查询。

这些问题的根本原因是信息数据没有流通，让多个系统形成一个个数据孤岛。为了解决"孤岛"问题，联动多个系统，很多项目会进行定点开发，实现某个数据可在不同系统间的查询和调用，但这种方案大多是基于少数几种场景的业务快速实现，即使建立了联动，也只是有限的连通，数据孤岛的问题并未根本改变，仍不能适应业务灵活调整，更不能快速扩展业务和规模化。

为了从根本上解决数据孤岛的问题，需要建立一条贯通多个系统的"高速公路"——分布式数据总线来打破数据孤岛,解除因数据关联产生的耦合,使得各业务系统无须关注数据的流动,更加聚焦业务逻辑的实现。

7.4.1.6 报表服务

报表服务提供丰富多样的数据图表渲染样式,支持报表服务与报表模版管理。依托数据指标接口,提供灵活的界面设计能力,仅需简单拖拽式配置,即可制作出各种复杂、炫酷的报表。大数据自主分析与智能 BI 结合带来卓越的数据可视化体验,让决策更清晰。通过对已生成的报表组件拖拽即可生成相应的数据可视化界面。组件和界面在发布后,可提供已授权业务系统或用户进行灵活调用。

报表设计、发布使用和维护完全一体化,无须安装客户端,支持独立部署或多种集成式部署,与其他系统无缝对接。每个决策者都可以随时随地访问自己的报表数据,支持自定义进行数据分析,从而实现决策目标。通过报表服务让数据会说话,如能耗统计分析、设备监控告警统计、客流趋势、AI 趋势等,做出更快、更精确的决策。

基础报表包括 Excel 清单报表、交叉报表、分组报表、多源分片报表、分块报表、表单报表、图形报表、回写报表、假设分析报表、二次计算报表、套打报表、段落式报表、预警报表、组合报表。

数据可视化界面提供丰富的可视化元素,多种酷炫特效,动态交互,自由布局,自适应展示,后台检测,实时掌握数据,让数据活起来,决策更清晰。

7.4.1.7 权限管理

系统提供细粒度、多维度的权限管理方案,基于业界流行的 RBAC(Role-Based Access Control)授权模型进行改进和完善,建立起一套更加符合国内企业管理特点的授权体系。

在系统的授权模型中,授权对象比标准 RBAC 模型扩充了很多,不仅可以授权给具体人员或角色,还可以直接授权给岗位、部门等组织对象,充分满足各种灵活授权的需要。

系统授权资源(即功能操作的数据范围)支持的数据类型极为丰富,除了常见的是否型、数值型、日期型、字典型数据外,还支持数据库对象和实体对象。这样在控制功能操作范围时,我们就不仅可以指定用户具体能够操作哪些业务对象,还可以基于业务对象的属性进行条件定义,通过属性条件来过滤出用户能够操作的业务对象,满足各种粒度的授权需要。

在授权过程中,管理员可以对用户的数据权限和功能权限分别进行设置,系统自动进行功能操作和数据范围的匹配,管理员也可以针对用户的某项功能操作单独设置数据权限,从而满足各种维度的授权要求。

系统支持分级管理功能、授权模板功能,大大简化权限管理工作,提高管理效率。

7.4.2 可视化功能

建设过程中产生的工程状态、人员、机械、进度、风险等过程管理数据,现场视频监控、机械物联传感数据和报警及预测分析事件数据,指挥调度时的气象、地质、应急物资、应急组织等海量数据均需按场景被汇聚分析后,以可视化模式反映在轨道交通工程建设数字化业务场景中。

人机界面是系统和用户之间进行交互和信息交换的媒介，它实现信息的内部形式与人类可以接受形式之间的转换。系统界面是指用户和计算机之间相互作用的面，是人与信息交互的媒介。与多数软件相似，管理系统的界面主要由色彩、图像、符号、文字等视觉要素构成。单一要素传达的信息是局限的，界面的各个要素共同呈现信息的总和。用户界面的存在为操作者提供与计算机进行传递和交换信息的服务，有助于优化产品管理的体验过程。

为更好地分享和传达数据信息，需通过可视化设计有效缩短信息的传达，将数据图形化，形成建立统一规范的轨道交通工程建设数字化系统人机界面。这个对数据进行描述设计的过程又称为数据可视化，即针对不同数据及统计维度设计合理的图解、图表、表格、统计图、地图和指标符号等信息图，从而使用户更高效地理解数据带来的意义。

数据可视化是借助视觉的表达方式，将枯燥、专业、不直观的数据内容，有趣、浅显、直观地传达给观众的一种手段。设计带来的不仅是瞬息处理海量数据搭配酷炫的可视化样式所引起的视觉震撼，更应注重为业务需求服务，设计出符合不同行业需求的个性定制可视化，利于用户做出正确的决策，以有根据的数据呈现来帮助用户进行更科学的判断而避免决策的失误。因此，需建立一致性、交互易用性、信息可视性等用户界面设计原则。

为做到界面的一致性，轨道交通工程建设数字化系统均应保证信息架构的统一、操作方式的趋同、设计样式的相似，展示的数据均应采用统一、标准的图形用户界面、操作方式、命名和编码规则，并通过画面文字注释、图形和色彩变换及闪烁提示等多种手段将建设过程中的工程状态、人员、机械、进度、风险运行状态和事件以数据和图形的方式展示给操作人员（系统用户），以便系统用户方便、快捷、高效地完成识别、判断和相关操作。

交互过程的易用性是指产品对用户来说是否容易学习和使用，优化用户的记忆任务，提高使用产品的满意度等。轨道交通工程建设数字化系统界面交互易用性主要包括引导用户操作、减少记忆负担和提供系统反馈这三个方面。界面功能和工艺设计应满足建设阶段各类指标数据的展示需求，符合人机工程学要求，并应充分考虑人机交互关系。轨道交通工程建设数字化系统需兼顾大屏、PC机、移动终端（ipad或平板电脑）、手机、红外遥控等工具进行用户交互，并要求各个控制终端的数据同步显示。交付方式应足够简易实用，方便监控、讲演、参观等不同人员使用，应至少支持前进、后退、点选、标注等操作功能。

针对轨道交通不同类型的业务系统需求，设计提供不同的接口元素，主要提供实时数据趋势显示、数据自动记录、历史资料趋势显示、报表的产生与打印、图形接口控制、报警信息订阅等能力。通过模块化开发及组件装配式应用集成、更新、运营，降低应用创新的开发门槛、运维成本，提升应用产品的持续交付能力。

1. 设计原则

系统因承载数据多，为了避免观者迷失，信息呈现要有焦点、有主次。可以通过对比，先把关键指标抛给用户，待用户理解大屏主要内容与展示逻辑后，再逐级浏览二三级内容。关键指标是一些概括性词语，是对一组或者一系列数据的统称。通过规定主、次、辅三类指标的关键词来概念性地明确大屏的主要展示内容。部分细节数据可暂时隐藏，用户需要时可通过点击鼠标等交互方式唤起。

2. 可视化设计流程

系统人机界面设计应采用统一的图形用户界面，用层次化、形象化的画面显示相关系统设备的运行状态，且符合准确、连贯、一致和清晰的要求；应支持图形的分层和动态缩放技术，在不同的图层中展现图形界面的总貌和细节；应提供信息提示和反馈；应提供基于窗口的、友好的图形编辑器，用于建立图形显示界面。

系统人机界面设计应满足安全性、稳定性、合理性、美观性、易识别性、易理解性、易操作性要求，应采用标准化、模块化、层次化设计。规范的流程是好结果的保证，能避免很多不必要的返工，保证设计质量和项目进度。

（1）根据业务场景抽取关键指标

系统需支持多应用场景切换，这就要求系统支持基于配置的内容编排导播，可按照专题组织编排储存展示内容。支持多场景的可视化场景画面管理，要求能对场景方案、画面版本进行管理，能够新增、删除、修改场景方案及管理画面版本等。针对日常监控场景，要求可视化展示系统可以一键式切换大屏展示模式，并能够实现可视化数据展示与视频信号展示无缝衔接。针对参观、演示场景，可视化展示系统可以事先设定参观流程，并一键式切换不同参观场景，且可以根据参观对象不同设定不同的参观流程。

每个场景有不同的关键指标，通常关键指标在大屏上独占一块区域。以应急指挥调度为例，关键指标有预警事件类型、应急演练次数、应急物资达标率、应急仓库位置等。

（2）指标分析维度确立可视化图表类型

同一个指标的数据，从不同维度分析就有不同结果。如果分析的维度没有找准或定义比较混乱，就会使可视化图表无法清晰地看清楚含义，使人困惑。轨道交通工程建设数字化系统各个业务场景分别通过分析数据之间的相关性、指标数据的分布范围或规律，比较数据之间的差异、指标数据的组成及占比，来设计易理解、可实现的可视化信息图形图表。

（3）根据终端尺寸规则划分页面布局

确立图表类型后，下一步要进入布局具体的信息位置，确立设计标准的第一步就是要确定终端屏幕的尺寸。轨道交通工程建设数字化系统需兼顾大屏、PC 机、移动终端（ipad 或平板电脑）、手机、红外遥控等工具进行用户交互，并要求各个控制终端的数据同步显示。为了整体的布局和效果，设计时要分别考虑大屏接缝、多尺寸移动端屏幕适配等问题，尽量以标准栅格化方式确立布局。尺寸确立后，接下来要对设计稿进行布局和页面的划分。核心业务指标安排在中间位置，占较大面积；其余的指标按优先级依次在核心指标周围展开。轨道交通工程建设数字化系统根据计算机显示器分辨率及尺寸进行了合理布局，划分不同的功能区域。例如，工作站线路级项目总览功能区域划分为主线路区、项目状态区（工点区）、人员区、机械区、风险区、进度区六个部分。

（4）可视化设计及开发

数据可视化设计风格的选择切勿追求效果炫酷而不符合业务需求，选择最合适的而不是选择最绚烂的尤为重要。轨道交通工程建设数字化系统不同业务场景下因为使用的设备不同，都有独特的分辨率、屏幕组成、色彩显示及运行、展示环境。其中，图形和文字的显示（字体、颜色、对比度及动态刷新时间等）应形象、有效地传达信息，并根据操作员的操作舒适度进行合理设置。

系统可视化设计定稿后，将含交互、动效切换的终稿与研发团队交底进行制作。画面的动态刷新时间不宜超过 1s，人机界面宜采用不同的颜色表示多层次信息，重要信息采用高对比度进行突出显示。

3. 可视化人机界面的显示原则

（1）字体使用原则

系统人机界面上出现的任何文字，包括信息、数字、对象标识等都应以汉字（简体中文）表示，且采用统一的国标字符集。各功能区域的文字信息应进行独立设计，按信息的重要程度进行分类，并区别显示。针对重要的文字信息，如实时人员信息，应采用高亮度色彩、放大字体或凹凸效果等方式在人机界面上突出显示，其余信息按主次划分依次采用不同强调程度的效果显示。同类文字信息的字体、字号、颜色宜保持一致，以实现界面风格统一，并与整个界面和谐匹配。对于多步操作，宜通过文字信息来反馈结果。各个区域命名和指标规则应统一，站点、进度、人员、风险应统一中文名称，通过线路区域区分各个线路名称。标注和说明图元及流线等的文字和符号应根据视图情况首先布置在内部，其次是上部或左侧，以避免误读和误操作。文字规范建议使用 font-family：Helvetica、Hiragino Sans GB、Microsoft Yahei、微软雅黑、Arial、sans-serif；H1～H5 均可使用（表 7-1）。

字体使用说明表　　　　　　　　　　　　　　表 7-1

文字	属性	备注
Aa	font-size：24px	用于各模块主标题文字
Aa/Aa	font-size：20px-normal/Bold	用于一级导航栏文字
Aa/Aa	font-size：18px-normal/Bold	用于通知栏、模块副标题
Aa	font-size：14px	用于各模块副标题文字
Aa	font-size：12px	用于正文文字

（2）色彩显示原则

轨道交通工程建设数字化系统人机界面应采用不同的颜色表示指标数据的不同状态。同一类状态所使用的颜色应保持一致，不同状态使用的颜色应能显著区分。人机界面宜采用中亮度、暗色调的背景。

（3）风险及预警显示原则

轨道交通工程建设数字化系统人机界面应用简洁、准确的文字在线路画面上显示风险及预警内容，风险及预警信息应是显著可视提示。风险及预警信息应包含时间、系统、级别、位置、状态等信息，应对不同级别的风险及预警提供不同的预警颜色。根据信息的重要性进行区分，不同信息选择不同的颜色表示，重要信息宜选取醒目的颜色。

重要预警的信息,可采用色彩闪烁等手段提示操作员。预警事件信息应用不同的颜色分类显示,需要同时在事件画面和报警画面显示的信息,宜采用相同的颜色。临近发生的风险信息宜在线路区中显示。

(4) 交互操作方式设置原则

系统与操作员的交互对话应通过鼠标、键盘、显示器来完成。操作方式应以鼠标操作为主,鼠标可以在屏幕间自由漫游,针对常用命令及关键操作,可在键盘上设置等效快捷键,提供快速操作方式。完成一个图形界面的调阅操作,操作步骤不宜超过3步。操作员可通过鼠标放置以获取提示信息,提示信息为该图元所描述信息的详情,包括名称、位置、详细描述等。操作员可通过鼠标按钮做以下动作操作不同的功能(表7-2)。

鼠标按钮分配表 表7-2

鼠标按钮	动作	功能
左键	单击或双击	对于鼠标所指向图像的预设动作,如单击按键、打开指标不同类型显示、查看预警(预警单击)、站点信息等
中间滑轮	按压	按压着中间滑轮然后移动鼠标,可移动在中间区域整个图像
	滚动	滚动中间滑轮可放大或缩小图像至合适大小

(5) 图元设计规则

轨道交通工程建设数字化系统人机界面的图元设计风格应遵循一致性原则,相同类型的设备宜采用统一的图元。人机界面的图元设计应合理、美观,能生动、形象地传达信息,与文本信息形成互补。人机界面一般情况下宜多采用静态图元,以降低观看者的视疲劳度,提高工作效率。图元综合使用形状和颜色表示不同指标的不同状态。

7.4.2.1 大屏幕界面

系统需提供给大屏幕不同线网各线路业务数据的实时状态集中可视化显示界面。线网指挥人员根据不同工作场景的要求,按需切换成不同模式的综合显示屏显示画面格式。不同的显示模式(至少支持正常监管模式、应急模式、参观模式等几种常用模式),所含的显示要素可由管理人员自行配置。

大屏幕监控画面主要应包括:

线网整体布局图:以城市地图画面为背景显示线网各线路走向、站点布局、换乘站分布、站点附近关键建筑(医院、疏散点、消防局等)的位置等信息。

在建线路网整体布局图显示跨线路的不同业务汇总信息画面:如各线路在建车站数、分布区域、在建区间数、在建线路不同人员在岗数据(如管理人员、劳务人员、监理人员等)、在建线路进度信息(如投资完成情况、产值完成情况等)、在建线路当前风险信息(如一级风险、二级风险等)、在建线路施工机械数据(如盾构机、龙门吊、汽车吊、塔吊等)等信息。

在建线路网整体布局图显示跨线设施系统监控画面:如在建线网车站监控分布图(含地面/地下施工实时状态流信息)、各线路区间隧道内监控画面、各在建线路视频参数对比图。

显示在建线路车站、区间施工现场布局画面,要求典型车站布局图显示施工出入口、加工区域、休息区域、施工区域、现场教育区域；典型区间布局图显示吊装区域、洞口区域、竖井区域、隧道区域、隧道作业面区域；显示各线路现场部署的感知设备的画面，如闸机、视频采集设备、环境监测设备、定位设备、污水处理设备、大型机械设备的布局图。在建线路的大屏幕布局图均支持平面显示、三维显示、视角控制、动画显示等功能。

1. 线网大屏幕播放画面

大屏幕画面显示应采用地理图像显示方式，从线网-线路-车站/区间-区域逐层细化显示内容的操作模式，大屏幕控制系统能按照全屏一个逻辑区域进行设置，可进行整屏快速显示一副完整的高分辨率画面（16GB以上），并实现各屏幕单元灵活调用、图像拖动显示、任意位置开窗显示等功能，及显示GIS高清画面时应能够快速移动及缩放，无拖影。大屏幕显示画面应将线网关键节点信息进行整合，如人员与进度、人员与风险、人员与设备、进度与设备、产值与进度等，以关键节点为主要元素显示线网整貌画面，可按地理布局图方式展示具体的单线元素（如车站、区间、场段等）分布的画面及与线路相关的信息。

2. 大屏幕CCTV视频监视画面

在建线路施工状态的实况播放：通过在建线网整体布局图上对不同线路区间进行选择或通过其他快捷方式触发区间实况的播放画面。必要时应能显示各线路各专业分类用户监视画面：如前期工程系统图（如交通疏解、绿化迁移、管线迁改）、土建工程系统图（如车站基础施工、主体施工管、盾构施工、暗挖施工、管线施工）以及机电施工（铺轨施工、四电工程）、装修施工不同阶段的监视画面。

3. 各线路操作终端的用户画面

各线路感知系统设备运行与故障信息图表，各线路各车站施工进度图表，各线路区间施工进度表，各线路各车站、各区间不同时间段人员变化趋势图表，各线路各车站、各区间施工机械运行状态预警图表，各线路各车站、各区间不同级别风险响应状态及预警图表。

各线路各车站、各区间平面图支持无极缩放，平面图应支持三维图形显示及多角度展示功能，各线路风险的管控措施及当下状态应具备动画显示功能。

4. 大屏幕画面布局

在线网指挥中心调度大厅内设置拼接的大屏幕显示单元用于系统展示。

大屏幕界面设计侧重综合展示功能，界面设计按功能区域进行布局，包括主线网、主线路区、项目状态区（工点区）、人员区、机械区、风险区、进度区七个部分（图7-2）。

7.4.2.2 工作站界面

系统需提供给工作站界面集中可视化显示线网各线路不同业务数据的实时状态。线网指挥人员根据不同工作场景的要求，按需切换成不同业务功能的综合显示屏显示画面格式。不同的业务显示模式（至少支持正常监管模式、应急模式、各业务数据查看模式等几种常用模式），所含的显示要素可由管理人员自行配置。

工作站监控画面主要应包括：

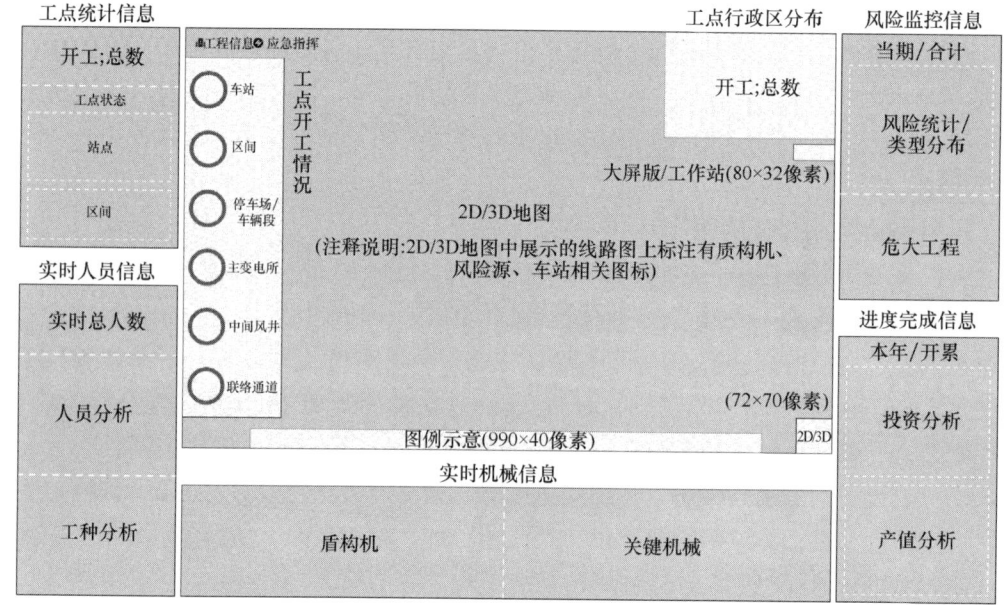

图 7-2 大屏幕界面设计图示例

1. 线网工作站整体布局图

以城市地图画面为背景显示线网各线路走向、站点布局、换乘站分布、站点附近关键建筑（医院、疏散点、消防局等）的位置等信息。

在建线网工作站整体布局图包括各线路项目概况、数字工地、风险管控、指挥调度、进度管控、人员监管、机械监管、报警记录显示跨线路的不同管控业务信息画面，如各线路的项目概况信息、IoT设备信息、风险管控措施及处理情况信息、人员考勤、出勤率、不同工种分布等信息；地上地面应急管理信息、各线路进度完成情况、机械进出场、机械使用率、吊装、日常维护等信息，各线路出现的预警、报警信息的响应等信息。

在建线网工作站需显示各个线路车站、区间施工现场布局画面，典型车站布局图、显示施工出入口、加工区域、休息区域、施工区域、现场教育区域；典型区间布局图、显示吊装区域、洞口区域、竖井区域、隧道区域、隧道作业面区域；各线路现场部署的感知设备的画面，如闸机、视频采集设备、环境监测设备、定位设备、污水处理设备、大型机械设备的布局图。在建线路的工作站布局图均支持平面显示、三维显示、视角控制、动画显示等功能。

2. 工作站 CCTV 播放画面

在建线路施工状态的实况播放，通过在建线网整体布局图上对不同线路区间进行选择或通过其他快捷方式触发区间实况的播放画面。必要时应能显示各线路各专业分类用户监视画面，如前期工程系统图（如交通疏解、绿化迁移、管线迁改）、土建工程系统图（如车站基础施工、主体施工管、盾构施工、暗挖施工、管线施工）以及机电施工（铺轨施工、四电工程）、装修施工不同阶段的监视画面。

3. 工作站画面布局

在线网工作站内设置一机多屏显示单元用于工轨道交通工程建设数字化系统展示。

将工作站各个关键业务点信息展示到不同的显示视频监控界面。

工作站界面设计侧重关键业务综合展示功能,界面设计按不同功能区域进行切换展示布局,每个功能区根据业务关键单元数据进行不同维度图表展示;一级导航栏有项目总览、数字工地、风险管控、指挥调度、进度管控、人员监管、机械监管、报警记录。项目总览包括进度、人员、机械、风险、线路、预警信息;数字工地包括人员实时分布、盾构机、机械监测、环境监测、监测量测数据;风险管控包括人员履职情况、风险信息查看、风险处理情况等;指挥调度包括应急管理信息、地上地面指挥调度信息;进度管控包括各线路产值完成情况、投资完成情况、形象进度情况等;人员监管包括人员实名信息、出勤信息、考勤信息、工种信息、年龄、人员区域等信息;机械监管包括各线路机械进出场机械信息、吊装信息、日常维护信息、不同机械统计分析信息等;报警记录包括各业务报警的事项、时间、处理状态、处理人员等信息。界面设计效果图可以用文字、图形、GIS 等不同形式进行业务数据的表达(图7-3)。

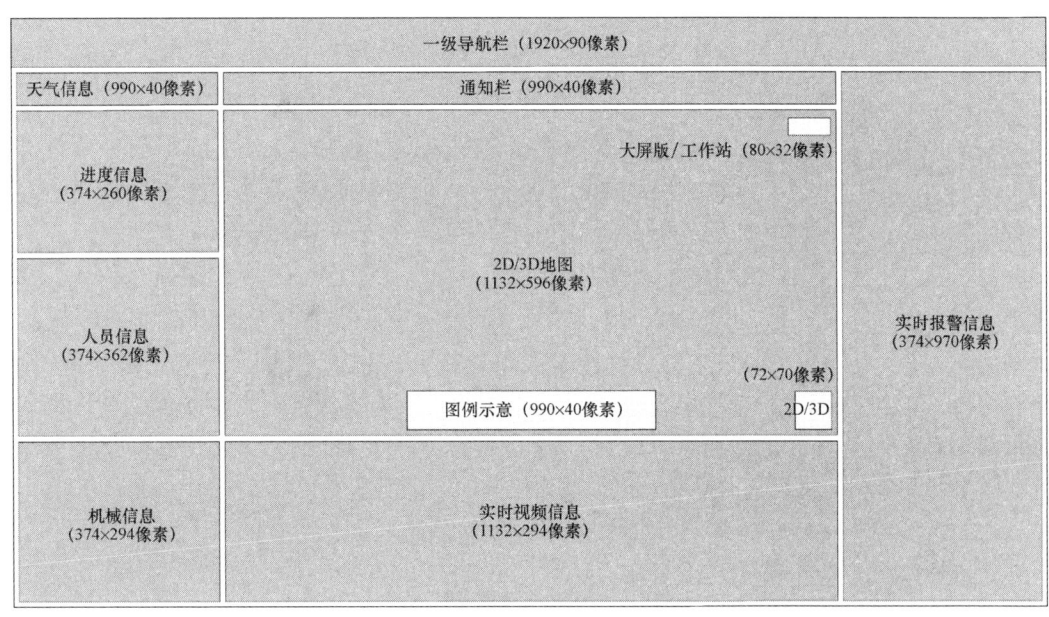

图 7-3 工作站界面设计图

7.4.2.3 移动端界面

轨道交通工程建设数字化系统面向移动办公需求,实现使用移动端可视化终端可以随时随地掌握最新工程信息,管理及决策效率大幅提升。系统面向移动终端,定制开发移动终端的系统 App。

移动端 App 整体布局图以城市地图画面为背景,显示线网各线路走向、站点布局、换乘站分布、站点附近关键建筑(医院、疏散点、消防局等)的位置等信息。可切换单条线路显示不同管控业务信息画面,如各线路的项目概况信息、IoT 设备信息、风险管控措施及处理情况信息、人员考勤、出勤率、不同工种分布等信息;地上地面应急管理信息、各线路进度完成情况,机械进出场、机械使用率、吊装、日常维护等信息,各线路出现的预警、报警信息的响应等信息。

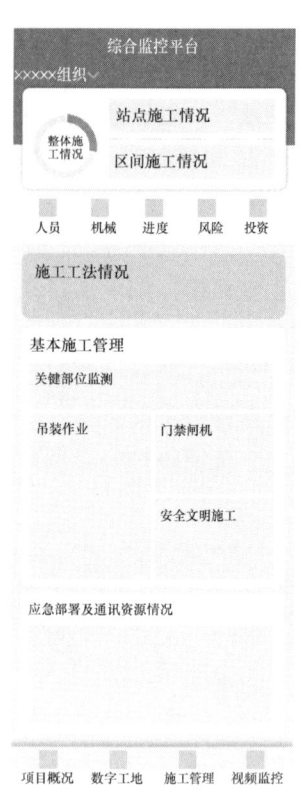

图7-4 移动端App界面设计图

移动端App侧重综合展示功能,界面设计按功能区域进行布局,按应用场景划分为项目概况、数字工地、视频监控、施工管理四个部分。项目概况为默认首页,包括综合预警信息、工点概况、进度情况、人员情况、机械分布情况、风险管控情况、报警统计分析;数字工地包括盾构机、起重机械监测、环境监测、监测量测数据、车辆识别信息;视频监控包括各下级组织施工现场的视频监控设备分布及在线情况,可进一步以多视图查看具体监控实时画面;施工管理以不同组织层级显示下级组织的施工状态、施工工法、监测量测报警情况、吊装作业情况、门禁闸机出入场情况、安全文明施工情况、应急部署、通信资源情况。界面设计效果图可以用文字、图形、GIS等不同形式进行业务数据的表达(图7-4)。

7.4.3 GIS服务

GIS是与地理数据密切相关的信息系统,是一种具有信息系统空间专业形式的数据管理系统。GIS以地理空间数据为基础和核心,可用于支持对城市轨道交通建设业务时空大数据的采集、输入、管理、编辑、查询、分析、模拟和显示,并提供多种空间和动态信息的关键技术。轨道交通工程建设数字化依托GIS提供强大的地图展示能力,包括二维、三维的城市轨道交通基础地图;支持各业务系统基于真实的地理信息,叠加专题应用数据,实现各类业务专题服务;提供包括线网级的调度指挥、应急处置和指挥、资源调派、三景合一的信息展示等能力。

GIS在轨道交通工程建设数字化中承担如下任务:

1. 空间数据采集、处理与存储

轨道交通工程建设数字化GIS面对的是具有多源、多维、动态、异质、异构、海量数据特点的工程建设过程。其数据应具有无边无缝的分布式数据层结构,能融合地上和地下、历史和现时、多源、多比例尺、多分辨率的各种矢量和栅格数据。轨道交通工程建设的多数据源决定了数据存储的复杂性,主要涉及的关键技术有海量数据存储技术、空间数据库和数据仓库技术。基于其数据的复杂多元化,必须采用合理的技术组织才能提高海量数据的存储、管理效率和质量。

2. 三维虚拟环境可视化

轨道交通工程建设数字化GIS具有三维空间特征和动态特征,轨道交通工程建设数字化应实现三维实体的实时显示、虚拟地下地面生产活动实景的功能。构建3DGIS真三维数据模型是轨道交通工程建设数字化的基础工作之一,将三维虚拟环境可视化技术引入轨道交通工程建设数字化模型,可以实现三维地形和三维建筑体的生成和仿真,有助于更好地理解轨道交通工程的空间信息及空间位置关系,提高空间分析功能。

3. 空间信息集成与应用

轨道交通工程建设数字化 GIS 必须达到各类信息高度集成，如盾构平面图的综合自动化集成、安全监测监控集成及各类专业应用集成。高度集成的标志就是处理信息规范化及信息采集的及时性、准确性与完整性；在集成范围上，集成了所有供应链上所有环节的各类信息；在时间上，集成了历史当前和未来的信息；管理数据来自统一的信息源，高度共享，并有权限和安全设置；管理部门可根据统一的数据源进行决策，彻底解决"信息孤岛"的问题。为此，信息集成应用技术十分关键。

7.4.4 BIM 功能

系统提供丰富的 BIM 功能应用，深化 BIM 模型的价值应用（图 7-5）。

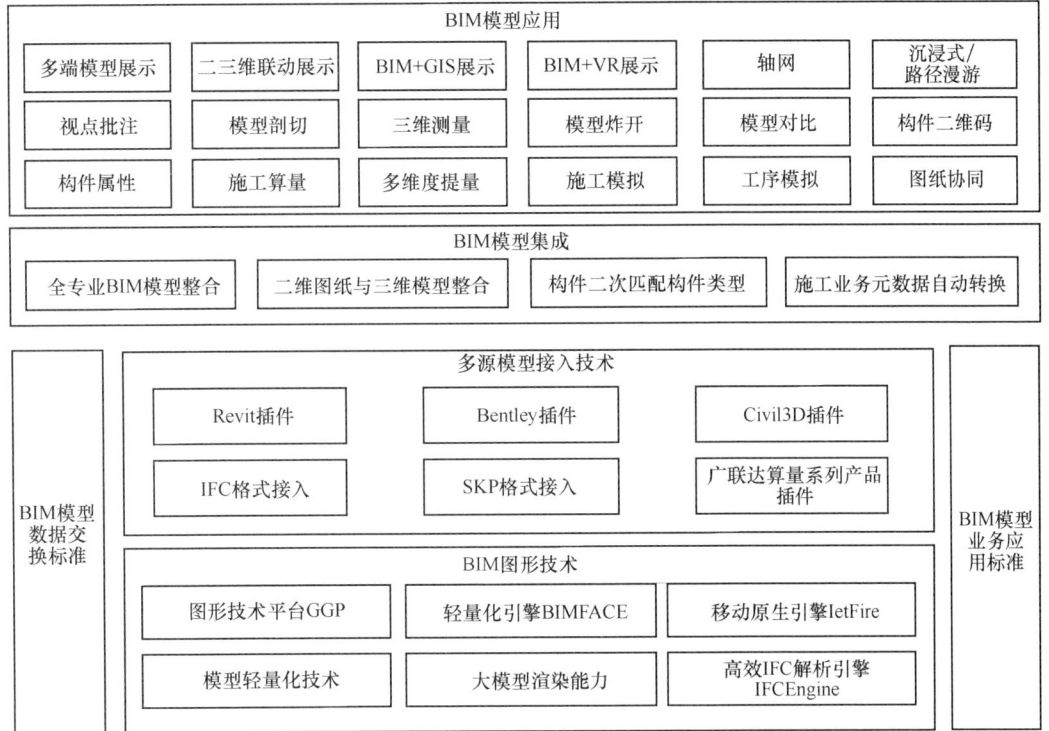

图 7-5 BIM 功能技术体系

基于 WebGL 技术的 BIM 轻量化引擎是在确保 BIM 模型数据不损失的情况下，实现 BIM 模型轻量化，让 BIM 模型能够在 Web 浏览器、移动 App 上更快加载和使用。其轻量化处理实现过程通常可以分为以下几步：

1. 接收模型文件并将数据与模型分离

BIM 模型包含三维几何数据和模型结构属性等非几何数据两部分。首先，WebGL 轻量化 BIM 引擎需要将几何数据和非几何数据进行拆分。通过这样的处理，原始 BIM 模型文件中约 20%～50% 的非几何数据会被剥离出去，输出为数据文件供 BIM 应用开发使用。

2. 将非三维几何数据进行结构化处理

结构化处理将非三维几何数据由内存中的数据以可持久化的形式序列化为本地数据文件，并通过使用数据库的方法将得到的数据进行分门别类地存储，形成 DB 文件，允许储存大量数据，能建立索引，可以按照键值对的方式进行操作，可以实现首次刷新页面从服务端拉取数据，再次刷新从 DB 文件获取模型数据，减少网络带宽使用率，提高 BIM 模型加载速度。

3. 对三维几何数据进行轻量化处理

剥离非几何数据后剩下的三维几何数据，还需要进一步轻量化处理优化，以降低三维几何数据的数据量，节约客户端电脑的渲染计算量，从而提高 BIM 模型下载、渲染和功能处理的速度。三维几何数据优化一般采取的方案包括参数化或三角化几何描述、相似性算法减少构件存储量、多级金字塔数据结构生成、数据压缩处理、渲染效果数据生成。

4. 在客户端对模型进行实时渲染

即将三维几何数据在 Web 浏览器或 App 端进行实时渲染及管理。WebGL 轻量化 BIM 引擎要实现对三维几何数据的实时渲染，首先要将三维几何数据从云端服务器下载到客户端电脑或移动端设备内存；然后调用客户端电脑或移动端设备内存和显卡高效的实时渲染三维几何数据，还原三维 BIM 模型；最后通过 API 接口调用形式，实现对三维 BIM 模型及其构件的操作、管理和对外功能实现。

BIM 轻量化引擎技术指标应涵盖对不同格式 BIM 模型文件的兼容能力、对 BIM 模型数据的还原能力、BIM 模型的加载速度和渲染流畅度及稳定性、对大体型 BIM 模型的支持能力、引擎所提供的功能是否丰富（图 7-6）。优秀的 BIM 轻量化引擎应具备模型加载功能、模型基本操作功能（放大、缩小、旋转、漫游、透明、着色、视点、标签、测量等）、二维图纸操作功能（矢量图纸在线浏览、基于图纸二次开发、按图层筛选、图纸测量、图纸批注等）、三维模型显示操作功能（目录树筛选器、空间浏览、图纸浏览、模型在线浏览等）、三维模型拓展操作功能（基于模型二次开发、剖切盒剖切、

图 7-6　BIM 模型展示

模型测量、沉浸式漫游、模型批注、小地图浏览等）和特性功能（二三维联动、离线数据包、模型集成、模型对比、路径漫游等。

7.4.5 AI 服务

人工智能技术近年来发展迅速，系统积极引进人工智能技术，特别对于视频和图像技术的分析，随着 DCNN 技术的突破，已经开始进入应用落地阶段。通过综合运用 AI 技术，近年来最先进的人工智能感知技术成果丰富，包括图像分类、目标检测、目标追踪等。借助部署在工地的影像采集设备（摄像头、单兵设备、手机、智能头盔等），对建筑本体、人、机、料、法、环等要素进行实时结构化特征提取，并与 BIM+GIS 数据、业务数据结合，对建筑工地的情况形成综合感知和智能预警，帮助管理者全面了解项目情况，从而降低项目风险。

系统应提供面向数据挖掘和机器学习的 AI 模型设计与训练的工具，AI 模型训练支持多种数据源接入，包括 PostgreSQL 关系型数据库和 CSV 文件作为数据源。支持对模型的全生命周期管理，包括模型搭建、训练、评估、应用和部署等。

基于 AI 服务能力，可以持续建设基于机理分析、机器学习、视频智能感知、深度学习、知识图谱等技术，提供可支撑业务应用的故障预测、健康度评估、应急处理等算法模型。

为提升检测精度，采用了多达 152 层的神经网络结构对视频数据进行分析，网络结构采用 faster r-cnn 和 mask r-cnn，达到了业界领先的精度和准确率。对于实时检测场景，检测速度和现场响应能力是第一位的，为了精度和速度，需要视频智能算法平台采用 Yolo v3 结合 SSD 的算法，这样使其单机能够对多达 20 路摄像头进行实时分析，并且准确度没有显著降低。行业内已经具备超过 20 种针对建筑工地的图像分析算法。

7.4.5.1 人脸识别

人脸识别提供包含人脸检测与属性分析、人脸对比、人脸搜索、活体检测等能力，满足身份核验、人脸考勤、无感过闸等业务需求。

基于人脸识别能力支持对实时视频中的人脸进行检测、跟踪、抓拍处理，同时具备动态比对、预警等功能。支持通过人脸的识别与比对，实现对海量人脸精准、高效排查，实现对涉恐、涉稳、犯罪分子的提前布控和实时预警，帮助管理人员实时掌握人员动态。

基于人脸识别提供活体检测、身份核验、人脸比对等多项组合能力，确保用户是真人且为本人，可助力门禁系统实现人员刷脸出入，利用高精度的人脸识别、对比能力，可搭建刷脸考勤应用场景，提升考勤效率，防止作弊行为。

7.4.5.2 视频智能分析

视频智能分析使用计算机图像视觉分析技术，通过将场景中背景和目标分离进而分析并追踪在摄像机场景内出现的目标。视频智能分析能力如下：

建筑工地现场视频包含了大量的信息。其特点是数据量巨大，冗余信息占比高。特定相机针对监测固定物体、固定事件有较大优势，但现场环境瞬息万变、人员活动范围广、发生时间不固定，靠传统的人力无法实时监测到复杂多变的现场，且效率不高。针对该现象，为保证现场实时数据的及时分析、问题及时发现、违规及时预警，并且做到及时整改，应最大效率地利用现场视频信息为施工现场安全保驾护航。及时排除风险，提高工地安全系数，视频分析监测的主要内容说明如下：

1. 安全帽佩戴检测

施工工地上安全帽的重要性不必多说，但仍有人心存侥幸心理，在危险区域内出现长时间不佩戴安全帽的行为。

2. 行为姿态检测

施工现场人员规范管理一直是一个比较难以实施的问题，通过对人的行为姿态进行检测分析，可以判断该人员是否存在违规行为，或者是否存在危险情况。

3. 积水检测

当施工现场路面有积水时，会对安全生产造成影响，及时处理积水是一项必要的工作。

4. 洞口无防护检测

施工现场进场会出现洞口，如方便施工挖掘，或施工工艺要求，但往往洞口防护工作不到位，导致洞口未添加防护工序，或防护被人为移走。及时发现此类现象并督促整改，能够保障现场作业人员的安全。

5. 吸烟检测

在施工现场有很多易燃材料，施工人员在施工过程中，如果吸烟，烟头乱丢，有很大的火灾隐患，而施工人员中烟民数量庞大，虽然规定不许吸烟，但仍有违规现象。通过智能检测算法可帮助执法人员及时发现及制止该种行为。

7.5 系统部署

系统工程实施范围贯穿轨道交通建设施工的全过程，覆盖车站、车辆段、停车场、主变电站、控制中心、中间风井、各施工项目部及线网指挥中心等，涵盖系统设备采购供货、安装调试、设备机房建设、监控大厅建设等工作（图7-7）。

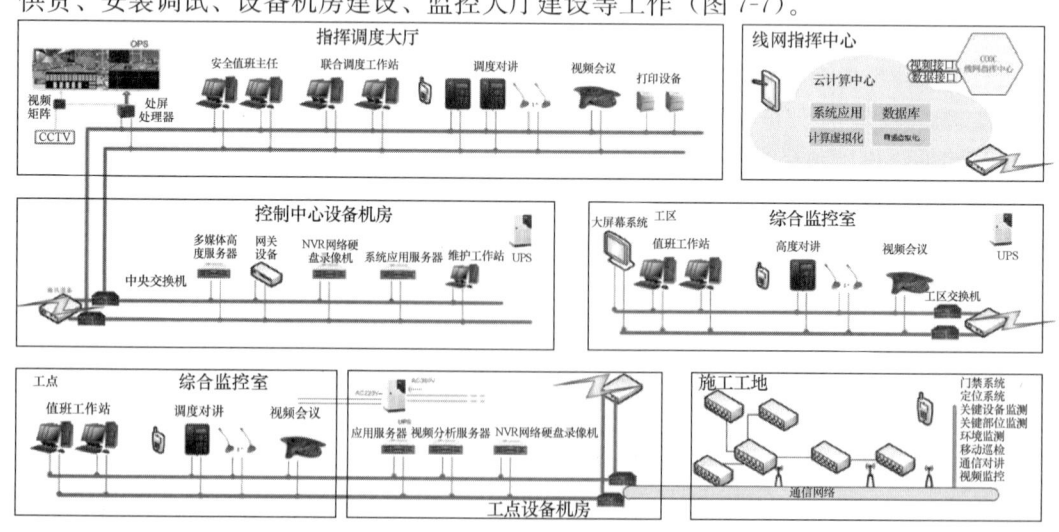

图 7-7 分区部署结构简图

7.5.1 线网指挥中心

建设线网指挥中心（COCC），通过系统实现以轨道交通为骨干的、综合在建线路、有轨、城际的建设运营一张网的实时监视；增强对内指挥调度，增加对外协调联动，内外两个功能并重；构建涵盖事前预警、事中处置、事后评估三种时态下的全面智能应急指挥体系。建设、运营信息的综合展示，加强数据的可视化应用，采用信息组团、场景设计、UI 设计等提升大屏幕数据显示表达能力，让"数据"转化为"信息"。

在当前城市轨道交通运营管理机构日益健全的情况下，将城市轨道交通建设阶段线网级指挥中心放置在运营监控中心，办公场所与城市轨道交通运营监控中心保持一致，对城市轨道交通运营监控中心已有功能、设备进行复用或扩展，建设模式为系统单独建设、数据互联互通，主要优点如下：

（1）场地集中，便于管理。线网级管理通常会按照在建线路、运营线路分别管理，而集中办公的方式，有利于领导层掌控全局、统筹决策，符合地铁一体化经营战略，充分发挥"一体化"优势。

（2）分工明确，定位清晰。线网级指挥中心负责建设管理，线网级运营监控中心负责运营管理，可分别设置座席、屏幕、通信等设备，容易划分功能区。

（3）资源复用，节约开支。在设备购置、安装调试、维护保养、场地装修等方面均可以统一开展，在建线路资源后续可转化为运营线路资源。

在线网层面，数字化系统依托大数据，实现数据处理和存储，达到信息全局化、研判智能化、处置精准化、决策科学化的目标。系统实现人员、设备设施和环境情况的全方位动态感知，为大数据分析和应急指挥应用功能提供数据支持，由前端感知、中台处理和后端引用共同构建一个涵盖事前预警、事中处置与事后评估的运营＋建设一体化应急指挥应用服务体系。

在线网指挥中心，管理模式为 24h 不间断管控，主要管理方向如下：

（1）日常管理：监督管理各线路建设情况，掌握建设进度、安全状况、人员设备投入等实时信息。

（2）应急管理：突发事件出现后的应急指挥调度、应急指令下发、整改活动监控、现场环境浏览等。

（3）分析决策：收集各线路建设信息，实现汇聚和分析，形成建设指标，优化建设管理模式和措施。

（4）管理对接：与上级主管部门、内部联动部门、外部关联单位进行联系和协调。

线路级工程建设数字化系统与线网指挥中心之间设置数据接口，按线网指挥控制中心要求将相关数据上传，并按线网统一要求设置监控界面、数据分析图表等。接口分界位置在线网指挥中心机房交换机端口处，线路负责接口线缆、配件设备的采购及线缆敷设、设备安装。

7.5.2 线路控制中心

线路控制中心可单独建设，也可以与线网级指挥中心合并建设，需匹配建管模式。

在轨道交通建设实践过程中，匹配项目制管控模式，强化线路级管控，按各线路独立设置线路指挥中心，实现线路所属工区级、工点级信息集成共享，实现轨道交通建设阶段施工现场信息集成和互联，打通线路与线网间信息交互通道，提高城市轨道交通建设阶段多层级管理、监控、指挥、调度、应急能力。

在总承包模式下，施工单位实行项目指挥部→项目总经理部→项目经理部的管理模式，由总承包单位牵头集团成立项目指挥部，项目指挥部下设XX线路及同步实施工程总承包项目总经理部，项目总经理部下设N个项目经理部。

线路控制中心处于核心位置，是线路所有工区、工点信息汇聚中心，也是线网级信息共享节点。线路控制中心通常设置在轨道交通施工单位总承包部，并涵盖日常办公、监控值班、常规会议、视频会议、融合通信、应急响应、指挥调度、分析研判等多项功能。

在线路指挥中心设置安全调度、联合调度及值班主任等岗位，管理模式为24h不间断管控，主要管理方向如下：

（1）日常管理：监督管理线路建设情况，掌握建设进度、安全状况、人员设备投入等实时信息，对各工地建设进行巡检，对工程项目进行动态管控。

（2）调度指挥：根据建设情况对各项目部人员、机械等进行调度指挥，对总承包部统管事项进行审批，对盾构、暗挖、重大风险等重点环节进行同步监控。

（3）应急管理：突发事件出现后的应急指挥调度、应急指令下发、整改活动监控、现场环境浏览等。

（4）分析决策：收集线路建设信息，实现汇聚和分析，形成建设指标，分析线路建设动态并进行及时调整，核查数据的真实性、有效性，科学评价各项目部建设管理能力。

（5）管理对接：与上级主管部门、内部联动部门、外部关联单位进行联系和协调。

在线路指挥调度中心设置中央级工程建设数字化系统，主要设备由服务器、网络设备、调度员工作站、大屏幕系统、视频会议终端、数字会议系统、通信对讲设备、调度桌椅、打印机和视频存储设备等组成。

7.5.3 工区

城市轨道交通建设阶段各工区（项目经理部）需要对下属各工点（站点、区间）建设现状进行统一监督、管理、指挥、调度，因此需要构建工区监控室。工区监控室还负责前端监控点汇聚、视频流转发存储等工作，并向所属线路监控中心发送相关信息，是前端工点信息汇聚中心，也是工点信息整合共享、控制管理和应用的核心，实现对工地建设信息进行实时有效的汇聚、整合、共享、转发与展示。

在工区设置值班主任等岗位，管理模式为24h不间断管控，主要管理方向如下（根据中心级进行修改完善）：

（1）日常管理：监督管理线路建设情况，掌握建设进度、安全状况、人员设备投入等实时信息，对各工地建设进行巡检，对工程项目进行动态管控。

（2）调度指挥：根据建设情况对各项目部人员、机械等进行调度指挥，对总承包部统管事项进行审批，对盾构、暗挖、重大风险等重点环节进行同步监控。

（3）应急管理：突发事件出现后的应急指挥调度、应急指令下发、整改活动监控、现场环境浏览等。

（4）分析决策：收集线路建设信息，实现汇聚和分析，形成建设指标，分析线路建设动态并进行及时调整，核查数据的真实性、有效性，科学评价各项目部管理能力。

（5）管理对接：与上级主管部门、内部联动部门、外部关联单位进行联系和协调。

7.5.4 工点

工点是本系统工程的前端核心，是各工点执行日常监控、系统管理、应急指挥的场所。施工工点监控室可以通过NVR＋显示器的方式，在本地对监控画面进行预览及录像查询。

工点施工现场地盘管理主要包括现场安全生产、文明施工、临时设施、材料设备进出、成品保护、防火、防盗和人员准入等方面的管理，以及现场各专业之间作业工序安排、临水临电等公共资源配置、场地协调等管理工作。

在工点指挥调度中心设置工点级工程建设数字化系统，设置日常办公系统（多功能操作台、操作台转椅、双屏计算机、多功能打印机、投影机、投影幕、UPS、交换机、服务器、机柜等设备）。

第8章 轨道交通工程建设数据中心

8.1 数据认知与规划

8.1.1 数据价值认知

在数字化建设过程中，对于数据的建设诉求，整体可以理解为"数据三化"的过程，即数据资源化、数据资产化和数据价值化。依赖大数据技术，将数据不断地资源化、资产化、价值化，每一个环节都像齿轮一样在相互咬合、相互推进（图8-1）。

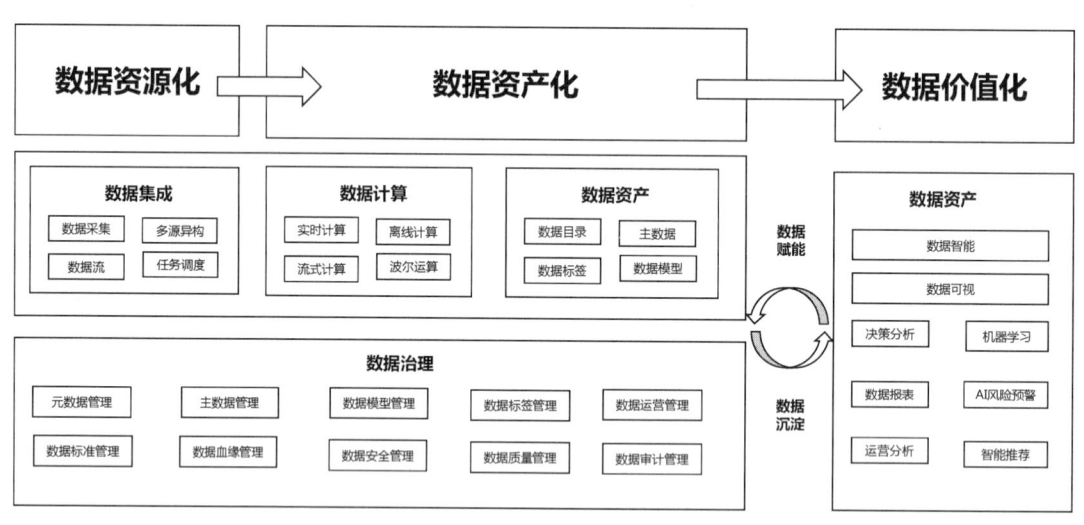

图 8-1 数据三化

数据资源化主要体现在数据集成，所有相关联的数据都可以作为企业信息化的数据资源；数据资源经过清洗、计算，转化为企业的数据资产，过程需要对数据进行精细化的治理。最后，数据产生价值的方式主要为数据可视化和智能化，通过机器学习、BI等手段，不断挖掘数据的价值，在产生价值的过程中，也会不断优化数据本身，形成数据增长的闭环。

系统把数据作为工程建设数字化运行机体的内生动力之源，通过数据的汇聚、治理、共享和融合等全生命周期过程，实现从数据、信息到知识的进化。

8.1.2 数据规划内容

数据是一种具有价值的无形资产，数据的产生来源很多。在城市轨道交通建设领域，各类施工生产活动参与者、活动本身及活动结果都会产生数据。

数据规划主要包含三个方面的内容,即数据分类、数据分布、数据集成与流转(图 8-2)。

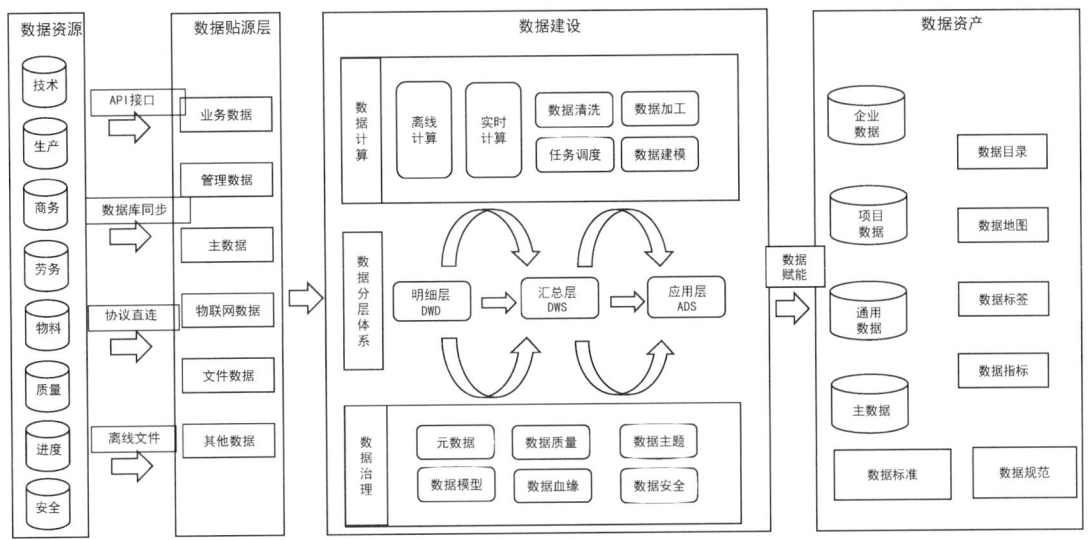

图 8-2 数据规划

数据分类模型是对城市轨道交通建设领域范围内的业务概念和数据进行梳理,并进行统一定义。例如,定义设备管理的数据分类,即可作为优化数据分布、增强数据一致性的基础。设计数据分类模型的意义在于强化数据整合、保证数据一致性、优化数据分布、便于数据共享,使得业务与技术之间沟通更加顺畅。

数据分布规划主要是合理考虑数据在系统各业务子系统之间的布局,确定权威的最原始数据源和必要的数据拷贝,尽量减少数据的冗余拷贝,从而减少无效存储,避免数据存储混乱,降低数据不一致的风险。

数据集成与流转规划确定数据分层及流转方向,理清系统各类数据的数据来源、数据总线、数据仓库、大数据平台、数据集市、管理分析应用等的定位和关系,最终实现数据在城市轨道交通建设参与各方之间的互联互通和合理共享。

8.2 数据采集与计算

8.2.1 数据采集途径

8.2.1.1 物联系统

系统需要及时获取来自线网各线路现场的信息,这个及时性也就是实时性,一般要求现场的状态变化要在秒级时间内反映到线网指挥中心的调度指挥界面。随着线网规模的不断扩大,现场的数据量也非常大,以数据点来计算往往达到数十万甚至上百万的规模。面对如此庞大的数据,必须要有一套大容量、高性能的实时数据处理系统,实际应用中主要是通过物联系统实现上述数据处理。

物联系统定位于面向轨道交通工程建设行业的工业级物联网系统,快速高效地开发灵活、安全、可靠的工地智能设备和应用，系统提供如下核心特性（图8-3）：

(1) 设备接入、建模和管理。
(2) 数据存储与规则联动。
(3) 实时分析与应用接口。
(4) 设备接入协议及安全链路。
(5) 设备管理机制。
(6) 设备消息机制。
(7) 实时分析与应用。

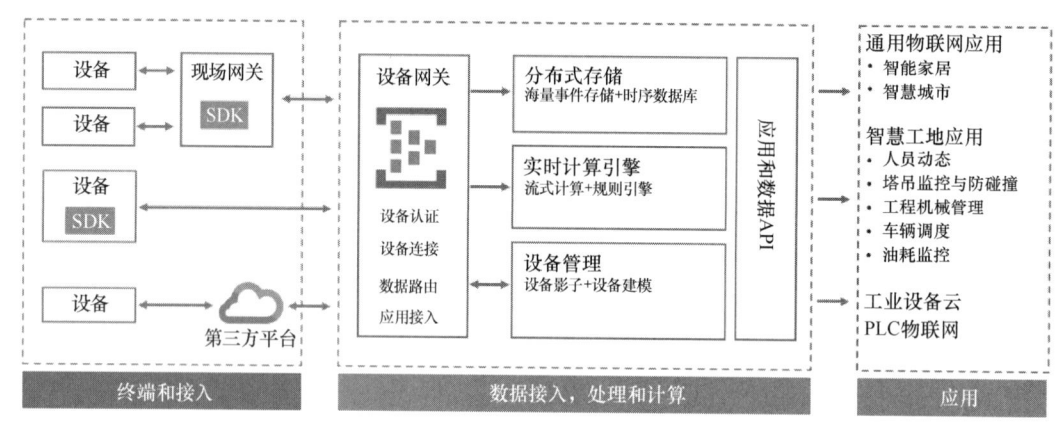

图8-3 物联系统

8.2.1.2 BIM模型数据

1. BIM模型成果要求

（1）建模内容

BIM模型作为危险源具象化与相关监测点的位置表达载体，其建模内容应依据不同建设阶段不同的监测内容与监测点位置，按阶段建立，持续更新。本次主要实现对车站土建阶段危险源可视化表达，因而其建模主要以明挖基坑与暗挖通道的围护及支护结构为主。如站点为多条线路交汇的换乘站，则建模范围包含施工影响范围内的其他线路土建框架结构。

（2）坐标及高程系统

由于本项目采用GIS系统作为展示载体，为了方便模型导入能自动同步到相应的位置，因而建模坐标与高程系统应该与GIS系统相同，具体如下：

平面坐标采用：World Geodetic System 1984。

高程坐标采用：1985国家高程基准。

（3）建模精度

依据模型用途，其建模精度应为施工图设计模型标准，即为LOD300，使模型能完整地反映施工阶段措施结构的具体情况。具体精度要求详见《城市轨道交通建筑信息模型（BIM）建模与交付标准》的结构专业模型构件分类和信息要求表（编号4-4）。

(4)模型外观

拟建站点模型外观应与实际材料外观一致或相近(采用 revit 建模的如采用外置贴图需提供贴图原件),其他线路交叉站点建议直接用纯色表达,以区分主次。

2. 实景模型成果要求

(1)数据采集范围

实景模型建模范围取决于站点的监测范围,为了保证数据的完整性及展示质量,建议数据采集范围在监测范围的基础上再向四周外扩 200m(图 8-4)。

图 8-4 实景模型数据采集范围(宽 0.4km、长 1km、面积 0.4km²)

(2)模型色彩要求

建议无人机外业数据时,应选取晴天且少云环境下开展影像采集工作。保障最终模型成果色彩鲜艳丰富,无暗淡效果。

(3)采集设备要求

为了保障成果的精度及显示效果,采集设备硬件配置建议不低于以下要求:

作业续航时间:≥30min。

定位模块:RTK(厘米级)。

相机像素:≥2000 万。

(4)模型精度

模型分辨率:≤2cm。

模型测量精度:满足《城市测量规范 1:500》地形图精度要求。

(5)坐标系及高程系统

与 BIM 模型坐标及高程系统相同。

(6)模型完善

实景模型拍摄过程中可能存在遮挡、反光、运动物体等,造成在三角网构建过程中存在模型上的空洞、扭曲、碎片等情况,影响模型的可视化效果,如水面空洞或变形、路面不平整、存在碎片等，因而需要对存在缺陷的模型块借助修饰软件进行修饰。内容需符合表 8-1 要求。

模型完善内容表　　　　　　　　　　　　　　　　表 8-1

修饰类型	修改内容	条件满足
路面	由于路面车辆、行人较多，而且都是运动着的状态，导致影像匹配时出现异常，造成车辆变形、路面凹凸不平	整平并对影像残缺区域更换贴图，还原真实路面情况
水面	水面破洞、凹陷、凸起的地方进行修饰	平整、无色差
车道中间、防护栏	实景三维建模对防护栏类型的细小物体，容易造成残缺或丢失现象	将防护栏实景网格去除，更换虚拟仿真三维模型
车道两侧树木、人行道	树木处于果冻状、悬浮或残缺，以及树底下人行道显示不完整现象	剔除道路两侧树木及人行道，采用三维仿真模型进行替换，衔接位置应合理美观
路灯及红绿灯	悬浮、残缺或丢失现象	将路灯、红绿灯实景网格去除，更换虚拟仿真三维模型

8.2.2　数据批量计算

MapReduce 是 Hadoop 的核心，是面向大数据并行处理的计算模型、框架和平台，它隐含了以下三层含义：

（1）MapReduce 是一个基于集群的高性能并行计算平台（Cluster Infrastructure）。它允许用市场上普通的商用服务器构成一个包含数十、数百至数千个节点的分布和并行计算集群。

（2）MapReduce 是一个并行计算与运行的软件框架（Software Framework）。它提供了一个庞大但设计精良的并行计算软件框架，能自动完成计算任务的并行化处理，自动划分计算数据和计算任务，在集群节点上自动分配和执行任务及收集计算结果，将数据分布存储、数据通信、容错处理等并行计算涉及的很多系统底层的复杂细节交由系统负责处理，大大减少了软件开发人员的负担。

（3）MapReduce 是一个并行程序设计模型与方法（Programming Model & Methodology）。它借助于函数式程序设计语言 Lisp 的设计思想，提供了一种简便的并行程序设计方法，用 Map 和 Reduce 两个函数编程实现基本的并行计算任务，提供了抽象的操作和并行编程接口，以简单方便地完成大规模数据的编程和计算处理。

Hive 是建立在 Hadoop 上的数据仓库框架，提供大数据平台批处理计算能力，能够对结构化/半结构化数据进行批量分析汇总并完成数据计算。提供类似 SQL 的 Hive Query Language 语言操作结构化数据，其基本原理是将 HQL 语言自动转换成 MapReduce 任务，从而完成对 Hadoop 集群中存储的海量数据进行查询和分析。同时，这个语言也允许熟悉 MapReduce 开发者的开发自定义 mapper 和 reducer 来处理内建的 mapper 和 reducer 无法完成的复杂的分析工作。

系统底层基于 Mapreduce＋Hive＋离线调度，实现离线数据的批量计算，上层基于

DAG有向无关图＋任务管理＋脚本管理，实现对离线调度任务的可视化管理。

8.2.3 数据流式计算

Flink是一个批处理和流处理结合的统一计算框架，其核心是一个提供了数据分发及并行化计算的流数据处理引擎。它的最大亮点是流处理，是业界顶级的开源流处理引擎。

Flink最适合的应用场景是低时延的数据处理（Data Processing）场景：高并发pipeline处理数据，时延毫秒级，且兼具可靠性。

系统底层基于Flink技术，实现流式计算能力，上层基于DAG有向无关图＋任务管理＋脚本管理，实现对流式任务的可视化管理。

8.3 数据存储与集成

轨道交通工程建设数字化系统建设和应用离不开数据管理，具体工作内容涵盖数据分类、数据标准、数据分布、数据流转、数据集成、数据加工、数据利用等众多方面。其中，数据标准是数据管理的基础，数据技术是数据管理的手段。而构建数据中心则是对上述内容的整合，既需要兼顾内部数据源，又需要兼顾外部数据源；既需要考虑结构化数据、非结构化数据、热数据、温数据、冷数据、属性数据、实时数据等不同类型数据的组织架构及管理策略，又需要考虑数据应用时的场景化和时效性，以满足轨道交通工程建设数字化系统对业务发展与技术创新的需要。

8.3.1 数据存储方式

8.3.1.1 数据存储要求

数据按照数据类型划分，包括结构化数据和非结构化数据，针对不同类型的数据将采用不同的数据存储策略。数据存储要求从源系统采集的数据可以按主题模式存放，并保存历史数据，切实考虑未来数据和应用的发展需要。基于轨道交通工程建设业务逻辑模型，建立数据存储模型，有效组织和存储轨道交通的信息资源，支撑大数据的各种管理和分析型应用。数据存储应当涵盖如下功能：

(1) 基于文件系统的数据存储。
(2) 针对关系型数据的列存储。
(3) 基于数值的分区数据存储。
(4) 支持内存数据库的存储管理。
(5) 数据在集群节点上的均衡分布存储。
(6) 基于文件系统的视频文件存储与压缩。
(7) 基于关系型数据库的应用软件数据存储。
(8) 实现针对传感器数据基于无线链接的接入和存储。
(9) 实现针对传感器数据基于文件方式的接入和存储。
(10) 实现流媒体数据基于文件系统的存储管理。

(11) 支持基于分布式数据仓库的关系型数据库存储管理。

(12) 支持针对数据库、表信息的管理。

(13) 支持直接与底层文件交互，支持新建、删除、修改和查阅 HDFS 文件等。

8.3.1.2 数据仓库

数据仓库（Data Warehouse）是一个面向主题的（Subject Oriented）、集成的（Integrated）、相对稳定的（Non-Volatile）、反映历史变化的（Time Variant）数据集合，用于支持管理决策和信息的全局共享。其主要功能是将组织透过资讯系统之联机事务处理（OLTP）经年累月所累积的大量资料，透过数据仓库理论所特有的资料储存架构，进行系统的分析整理，以利各种分析方法如联机分析处理（OLAP）、数据挖掘（Data Mining）的进行，进而支持如决策支持系统（DSS）、主管资讯系统（EIS）的创建，帮助决策者能快速有效地从大量资料中分析出有价值的资讯，以利决策拟定及快速回应外在环境变动，帮助建构商业智能（BI）。

所谓主题，是指用户使用数据仓库进行决策时所关心的重点方面，如收入、客户、销售渠道等；所谓面向主题，是指数据仓库内的信息是按主题进行组织的，而不是像业务支撑系统那样是按照业务功能进行组织的。

所谓集成，是指数据仓库中的信息不是从各个业务系统中简单抽取出来的，而是经过一系列加工、整理和汇总的过程，因此数据仓库中的信息是关于整个企业的一致的全局信息。

所谓随时间变化，是指数据仓库内的信息并不只是反映企业当前的状态，而是记录了从过去某一时点到当前各个阶段的信息。通过这些信息，可以对企业的发展历程和未来趋势做出定量分析和预测。

数据仓库系统的作用能实现跨业务、跨系统的数据整合，为管理分析和业务决策提供统一的数据支持。数据仓库能够从根本上帮助人们把公司的运营数据转化成为高价值的可以获取的信息（或知识），并且在恰当的时候通过恰当的方式把恰当的信息传递给恰当的人。

8.3.1.3 数据湖

数据湖（Data Lake）是 Pentaho 的 CTO James Dixon 提出来的（Pentaho 作为一家 BI 公司，在理念上较先进），是一种数据存储理念，即在系统或存储库中以自然格式存储数据的方法。

数据湖是一个存储企业各种各样原始数据的大型仓库，其中的数据可供存取、处理、分析及传输。数据湖是以其自然格式存储的数据的系统或存储库，通常是对象 blob 或文件。数据湖通常是企业所有数据的单一存储，包括源系统数据的原始副本，以及用于报告、可视化、分析和机器学习等任务的转换数据。数据湖可以包括来自关系数据库（行和列）的结构化数据、半结构化数据（CSV、日志、XML、JSON）、非结构化数据（电子邮件、文档、PDF）和二进制数据（图像、音频、视频）。

数据湖具备以下功能：

(1) 实现数据治理。

(2) 通过应用机器学习与人工智能技术实现商业智能。

(3) 预测分析，如领域特定的推荐引擎。
(4) 信息追踪与一致性保障。
(5) 根据对历史的分析生成新的数据维度。
(6) 有一个集中式的能存储所有企业数据的数据中心，有利于实现一个针对数据传输优化的数据服务。

8.3.1.4 数据仓库与数据湖差异

(1) 在储存方面，数据湖中数据为非结构化的，所有数据都保持原始形式。存储所有数据，并且仅在分析时再进行转换。数据仓库是数据通常从事务系统中提取。

(2) 在将数据加载到数据仓库之前，会对数据进行清理与转换。在数据抓取中数据湖就是捕获半结构化和非结构化数据，而数据仓库则是捕获结构化数据并将其按模式组织。

(3) 数据湖的目的就是其非常适合深入分析的非结构化数据，数据科学家可能会用具有预测建模和统计分析等功能的高级分析工具。而数据仓库则非常适用于月度报告等操作用途，因为它具有高度结构化。

(4) 在架构中，数据湖通常在存储数据之后定义架构，使用较少的初始工作并提供更大的灵活性。数据仓库则是在存储数据之前定义架构（表8-2）。

数据仓库与数据湖应用　　　　　　　　　　表 8-2

数据仓库	数据湖
主要处理历史的、结构化的数据，而且这些数据必须与数据仓库事先定义的模型吻合	能处理所有类型的数据，如结构化数据、非结构化数据、半结构化数据等，数据的类型依赖于数据源系统的原始数据格式
处理结构化数据，将它们或者转化为多维数据，或者转换为报表，以满足后续高级报表及数据分析的需求	拥有足够强的计算能力，用于处理和分析所有类型的数据，分析后的数据会被存储起来供用户使用
数据仓库通常用于存储和维护长期数据，因此数据可以按需访问	数据湖通常包含更多的相关信息，这些信息有很高概率会被访问，并且能够为企业挖掘新的运营需求

8.3.2 数据集成

系统提供带有 GUI 界面的、可视化的数据集成模块，包含数据源管理、集成组件管理、集成任务管理、集成资源监控等能力，支持各类场景的数据集成任务。

8.3.2.1 数据源管理

1. 数据库数据源

系统支持 MYSQL、Mongo DB、Postgre、Green Plum、SQL Server 等数据库作为数据源，同时系统支持开发者自定义开发其他类型的数据库数据源组件，丰富系统集成能力。

2. API 数据源

系统支持 Http 接口类型的数据源，在系统对接的过程中，系统没有网络条件实现直接连接内外的业务系统，通过 Http 接口数据源可以帮助企业实现此类场景的数据集成。

3. Kafka 消息数据源

系统支持 Kafka 等消息中间件作为数据源，满足业务实时推送的场景，如物联网的数据通过消息组件，推送到大数据平台。

8.3.2.2　数据集成组件管理

系统提供十多种数据集成组件，基于已有数据集成组件，支持各种场景的数据集成需求。同时系统支持开发者自定义数据集成组件，整合到系统，实现特殊场景下的自定义集成开发，满足定制化的需求。

8.3.2.3　数据集成任务管理

基于任务管理模块，支持用户实时查看任务的运行状态，查看任务运行日志，有助于问题的排查与定位。同时提供任务总栏的功能，全局了解当前集成任务的执行情况。

8.4　数据资产与处理

8.4.1　数据资产处理

数据资产与处理是系统进行数据集中管理、大数据分析的基础支撑，由基础数据管理、数据集成系统、数据共享系统、大数据存储与分析系统四个部分组成，统一为各业务应用系统提供基础数据、共享数据和大数据分析服务。

8.4.1.1　基础数据管理

实现基础数据的统一、规范管理。基础数据范围包括各业务系统共享的主数据、地理信息数据，以及实施数据服务系统所产生的元数据信息。

8.4.1.2　数据集成系统

以各线路系统数据接入、既有职能、管理系统数据接入以及既有安全系统数据为数据源，提供结构化数据和非结构化数据等不同数据类型的数据接入能力，对来自数据源层的原始数据，通过清洗、抽取、转换、标注、规范化后，加载提供给数据共享服务。

8.4.1.3　数据共享系统

数据共享系统构建适应大数据环境的操作性数据存储、非结构化数据存储，采用操作型数据存储技术，汇总业务数据，为各业务应用系统提供数据共享服务；对数据进行准实时分析，为数据仓库提供整合数据；通过数据共享系统为各业务子系统提供数据共享。

8.4.1.4　大数据存储与分析系统

大数据存储与分析系统提供海量异构数据实时监测和分析，构建包括统计分析、多维分析、挖掘算法库、数据挖掘工具等模块的实时数据处理，对海量数据进行模拟分析和计算预测，满足实时、离线应用的分析挖掘需求。

其中，数据集成系统、数据共享系统、大数据存储与分析系统三者之间是紧耦合关系。数据集成系统从原业务系统抽取数据后提供给数据共享系统，数据共享系统将数据汇总后提供给大数据存储与分析系统进行挖掘、分析，并最终展现给用户。三者与基础数据管理之间是松耦合关系。基础数据管理为以上三种服务提供统一的主数据、地理信息及元数据服务。

8.4.2 数据安全策略

8.4.2.1 访问控制

（1）用户身份认证：系统提供有效身份认证方式，内部用户需要通过账号密码登录大数据应用系统。外部应用通过有效的身份信息才能访问系统提供的数据服务。

（2）网络隔离：大数据系统集群支持通过网络平面隔离的方式保证网络安全。

（3）传输安全：关注数据在传输过程中的安全性，包括采用安全接口设计及高安全的数据传输协议，保证在通过接口访问、处理、传输数据时的安全性，避免数据被非法访问、窃听或旁路嗅探。

8.4.2.2 权限控制

权限控制：包括鉴权、授信管理，即确保用户对系统、接口、操作、资源、数据等都具有相应的访问权限，避免越权访问。分级管理，即根据敏感度对数据进行分级，对不同级别的数据提供差异化的流程、权限、审批要求等管理措施，数据安全等级越高，管理越严格。

8.4.2.3 数据加密

提供数据在传输过程及静态存储的加密保护，在敏感数据被越权访问时仍然能够得到有效保护。在数据加解密方面，能通过高效的加解密方案，实现高性能、低延迟的端到端和存储层加解密（非敏感数据可不加密，不影响性能）。同时，加密的有效使用需要安全灵活的密钥管理，这方面开源方案还比较薄弱，需要借助商业化的密钥管理产品。此外，加解密对上层业务透明，上层业务只需指定敏感数据，加解密过程业务完全不感知。

8.4.2.4 数据脱敏

用户隐私数据脱敏：提供数据脱敏和个人信息去标识化功能，提供满足国际密码算法的用户数据加密服务。

8.4.2.5 数据分布式存储

基于 Hadoop 生态体系和 HDFS 分布式文件存储能力，实现数据分布式存储，保证数据的稳定性和安全性。

8.4.2.6 数据备份机制

数据库的备份和恢复是指为保护一个数据库免于数据损失或者在发生数据损失后进行数据重新创建的各种策略和步骤、方法。意外断电、系统或服务器崩溃、用户失误、磁盘损坏甚至数据中心的灾难性丢失都可能造成数据库文件的破坏或丢失。因此，信息化建设必须建立配套的备份机制，常见的备份策略有如下 4 种：

（1）完全备份，可将指定目录下的所有数据都备份在磁盘或磁带中，此方式会占用比较大的磁盘空间。

（2）增量备份，只对最近一次完全备份拷贝后有变动的数据进行的备份。完全备份每周一次，增量备份每日都进行。

（3）系统备份，对整个系统进行备份。因为在系统中同样具有许多重要数据，这种备份一般需要每隔几个月或每隔一年左右进行一次。

（4）数据库不停机备份机制，具体参见系统稳定性及可靠性中的数据不停机备份机制。

结合使用这四种备份策略，以保障信息系统的安全性。

8.4.2.7 数据容灾机制

数据备份是一种容灾方案，但容灾能力非常有限，一旦整个机房出现了如火灾、盗窃和地震等灾难时，这些备份也随之销毁，所存储的磁带备份也起不到任何容灾功能。

真正的数据容灾就是要避免传统冷备份所具有的先天不足，它能在灾难发生时，全面、及时地恢复整个系统。容灾按其容灾能力的高低可分为多个层次：从最简单的本地进行磁带备份，到将备份的磁带存储在异地，再到建立应用系统实时切换的异地备份系统，恢复时间也可以从几天到分钟级、秒级不等。

8.5 数据服务与应用

8.5.1 数据服务

数据服务是指数据在统一管理下，通过各种技术手段实现跨部门、跨专业、跨系统的相互调用，从而提高数据资源的共享利用，提升数据利用的效率。数据服务应包括信息资源目录管理、数据共享服务等功能。

8.5.1.1 信息资源目录管理

建立轨道交通工程建设统一的信息资源目录体系，对轨道交通建设数字化管理各信息系统的数据信息建立分类目录和索引，建立信息资源目录管理流程。

8.5.1.2 Webservice

Webservice 使用标准技术，应用程序资源基于 HTTP、XML 和 SOAP 等标准协议在不同的语言和不同操作系统上运行通信。

RESTful 定义可表示流程元素/资源的对象。在 REST 中，每一个对象都是通过 URL 来表示的，对象用户负责将状态信息打包进每一条消息内，以便对象的处理总是无状态的。

8.5.1.3 文件

文件接口定义了服务端与客户端文件存放路径、文件名命名规则和文件格式，并开发相应的读写操作权限。客户端向服务器开放路径，由服务器端将文件写入，客户端定时查看路径下是否有新文件。网络传输方式支持对通信服务器的 IP 地址、账户、口令、存取目录进行验证，接口支持主流的网络协议。

8.5.1.4 数据库接口

可通过数据库表的形式实现对外的数据公开。源系统数据发生变更时，数据共享平台会通过定期同步机制先掌握到此项变更。

8.5.2 数据应用

通过对数据进行收集、加工、整理,系统把面向业务的数据转换成面向管理的数据,用各种丰富图表的展现方式,辅助决策,真正实现从数据到知识的转变。

通过数据提取、数据清洗、数据识别和匹配、数据归类和整合,系统沉淀形成动态的企业定额库、经营指标库、进度指标库、安全行为库等核心数据,全面推动管理决策从"业务驱动"向"数据驱动"转变,提升企业的管理潜力和竞争优势。

通过对数据价值的不断挖掘,盘活优质数据资产,用于风控模型、管理体系,支撑知识能力、服务能力输出,创新商业模式,支撑企业的转型升级与创新发展。

第9章　轨道交通工程建设数字化信息安全建设

9.1　安全要求

充分分析系统技术架构上的复杂性、建设周期的长期性等特点，从整体上充分分析和设计系统的安全应对。在系统完整生命周期中，同步规划、同步建设、同步运行网络安全保护、保密和密码保护措施，确保支持业务稳定、持续运行性能的同时，保证安全技术措施能够保障网络安全与信息化建设相适应。

9.1.1　安全原则

1. 起点进入原则

从系统建设开始就考虑安全问题，防止在系统设计的早期没有考虑安全性，导致因为错误的选择留下基础安全隐患，从而在系统运行期为保证系统安全付出更大的代价。

2. 长远安全预期原则

对安全需求要有总体设计和长远打算，包括为安全设置一些可能近期不会用到的潜在功能。遵照业界通行准则原则，完全遵循有关的数据安全标准，采用当前先进的数据安全技术和产品，并确保系统达到所设计的安全强度。

3. 公认原则

参考当前在基本相同的条件下通用的安全防护措施，据此做出适合本系统的选择，确保系统所采用的产品是成熟、可靠的，系统能安全、稳定地运行。

4. 最小特权原则

不给用户超出任务所需权力以外的权利。

5. 最小开放原则

先禁止所有服务，再按需要有限开放使用服务。

6. 适度复杂与经济原则

在保证安全强度的前提下，考虑安全机制的经济合理性，尽量减少安全机制的规模和复杂度，使之具有可操作性。

7. 系统效率与安全性平衡原则

由于安全程度与效率成反比，在设计安全系统时，应尽可能地兼顾系统效率的需求。

8. 分域防护、综合防范的原则

任何安全措施都不是绝对安全的，都可能被攻破。为预防攻破一层或一类保护的攻击行为破坏整个信息系统，需要合理划分安全域和综合采用多种有效措施，进行多层和多重保护。

9. 技术与管理相结合原则

信息安全涉及人、技术、操作等各方面要素，单靠技术或单靠管理都不可能实现。因此在考虑信息系统信息安全时，必须将各种安全技术与运行管理机制、人员思想教育、技术培训、安全规章制度建设相结合。

9.1.2 安全特性

在遵守安全原则的情况下，系统具有以下几个安全特性：

1. 可用性

确保授权实体在需要时可访问系统，并进行业务处理，防止因为计算机系统本身出现问题或攻击者非法占用资源导致授权者不能正常工作。

2. 机密性

确保信息不暴露给未授权的实体或进程，系统应该对用户采用权限管理，防止信息的不当泄漏。

3. 完整性

确保数据的准确和完整合法，只有授权的实体或进程才能修改数据，同时系统应该提供对数据进行完整性验证的手段，能够判别出数据是否已被篡改。

4. 可审查性

使每个授权用户的活动都是唯一标识和受监控的，对其操作内容进行跟踪和审计，为出现的安全问题提供调查的依据和手段。

5. 可控性

可以控制授权范围内的信息流向及行为方式。

9.2 安全风险分析

9.2.1 物理安全风险

主要是指主机、路由器、交换机等物理运行环境可能存在的安全风险，如：地震、水灾、火灾等环境事故造成整个网络系统毁灭；电源故障造成设备断电从而导致操作系统引导失败或数据库信息丢失；设备及设备的配置文件、配置数据被盗、被毁造成数据丢失或信息泄漏、系统崩溃；电磁辐射可能造成数据信息丢失或泄露。

9.2.2 网络安全风险

在内部网络，主要是指内部人员通过内部的局域网环境，非法访问主机系统和业务应用系统引起的信息数据泄密、系统破坏等风险。主要表现在内部管理人员非法获取资料、修改存贮的数据，故意破坏主机或网络的稳定运行等行为。

同时，由于本系统原始数据来源于综合网内相关系统功能、实时物联数据、手工输入数据及外部网络数据，因此系统与其他系统连接多，从其他系统得到的数据量也多，所以网络的安全威胁还表现为病毒传播、黑客攻击、IP地址仿冒、信息泄露等。

系统的用户通过浏览器访问系统重要数据时，由于数据传输过程中没有加密，同时进行系统访问时在本地计算机留存访问痕迹，也可能造成数据泄露的安全风险。

9.2.3 系统安全风险

由于操作系统、数据库、B/S三层架构中的应用服务器等基础软件本身的漏洞和缺陷，用户权限设置不合理，以及一些不安全协议的使用等，都可能构成对系统的威胁。如果通过某些手段进入操作系统，就可能破坏所有的系统。数据库漏洞、设计缺陷等也会引起系统的安全风险问题。

9.2.4 应用安全风险

应用程序设计不合理及用户权限设置不当，也会对系统构成威胁。

9.2.5 数据安全风险

对系统的备份与恢复重要性认识不足，不按要求定期进行备份，一旦发生意外，如果没有事先采取备份措施，将会导致惨重的损失。

9.2.6 管理安全风险

管理人员安全意识淡薄、业务处理流程不规范、管理制度不健全可能会对系统构成安全隐患。种种事件表明，多数项目机密泄漏事件是由于项目内部相关人员对个人密码的保护重视程度不够，甚至在利益的驱使下直接将项目内部信息泄漏出去。

信息安全管理制度流程欠完善，未形成完整的制度政策来保障信息安全，信息安全应急响应机制欠健全，需进一步提高信息安全事件的应对能力。

9.3 安全防护体系设计

信息安全系统针对安全管理中心和计算环境安全、区域边界安全、通信网络安全的安全合规进行方案设计，建立以计算环境安全为基础，以区域边界安全、通信网络安全为保障，以安全管理中心为核心的信息安全整体保障体系，使系统能够满足三级等保要求。

9.3.1 安全管理中心

安全管理平台作为信息安全系统的核心平台对所有安全产品和安全事件进行集中统一管理。其部署在数据中心的虚拟机上，该虚拟机只需要一个管理网卡和一个可以和所有控制中心、车站或者车辆段/停车场的运维资产（服务器、网络设备、安全设备）路由可达的可管理IP地址即可。

安全管理平台实现统一的安全运维审计，对信息系统的运维操作进行集中统一管理，实现对运维人员操作服务器、网络设备、数据库过程的记录与回放，对违规操作行为进行阻断与审计，有效降低运维人员越权访问、误操作、滥用、恶意破坏等运维风险。

安全管理平台对网络中的安全产品和安全事件进行集中统一管理。可对网络中的边界隔离、网络监测、主机防护、工控网络审计等安全产品集中管理，实现全面监控、实时告警功能。

安全管理平台功能包含日志审计模块、资产管理模块、配置核查管理模块、态势感知关联分析模块、系统管理模块、网络管理模块。

9.3.1.1 日志审计模块功能

日志审计模块可通过 Syslog、SNMP Trap、ODBC、文件、FTP、SFTP、NetBIOS 多种方式提供日志收取。提供日志标准化功能，采用机器学习对日志进行聚类分析，对日志模式进行自动识别。对安全管理平台收集的所有事件进行智能分析，发现安全隐患、安全攻击、安全威胁，利用关联关系形成安全事件。可将所管理设备和系统中的系统日志、配置日志、流量日志、攻击日志、访问日志集中统一管理，并可导出 Word、PDF、Excel 形式报表。

9.3.1.2 资产管理模块功能

提供资产管理的功能，能够将被管理资产按照多种维度进行分组、分域管理，如地理位置、组织结构、业务系统等；在资产管理界面可查看每个资产的属性信息、情境信息，以及本身产生的事件信息、关联告警信息；可自定义资产标签，用以丰富资产属性，并可参与事件关联分析。

9.3.1.3 态势感知关联分析模块功能

具有关联分析引擎，以图形化方式提供关联规则编辑器，能够提供基于事件的、基于资产的、基于脆弱性等的关联分析，对系统获取的事件进行分析，能够对工控安全入侵攻击分析、检测与发现。

9.3.1.4 系统管理模块功能

支持按照天、月度、季度、年度等时间周期生成报表；支持在报表中以柱状图、曲线图、饼状图方式统计安全报警情况。提供对自身运行的 CPU、内存和磁盘空间等的使用率进行监测并设置告警阈值。

9.3.1.5 配置核查模块功能

安全配置核查系统内丰富的安全配置知识库，包含信息系统安全等级保护安全配置规范及检查项要求，并可根据客户要求制定相应的安全配置基线。自动化地采集各 IT 资产的安全配置，并对安全配置信息进行自动化解析，与安全知识库中的安全配置要求及基准点进行比对，以检查安全配置符合情况，自动化出具丰富翔实的核查报告。

9.3.1.6 网络管理模块功能

系统能够自动发现并描绘出网络拓扑图，展示 IT 资产之间的逻辑拓扑连接关系，并能够自动进行多种拓扑布局。通过网络拓扑图，管理员可以对全网的资产进行可视化的监控，并提供网络、安全、服务器等设备可用性监控能力。

9.3.2 安全通信网络

为确保系统的网络访问安全，采用访问控制（VLAN）、防火墙、线路备份、传输加密等手段。

9.3.2.1 访问控制

访问控制用于对系统资源的访问，防止未经授权而利用网络访问系统资源，利用已得到鉴别的身份或利用有关的信息，按事先确定的规则实施访问权的控制。可以采用 VLAN 和域控制器的方法，限制用户访问服务器的权限。通过 ACL 设置不同的访问权限，防止非工作人员访问系统。建议将网络和服务器网络根据交换机端口设置成一个 VLAN，防止无关人员访问系统。

9.3.2.2 防火墙

防火墙是一组计算机硬件和软件的结合体，在其他子系统与系统之间建立起一个安全网关，从而保护内部系统免受非法用户的侵害，同时具有 IP 地址转换功能，以便对外有效屏蔽网络内部 IP 地址，提高网络的安全性。由于防火墙检查过滤通过的 IP 包，不可避免会影响网络传输效率，有必要在保障安全的前提下选择高效传输的防火墙。在防火墙的设置上建议系统屏蔽掉数据库的服务端口，防止内部人员通过工具对数据库进行操作。禁止内部网络 FTP、telnet 应用服务器或者数据库服务器。

9.3.2.3 备份

为了保证系统通信的畅通，防止因通信线路异常而引起的传输错误、业务中断等，计算机网络系统广域网应采用备份手段，保证系统的数据传输不间断，同时有负载均衡能力。

9.3.2.4 传输加密

数据在网络上传输时，为保证数据的安全，防止数据被窃取，数据报文加密可通过硬件加密或软件加密方法来实现，可根据数据处理量大小等因素选择硬件加密或软件加密。

所有加密设备和加密算法的选用应符合国家相关密码管理条例的规定。加密算法应选用国际通用的算法。

利用浏览器访问系统重要数据时，使用 HTTPS 协议，在浏览器与 WEB 服务器间建立安全的 SSL 通道，并对应用透明，做到信息的秘密性。

系统提供 SSL 机制对在网络上传输的数据进行加密，提供数据流的认证、机密性和完整性，以防敏感数据在传输过程中被泄露及篡改。使用 SSL，可进行客户端与服务端的双向认证。SSL 使用公钥加密算法来对通信双方进行认证；使用对称加密算法对传输的数据进行成批的加密；使用加密散列函数加入完整性检查方式来保护每个数据报。

9.3.3 安全区域边界

9.3.3.1 入侵防范功能

系统可防范外部恶意攻击和入侵，具备精细到协议指令级的安全策略设置、准确识别及防范外部攻击和入侵，可杜绝内部违规访问控制，对系统相关工业协议进行分析，识别和阻断违规访问行为。

9.3.3.2 白名单

工业防火墙运用白名单机制,通过自学习(学习时间可自行调节)建立网络安全通信模型,仅允许可信流量在网络上传输,同时采取措施防止正常流量被隔离。

9.3.3.3 单臂模式配置

防火墙支持单臂模式实现方式、策略配置等信息。实现方式是在防火墙的一个接口上通过配置子接口的方式,实现原来相互隔离的不同VLAN之间的互联互通。

9.3.3.4 多种访问控制规则设置

通过IP认证、IP+MAC绑定实现只有可信主机才能访问目前设备系统的安全;支持手动配置基于源IP、源MAC、目的IP、目的MAC、协议(TCP/IP)访问控制规则。

9.3.3.5 网络监测与审计

直观的基于协议的网络拓扑视图和网络流量视图,可识别网络中的安全隐患,以及针对系统的恶意攻击。

9.3.3.6 准入控制功能

网络接入控制系统只允许合法的、值得信任的端点设备(工作站、服务器、网络设备)接入网络,而不允许其他设备接入。

9.3.4 安全计算环境

终端安全的防护主要由主机防护软件来实现。主机防护软件主要由主机防护客户端及主机防护软件管理控制台组成,共同构建安全的主机环境,使系统满足计算环境的合规性要求。客户端是安装在用户电脑上的代理程序,负责对终端设备进行安全防护。执行桌面管理、终端杀毒、移动存储认证和控制、终端行为审计、数据上报等终端相关功能。主机防护软件管理控制台拥有WEB管理控制台,管理员从WEB管理控制台登录到中心服务器进行策略配置及报表查询,集成客户端策略下发和报表收集功能,数据库采用MySQL,统一管理报表数据,满足计算环境的合规性要求。

9.4 环境及设备安全

9.4.1 环境安全

系统新增设备摆放的计算机房,应满足《数据中心设计规范》GB 50174—2017、《计算机场地安全要求》GB/T 9361—2011、《建筑内部装修设计防火规范》GB 50222—2017、《计算机场地通用规范》GB/T 2887—2011及《通讯机房静电防护通则》的要求。摆放设备的机房应提供满足设备要求的供配电方式,并在空气净化、安全防范措施,以及防静电、防电磁辐射和抗干扰、防水、防雷、防火、防潮、防鼠等方面采取有效措施,防火方面要符合《火灾自动报警系统设计规范》GB 50116—2013,保证设施安全。要配备合适的检测设备,提供相应的监视和测量手段,及时掌握机房的环境情况。电力电缆及通信电缆的敷设应符合《邮电建筑防火设计标准》YD 5002—1994。

9.4.2 设备安全

对于系统内部的设备，应采取有效措施进行安全管理，保证设备安全。防止未经授权访问系统设备，应按事先确定的规则统一管理，实施访问权的控制，禁止非授权用户访问设施，禁止对设备进行任何非授权参数修改。

硬件环境的建设、升级、扩充等工程应经过科学的规划、充分的论证和严格的技术审查，有关文字材料应妥善保存并接受主管部门的检查。

建立硬件系统环境的可用性保障机制，关键设备要采用有冗余技术的设备，如配备冗余风扇、冗余供电模块、冗余核心模块；对于关键设备应采用配备两台相同设备的方法，适当采用负载均衡等技术；充分保证系统的可靠性和处理效率，尽量减少硬件系统的计划性停机时间，尽量避免硬件系统的非计划性停机。

硬件方案文档、设备配置文档、核心设备的系统日志要定期保存、妥为保管、视同机密。

9.5 安全管理制度与措施

要将信息安全工作管理好，必须要建立完善的安全体制和措施，具体可以从管理机构、管理制度、日常管理等几个方面来开展管理工作。

9.5.1 管理机构

信息安全管理机构是信息安全工作的日常执行机构，内设专职的安全管理组织和岗位，负责日常具体安全工作的落实、组织和协调。信息安全管理机构的主要职责如下：

（1）贯彻执行和解释信息安全领导小组的决议。
（2）贯彻执行和解释国家主管机构下发的信息安全策略。
（3）负责组织和协调各类信息安全规划、方案、实施、测试和验收评审会议。
（4）负责落实和执行各类信息安全具体工作，并对具体落实情况进行总结和汇报。
（5）负责内外部组织和机构的沟通、协调与合作。
（6）负责制定所有与信息安全相关的管理制度和规范。
（7）负责对与信息安全相关的管理制度和规范的具体落实工作进行监督、检查、考核、指导及审批，如现有安全技术措施的有效性、安全配置与安全策略的一致性、安全管理制度的执行情况等。

9.5.2 管理制度

建立健全网络和信息安全管理制度，信息安全管理制度应建立信息安全方针、安全策略、安全管理制度、安全技术规范及流程的一整套信息安全管理制度体系。

结合信息管理工作实际，进一步加强信息管理制度建设，制定计算机系统安全及保密规定、网络使用管理规定、计算机病毒防治规定、计算机管理员职责、中心机房管理规定、计算机设备管理规定、技术资料管理规定等制度。

9.5.3 日常管理

开展网络和信息安全培训，增强全员网络和信息安全防范意识，提高网络和信息安全防范能力，努力做到网络面前人人懂安全、病毒面前人人会防范。

实行网络安全承诺制，信息化部与各分公司/项目负责人签订《网络安全承诺书》，明确信息网络安全管理责任人，实行信息网络安全管理责任人负责制，做到管理到岗、责任到人、职责分明。

统一配置杀毒软件，由信息化部负责维护并定期检查软件运行情况，及时处理发现的问题。

加强储存介质的应用管理。移动储存介质是病毒传播的一个重要途径，加强外来储存介质的应用管理十分重要。

加强日常监督考核。将网络和信息安全作为目标考核的重要内容，将计算机安全管理工作纳入日常工作考核中，对于考核发现的问题依据执法责任制进行追究，记入当期成绩，并予以经济惩戒。

第10章 轨道交通工程建设数字化现场管理

施工现场管理从管理要素上来讲，要对影响生产和质量的五个大要素进行科学管理，包括人、机、料、法、环。其中，"人"指人的组织、技能和意识；"机"指使用的机械；"料"指投入的物料；"法"指施工方法、工艺；"环"是指影响施工质量的自然环境和现场环境。

系统的建设及应用必须紧紧围绕施工现场业务展开，只有这样才能发挥价值，让数字化、智能化真正落地，只有落实感知监测才能健康诊断并对症下药。系统从人、机、料、法、环、测这六个工地现场最关键的要素展开，"人"是根本，"法"是基础，"机""料"是施工的保证，"环"是条件，"测"是诊断，夯实基础，缺一不可。

系统作为地铁智慧建设的实施载体，通过融合运用云计算、大数据、物联网、移动通信、人工智能、GIS、BIM等高新技术，实现对工程项目"人、机、料、法、环"等各关键要素的数字化，实现工程现场的全面感知和实时互联，运用智能分析技术实现海量信息的处理和决策支持，以技防代替人防，围绕项目全生命周期建立支撑现场管理、互联协同、智能决策、知识共享的一整套信息化服务，为管理人员提供了科学、快速、准确的决策依据，提高了工程建设日常管理水平和应急情况下的指挥调度能力。

系统实现要素的智能监控、预测报警和工作的数据共享、实时协同等，让工地具有类似视觉、听觉、嗅觉和逻辑分析的能力，让工地长出"眼睛""耳朵""鼻子"，"看"得见违规、"听"得见噪声、"嗅"得到扬尘、"管"得了人员，通过数据对工地的健康情况进行实时分析诊断，预防为主、及时诊治，精确把控现场脉络（图10-1）。

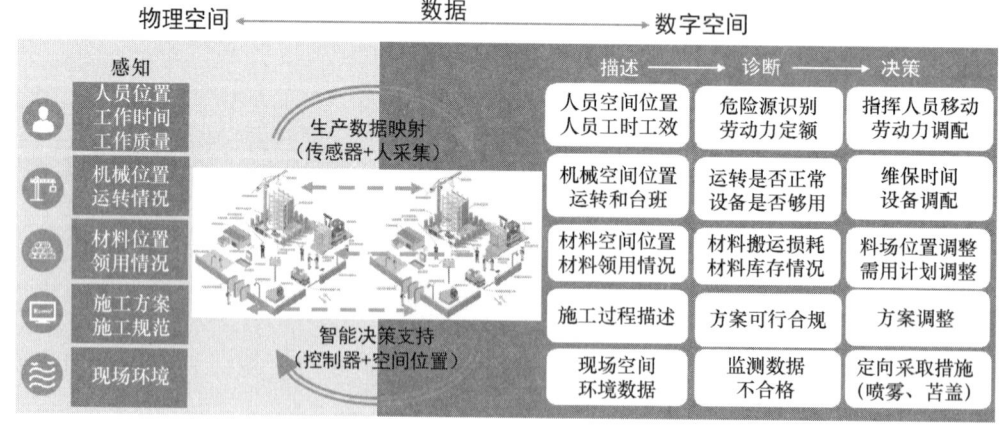

图10-1 系统赋能项目全要素配置升级

在项目施工过程中，围绕项目"人、机、料、法、环"等主要生产要素的管理，系统推动人员管理、机械管理、物资管理、方案和工法模拟等岗位作业的数字化，提升各岗位层的效率和质量，保障工程项目建设高效实施。在人员管理方面，通过系统实时感知劳务人员位置与工作状态、评估人员工效、精准调配劳务资源；在施工机械设备管理方面，在线监测机械运行状态、云端实时诊断、设备预测性维护；在施工方案和施工工艺、工法方面，通过全数字化模拟优化，实现数字施工方案综合最优；在现场环境方面，实时监测场界环境数据，风险动态预警、驱动、及时采取降尘、减噪等控制措施。通过系统建设及深入应用，不断推动岗位层数字化，做好工程项目数字化的基础支撑。

10.1 人员管理

10.1.1 需求分析

10.1.1.1 现状分析

轨道交通建设行业是劳动力密集的行业，人员管理有着非常重要的意义，历来是现场管理的重中之重。对人员进行合理有效的管理，既能保证工程建设的安全质量，又能促进工程顺利进行，缩短施工周期和减少成本投入。

轨道交通建设工程现场人员管理普遍存在参建单位和分包队伍众多、工程建设工点多且施工周期长、现场从业人员工作临时性强及流动性大等问题，因此现场劳务人员管理不规范、管理人员履责不到位等管控问题尤为突出，存在很多亟待解决的问题：

(1) 管理能力参差不齐，现场人员管控水平有限，管不住、不敢管现象时有发生，"以包代管"现象突出，规范、指令、要求落实不到全员一线。

(2) 一线操作工作属于重体力简单劳动，作业人员技术素养总体偏低，对建筑行业规范与施工管理制度不理解、不熟悉，专业技能水平较低，无视安全管理要求等现象屡见不鲜。

(3) 不同单位、不同部门、不同技能层级、不同工种之间协同水平偏低，人员流动较频繁，临时用工难以管理，工程地盘管理难度高。

(4) 人员从业信息、诚信评价、安全教育记录、技能培训信息分散，科学的企业库、人员信息库建设尚处于起步阶段，无法基于信息支撑队伍人员选择。

(5) 随着时间的推移，经济社会发展的变化，农民工无限供给的状态在改变，一线人员年龄结构趋于大龄化。

10.1.1.2 功能需求

1. 全过程管理

轨道交通工程建设人员数字化管理，必须从人员进场到退场的全过程行为出发，对标各级人员的职责、管控要求，对进入工地的人员应用定位系统、视频智能分析等物联网+智能硬件等信息化技术，实现人员进退场、智能考勤、现场管理、用工分析、风险预警及行为诚信评价等全流程管理。

2. 劳务实名制管理

建立人员信息库，梳理入库信息标准，制定信息入库规则，实现库内信息均为合格单位及人员的管理要求。同时通过对库内人员实行门禁准入授权、不安全行为监控、不良行为评价、定期考核奖惩等管理措施，切实加强对人员的管理，规范劳务用工，建立和完善符合现代化企业要求的产业工人管理体系。

3. 人员定位管理

通过将人员定位系统设置在施工区域的各车站、区间、停车场，将这些区域的施工人员考勤、区域定位、安全预警、灾后急救、日常管理等功能集于一体，随时掌握施工现场人员分布状况和每个人员与设备的运动轨迹，便于进行更加合理的调度管理及安全监控管理。

4. 诚信评价及行为管理

建立不良行为数据库，通过与视频监控系统、人员定位系统、安全管理系统等数字化系统的配合使用，将人员作业期间的不安全行为通过系统进行记录扣分，同时可留下照片及视频等影像依据。系统可查询统计不良行为记录台账，并关联人员黑名单和个人不良行为记录。人员信息全线网共享，在线网范围内规避不合规人员进场，同时积累优秀的作业队伍和工人信息，对于综合实力较差的队伍及班组进行预警，提示风险，慎重使用或者不用，减少管理隐患。

10.1.2 功能实践

10.1.2.1 实名制管理

1. 建立实名制信息标准

全面梳理劳务人员、管理人员信息库所需信息，明确入库信息标准，构建人员信息库，内容包含参建单位信息、部门/班组信息、劳务人员信息、管理人员信息，库内信息应保证其合法性、准确性、通用性。

2. 实名制信息管理

制定人员信息入库规则，严格落实实名制管理规定。实名制管理范围涵盖全部参建单位人员，组织层面设置人员管理专员，负责建立健全人员档案信息资料并达到"一人一档"的管理要求，及时对人员基础数据进行录入和更新，另设置人员管理监督员负责定期、不定期核查需入库信息的真实性、及时性和完整性。

队伍进场，组织入场教育后，持身份证及劳务合同办理入场登记。通过身份证阅读器登记人员信息，同时采集特殊工种证书和照片，保证人员信息准确，减轻一线管理人员的工作量。对黑名单人员和年龄等不符合要求的人员，系统会自动拦截，降低了项目的人员风险。

项目安全培训教育的效果直接影响现场安全管理，因此保证每个人都参加培训，并且真正起到培训效果，使每个现场施工人员都能认识到安全的重要性并掌握安全施工技能。系统通过手机App扫描二维码，将每个人参加安全培训教育的情况进行统计，并将其作为进场前合格条件之一，可以规避安全风险。

（1）VR安全体验

VR安全体验利用VR虚拟技术充分还原建筑施工现场，体验者通过VR设备，真实体验高处坠落、物体打击、机械伤害、坍塌、触电等常见事故伤害过程，并通过第一视角体验、第三视角回放、事故原因剖析三种方式，最大限度提升体验冲击力，使体验者对事故后果产生"敬畏之心",深切认识到各类伤害,起到震撼、警示教育的目的,从而提高体验者的安全意识。

(2) 安全实操体验

安全实操培训采用动感、实感的方式进行形象化教育,示范综合用电、消防、机械操作、安全防护、应急救援等项目的正确操作方法,纠正错误的操作动作,以最直接的视觉、听觉和触觉让受训人员亲身体验不安全行为和设施缺陷带来的危害,震撼心灵,让作业人员最大限度提升安全意识,掌握安全技能知识和风险防范知识。

(3) 考试及档案管理

工具箱内置丰富的多媒体试题,同时引入无线答题器,培训完成后工人可以直接利用无线答题器进行答题。考试结束后,系统自动阅卷打分当场出成绩,并自动生成标准化实名制安全培训档案,档案上传到实名制安全培训准入管理系统,各级管理人员实时查看。每次考试结束还可以进行培训效果评估,仅需一键操作即可打印所有档案存档。实名制安全培训档案可随着职工的转场而转移,解决了现场人员流动性大、档案管理不便的问题。

3. 宿舍管理

系统的宿舍管理功能可为生活区管理服务,实行人员统一编号管理,根据班组及队伍情况合理安排宿舍,动态监控宿舍的利用率,并且随时跟踪人员住宿的情况,既可节省时间,又方便宿舍分配统一管理。

4. 进退场管理

所有进场人员均需为系统信息库内的人员,劳务人员在安全培训考核及技术交底合格后,由项目部劳务专员录入人脸信息并绑定安全帽后方可通过闸机进出现场,通过门禁系统进行在岗考勤,并与工资发放进行关联管理。劳务人员按要求退场后需及时在系统中予以注销登记。管理人员在录入基础资料并绑定人脸及安全帽信息后方可通过闸机进出现场,通过门禁系统进行出勤管理、履职管理及带班管理。

(1) 劳务人员、管理人员进出场管理

已按要求录入信息的人员在佩戴专属的安全帽后,基于人脸识别和标签识别双重认证机制,将进场人员身份信息与人员信息库进行逐一比对,达到高度匹配的验证水准,自动完成人员准入甄别辨识。未按要求录入信息的人员禁止进出工点。

(2) 临时人员进出场管理

临时来访人员在登记相关身份证明信息并经信息核查批准后,发放专属安全帽,通过门禁系统门禁卡或安全帽信息读取的方式进出工点。临时来访人员未经信息核查批准的,禁止进出工点。工作完成后需通过门禁闸机出场形成完整的进出场记录。人员按要求退场后需及时在系统中予以注销登记。

(3) 通过劳务实名制系统与门禁系统的结合使用,对所有进出工点的人员进行考勤管理,为后续的信息化工作提供大数据分析。

10.1.2.2 人员定位管理

根据区间隧道内定位、非隧道定位两种典型场景,分别使用 UWB 基站+智能安全帽实现精准定位、智能网关设备+智能安全帽实现作业面定位。系统通过 Bluetooth 技术和 Ultra Wideband 技术非接触式扫描安全帽芯片，达到分米级人员精确定位，并结合网络技术和 GIS 技术实时标定人员准确位置、分布态势和运动轨迹，从而帮助管理人员远程掌控现场作业人员位置信息，进而辅助指挥人员进行现场作业人员精确调度。

通过佩戴的智能安全帽和现场安装的定位接收设备对人员进行定位轨迹信息的统计，实现人员信息查看、轨迹信息回放等功能。

人员定位（车站）：查看人员信息及轨迹行径区域信息，若人员在危险区域出现，通过视频分析算法进行实时抓拍，项目相关人员及时收到信息进行处理。

人员定位（区间）：人员在区间的实时位置，通过 UWB 精准定位进行位置信息查看，一旦有人员在隧道内出现异常，可以通过安全帽的 SOS 报警按钮进行报警，系统会出现红色报警提示，进行及时的应急事件处理（图 10-2）。

图 10-2 人员定位信息及轨迹信息查看

10.1.2.3 行为管理及诚信评价

将建筑工人管理数据与日常监管相结合，通过建立不良行为标准库及项目评价体系，实现对劳务人员的不良行为进行台账记录，同时可对劳务人员、班组、劳务用人单位进行诚信评价，并关联人员、班组及分包商黑名单。

系统基于门禁、定位、视频等手段编织人员的现场监管体系，实时管理人员的现场行为。

（1）划分施工现场的办公区、生活区、作业区，对各区域分别建立门禁系统，完善进出管控和进出记录机制。

（2）确立一人一帽管理原则，使人员出入门禁、人员场内定位、历史位置回溯、数据统计分析等保持准确一致。

（3）通过智能视频分析算法，以及视频监控记录和智能分析预警功能（未佩戴安全帽、反光衣穿戴、明火作业、吸烟、周界检测等），实现对人员不安全行为的自动化识别，实时监督作业现场各种人员的不安全行为和安全隐患，有效监管现场人员行为。

（4）管理人员在现场通过移动终端设备，发现现场工人有不合规操作规范时，除及时纠正外，还通过移动终端设备对现场人员进行实时评价，进行扣分，以达到对各个班组的评价。对不合规班组人员进行教育或劝退，保障现场作业人员工作的合规性，降低现场人员安全风险（图 10-3）。

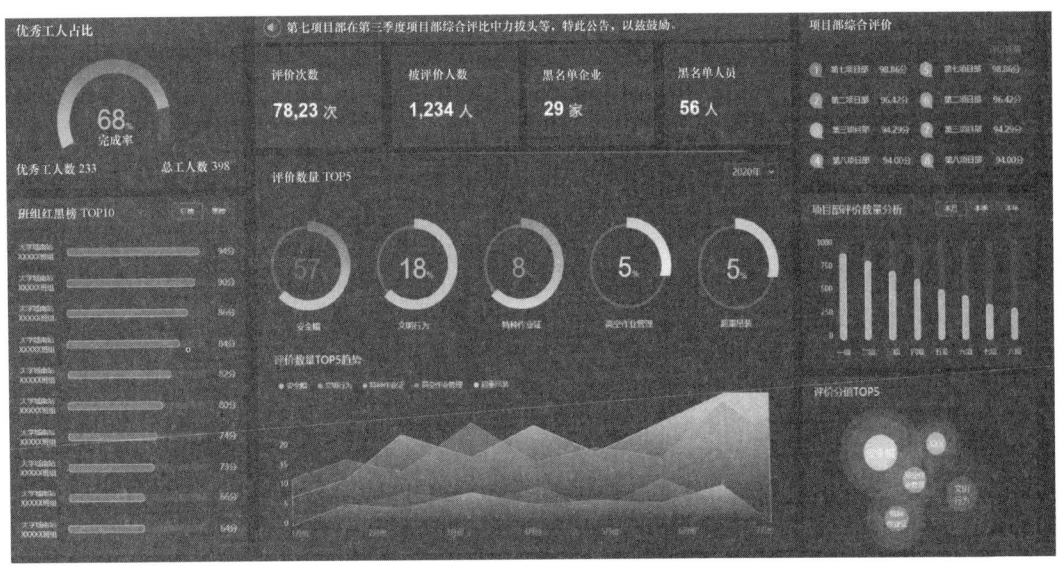

图 10-3 人员管理评价体系

10.1.2.4 数据分析

1. 考勤数据

考勤记录功能可实时监控进出场频次、作业时间、工种，采集出勤数据后，根据队伍、班组、个人姓名等关键字检索统计当日、当月或者某一时间段作业人员出勤信息。

考勤记录功能的应用，一是为恶意讨薪提供查询依据，降低用工风险；二是可监控各队伍及班组实际出勤人数，为生产计划安排、工种配比、劳动效率分析、工人成本分析提供依据。

管理人员考勤是其履职尽责的重要评价支撑素材。

2. 工人工资发放数据

工资发放监管一直是项目劳务管理头疼的一个问题，人多且流动性大，工资或生活费发放是否到位一直没有特别有效的手段，项目劳务管理员需要每月收集工资表。工资表收集是否到位可以通过系统进行监管，对未进行收集工作的项目予以警示。

3. 劳动力资源分析

可统计和分析各类用工问题和数据，从施工进度、风险、劳动效率等方面进行综合分析，防范用工风险，为生产部门合理进行人员配置提供依据，有效提高生产组织效率。

10.2 设备管理

10.2.1 需求分析

10.2.1.1 现状分析

城市轨道交通建设阶段现场机械设备作用巨大，是确保施工进度、工程质量的关键点,也是安全生产、杜绝事故的关键点。现场机械设备面临工况复杂、作业对象多变、状态转换迅速等情况,对机械设备的可靠性和适应能力有较高的要求,同时也对现场机械设备管理要求较高。另外,城市轨道交通建设阶段现场机械设备需求巨大,是施工过程重点关注的成本核心和工效核心,如何选择、使用、调配、保养现场机械设备,如何确保机械设备合理使用,也是现场机械设备管理的重要方向。

轨道交通建设工程中的设备管理涉及部门多(有项目管理部、安全部、机务部、工程部、各施工队等)、人员杂(包括项目管理人员、安全员、设备管理员、机械作业人员等)、管理多为施工总包加分包管理模式、设备分类方式多(按成本价值不同区分为大型机械、非大型机械;按使用危险程度区分为特种机械、非特种机械;按使用时长性质不同分为临时机械、非临时机械)、设备来源复杂(分为自有、调拨、租赁、分包自带等不同来源),不同分类的机械设备又对应不同管理要求。以上多种原因导致施工机械设备安全管理方法落地十分困难,面临较多挑战:

(1) 机械设备管理制度不完善或执行不规范,极易带来安全风险。
(2) 设备标识牌制作不符管理要求或与信息库不一致。
(3) 作业人员信息变更与机械信息无关联、无预警,造成机械使用安全风险。
(4) 设备管理过程数据大多是人为周期性上报,不利督查。
(5) 设备维护保养不规范,设备带病作业问题凸显。

10.2.1.2 功能需求

1. 全生命周期管理

对轨道交通工程建设的机械设备数字化管理,必须贯彻"全生命周期管理"理念,从设备进场到退场的全过程行为出发,梳理设备进退场、安装、维护保养、日常使用等全过程要求,确保设备合格方可录入系统,录入系统的设备方可进入工地。

在机械设备管理全过程中,严格落实"一机一档"制度,管好进场关,对重要机械设备通过人员关联、智能分析等实时掌握现场作业状态,全面监控机械运作工况,将现场突发事件或机械运行安全隐患实时传递给作业管理人员,为管理人员提供全天候在线数据分析,规范作业行为,辅助完成对机械的实时监管和快速调整决策。

(1) 建立机械设备信息核查、录入、监督机制:项目部设置专职设备管理员,负责核查设备产权单位信息、操作人员信息、维保信息和基础信息等机械设备信息,信息核查通过后由设备管理员录入系统,形成合格的机械设备信息库,库内机械设备信息应满足产权单位信息合格、特种作业证有效、基础信息正确等基本条件。项目部数据专员及总包部相关部门对机械设备信息进行核查,保证该模块数据信息的真实性、及时性和完整性。

(2) 机械设备在进入工地前,应严格按照各项规章规定进行产权登记备案、安装告知、检验检测等工作,提交产权登记资料,包括特种设备制造证、生产许可证、使用说明书和出厂检验合格证等;提交安装告知资料,登记安装的起重机械的类型、型号、产权单位、安装单位、计划安装日期等;新机安装或转移工地重新安装及经过大修后的机械设备,在投入使用前,必须经过空载、额定载荷、超载试验等检测,提交检测资料;在投入使用前,应完成使用登记,由施工单位提交登记资料,填写工程名称、机械类型、规格型号等相关信息。

（3）准入管理：项目部线下按照机械设备报验一览表所需资料，向监理报验完成后，在系统上填写申报一览表，提交录入申请，总包部设备管理部门审核通过后，获得设备二维码和编码，完成设备实名制录入工作。按照《项目现场机械设备标识细则》完成现场设备标识，至此设备准入工作完成。

（4）应用系统对施工过程中的关键机械设备进行监测。对施工过程中的关键机械设备应配置监测系统，如原厂未设置监测系统，则需进行监测系统的加装（范围包括全线的盾构机、汽车吊、履带吊、双轮铣、龙门吊、塔吊、电瓶车等关键机械设备的运行状态），将数据传输至系统，从而将基础数据与监控数据有机结合，实现设备的动态管理。系统能实现临界报警、违规操作报警和限制、故障实时通知报警、恶劣条件报警和控制、精确定位、区域限制、防碰撞、远程监测等动态管控功能。同时，通过与远程终端的联动，及时为司机提供警示以避免操作失误，确保机械设备在运行过程中安全。

（5）系统实现特种作业人员与机械设备关联的管理功能，只有通过特种设备监管部门授权发卡或注册人脸信息的司机才可以正常使用特种设备，防止无操作证的司机进行特种设备操作。

（6）机械设备进出场与车辆识别系统及视频监控系统（智能分析）结合使用。已录入信息的机械/车辆可正常出入；未录入车牌的机械/车辆登记信息后方可正常出入。系统对未录入车牌或无车牌的机械/车辆进行预警提醒，各项目部必须进行相应的消警处理。

（7）设备不安全状态和操作人员不良行为评价关联更新。现场管理人员在现场巡检过程中，发现设备不安全状态和操作人员不良行为后，通过系统进行设备不安全状态和操作人员不良行为的扣分，原始分值为 100 分，分值低于 80 分则需重新教育培训，低于 60 分则列入设备黑名单。

（8）日常检查维保管理。机械设备维护保养工作由产权单位或使用单位进行，项目部按照管理制度、设备维修手册对维护保养工作进行管理（检查、督促），每周在系统上传维护保养工作检查督促情况，总包部采取每月一次定期大检查和不定期巡查方式对项目部维护保养管理工作进行督查及考核。系统实现对机械设备日常保养维护的提醒功能，按保养制度进行周、月等定期保养预警并及时记录。

（9）退场管理。特种设备、大型设备退场前，项目部需向监理报备，完成报监退场手续。设备退场后，项目部及时更新设备状态信息。其他无须监理报备退场的设备，在设备退场后必须及时更新设备状态信息。系统实现机械设备拆卸登记，形成设备的全过程管控。按规章制度完成设备拆卸审批后，在拆卸完成后由专人在系统上进行相关信息的修改。

2. 设备分类管理

在城市轨道交通建设阶段，机械设备管理面临进退场频繁、机械设备厂商繁多、机械设备型号繁杂、机械类型划分混乱等实际问题，必须进行分类管理，并在此基础上实现现场机械设备信息采集、集中化的台账数据存储和统计分析、重要信息输出和查询等功能。

界定现场机械设备目录体系、编码规则、数据模型，是实现现场机械设备智能管控系统功能设计的前提，也是确保现场机械设备智能管控系统功能应用的前提。

10.2.2 功能实践

10.2.2.1 设备字典建设

对机械类别、机械名称和规格型号（机械字典表）及其对应的机械属性（大型机械、特种机械）进行统一设置。还可对不同属性的机械分别进行编码规则设置，由各工点录入机械后可自动生成符合管理要求的编码。

机械设备目录体系应涵盖：

（1）机械设备字典的建立和维护。

（2）重点机械设备识别和信息扩展。

（3）数据模型合规合理。

机械设备编码规则应兼顾：

（1）能通过编码识别机械类型。

（2）能通过编码识别机械所属项目。

（3）能通过编码识别当前累计使用设备数量。

机械设备数据模型应适应：

（1）可根据厂商灵活扩展模型数量。

（2）可根据厂商灵活扩展模型结构。

系统整体制定相关管理规则，用以统一内部管理制度及管理标准。管理规则包含准入审批人、不同类型机械的日常检查表、日常检查周期、维保周期等。

10.2.2.2 设备进退场管理

机械设备信息核查通过后由设备管理员录入系统，形成合格的机械设备信息库，库内机械设备信息应满足产权单位信息合格、特种作业证有效、基础信息正确等基本条件。项目部数据专员及总包部相关部门对机械设备信息进行核查，保证该模块数据信息的真实性、及时性和完整性。登记时与劳务管理打通，选择已实名制登记作业人员，同时系统可自动校验人员资质证书、安全教育、评价记录等信息，如选择了不合格人员会给予提示。

项目部线下按照机械设备报验一览表所需资料，向监理报验完成后，在系统上填写申报一览表，提交录入申请，总包部设备管理部门审核通过后，获得设备二维码和编码，完成设备实名制录入工作。按照《项目现场机械设备标识细则》完成现场设备标识，至此设备准入工作完成。

通过车辆识别系统及视频监控系统（智能分析）的结合使用，对进退场的车辆及设备进行实名制管理。所有进场车辆及设备均需进场前准入审查，审查合格并将相关信息录入系统生成管理二维码后方可进场。设备使用完后按要求退场后需及时在系统中予以注销登记。

（1）有车牌：已录入信息的车辆可正常出入；未录入车牌的车辆登记信息后方可正常出入。

（2）无车牌：录入车辆信息后可正常出入（系统对未录入车牌或无车牌的车辆进行预警提醒，各项目部需进行相应的消警处理）。

10.2.2.3 现场管理

1. 设备实时监控

基于施工总包部对机械设备管控要求中的监测要求，项目部执行机械进场登记和相关监测设备部署后，机械设备在使用过程中即可随时做到以下检测：

（1）设备不安全状态和操作人员不良行为评价管理：建立不良行为标准库，现场管理人员发现设备不安全状态和操作人员不良行为后可通过系统 App 进行记录扣分，同时可留下照片及视频等影像依据。系统可查询统计不良行为记录台账，并关联人员黑名单和个人不良行为记录。

（2）设备定位（芯片）管理（Ⅱ级管控）：通过定位设备和在机械设备上加装定位芯片，实现对机械设备的区域定位管理。可在系统查看该机械的实时作业面定位信息及历史定位轨迹。

（3）实时状态监控管理：通过系统与机械设备进行数据对接后，实现对机械设备实施状态的管理。系统对施工过程中的关键机械设备进行监测，包括全线的盾构机、汽车吊、履带吊、双轮铣、龙门吊、塔吊、电瓶车等关键机械设备的运行状态，将基础数据与监控数据有机结合，实现设备的动态管理。

（4）视频监控（分析）管理：机械设备关联对应的视频监控摄像头，即可实现通过视频监控设备对机械设备进行实时监控管理（图 10-4）。

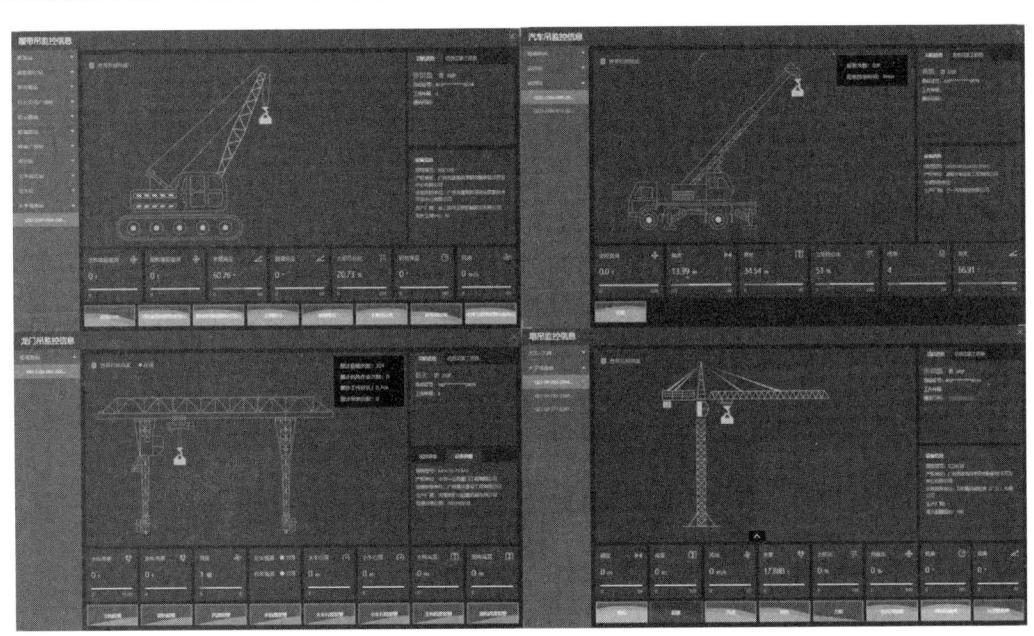

图 10-4　起重设备实时监控

2. 综合预警

机械信息分析预警：对在场机械设备信息分析其属性，如对临时机械、重点信息未完善、漏维保、保险逾期等情况进行预警。

人机位置判断预警：根据施工调度令（如吊装令），在指定时间、指定作业面，对相关人员（作业人员、旁站指挥调度员、安全管理人员、监理人员等）进行身份和位置的校验，如对机械验收资料不完善、人员证书不齐全、相关人员未到位或中途离场等情况进行预警。

机械设备实时状态预警：对已配置安全监测系统的关键机械设备的危险状态进行分析判断，如对起吊设备的超载、超限位等情况进行预警。

3. 设备安全检查及危大工程管理

机械设备安全事故一旦发生，轻则发生机械损坏或报废，重则发生人身伤亡事故，直接关系到国家和集体财产及职工生命的安全。系统中针对大型机械设备的安全检查、专项危大工程作业监管等功能，为机械的安全使用过程提供了保障。

10.2.2.4 设备日常检查、维保管理

为保证机械设备经常处于良好的技术状态，随时可以投入运行，减少故障停机日，提高机械完好率、利用率，减少机械磨损，延长机械使用寿命，降低机械运行和维修成本，确保安全生产，必须强化对机械设备的维护保养工作。机械设备维修保养贯彻"养修并重，预防为主"的原则，做到定期保养、强制进行，正确处理使用、保养和修理。

机械设备维护保养工作由产权单位或使用单位进行，项目部按照管理制度、设备维修手册对维护保养工作进行管理（检查、督促），每周在系统上传维护保养工作检查督促情况，并采取每月一次定期大检查和不定期巡查方式对维护保养管理工作进行督查及考核。

系统可根据机械类别分别设置周期性日常检查、维保任务。周期任务可提前提醒、逾期报警。按计划执行周期日常检查、维保任务的同时，也可随时创建不定期的抽检、例行检修记录。项目部或上级部门的督查人也可在系统中统计漏检、漏维保情况。

10.2.2.5 数据分析

系统建立了完备的机械设备台账，可按多维度查询统计在册的机械设备。施工现场使用 App 扫码功能，可实时查看机械设备基础信息、设备资料、作业人员信息、维保记录、传感监测异常记录、相关联视频监控等详尽信息。另有丰富的统计分析功能，可随时分级统计查询机械分布情况、进出场情况、日常检查记录、维保明细等业务数据（图 10-5）。

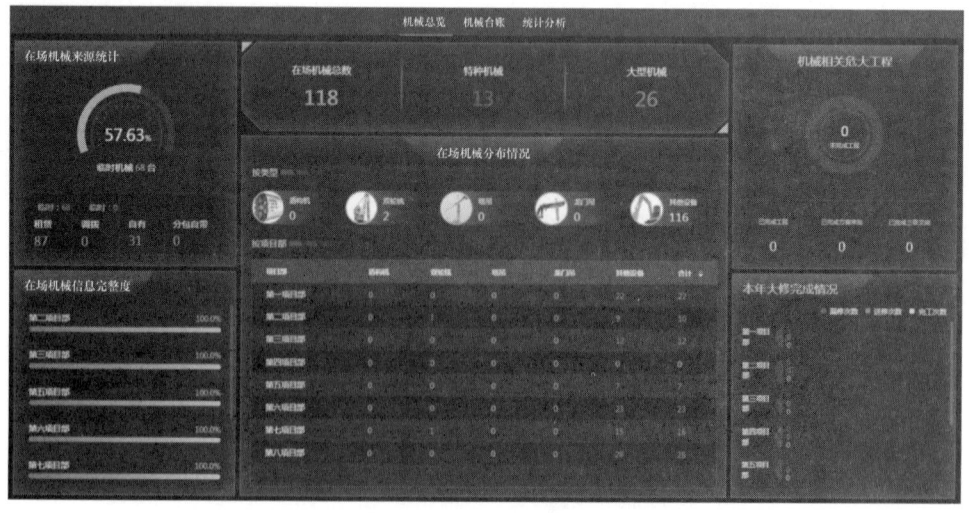

图 10-5 在场机械设备情况总览

10.3 物资管理

10.3.1 需求分析

10.3.1.1 现状分析

城市轨道交通工程专业多、系统复杂，材料管理也是一项系统性的工程，管理效果直接决定工程质量和服务水平。其中对原材料的质量管理及材料的计划、采购、出入库、使用、处置等全过程的物资管理缺乏一个规范、完整的信息系统支撑，导致物资的管理不能满足现在的管控需求。

10.3.1.2 功能需求

物资管理涉及流程业务繁杂，物资数字化让物资管理更精准。通过软硬件结合，借助互联网技术，实现自动采集物料进、出现场数据，全方位管控材料进场、验收各环节，填补验收管理漏洞，监查供应商供货偏差情况，以及预防虚报进场材料等，实现物资数字化管理，在提高业务效率的同时，提升施工单位项目经济效益。

面对材料供应商选择、材料招标、材料申报、材料使用、材料检验、不合格材料退场等流程，通过数字化的手段进行动态跟踪，实现材料全生命周期严格监管，做到事前可防范、事中可跟踪、事后可追溯，避免因材料不合格导致的质量事故。

1. 物资供应商管理

采用"严格准入、多级评价"的管理模式，通过数字化系统对供应商信息进行统一管理。通过过程数据积累，可以随时查看供应商的各项资质、各次合同签订情况等信息，强化对供应商信息的收集与管理，对供应商履约能力、质量安全情况及不良记录等进行评价，评价为"合格"的供应商进入合格供方名录。项目部只能选择进入合格供方名录的供应商进行合作。不断维护供应商名录，以建立长期的紧密合作。

2. 物资计划管理

系统基于项目需求，从总量计划、部位计划、需用计划统筹管控，依托部位字典，编制部位计划，可以参考节点工程量的资源使用计划得到部位的资源需用计划；项目生产过程中多采取按月或周或指定的期间编制材料需用计划，用以采购进场，并实现自动筛选部位计划中在指定统计期间的材料数量信息，与BIM集成，提取BIM模型量；做到对物资入库、出库的精细化量控。

以总量计划或者部位计划为控制基准，管控采购的源头需用计划不超量，控制材料采购不超、验收不亏、耗用不超，并且设置风险预警。

3. 物资采购管理

物资的采购通常包含集中采购、自采、零星采购等多种采购模式，一般在专业的物资采购系统上进行业务流转，并通过专业的物资采购合同管理系统进行统一管理。

4. 物资库房管理

系统对消耗材料的库存和现场消耗情况进行管理，涉及入库、直入直出、出库、退库、退货、调拨、盘点、调拨结算等项目施工全过程的全部基础业务处理，支撑精细化管理。

5. 物资现场管理

材料的入库、出库、调拨、库房报损等业务，包括自有周转材料的摊销折旧处理、租赁材料进场业务、出场业务、报损维修业务、租赁材料现场停用减免租赁费业务及结算业务均需要系统处理。

6. 物资处置管理

项目结束后，需要对剩余物资、固体废弃物、有毒有害物质等做处理，需提出处置申请。对剩余物资、固体废弃物、有毒有害物质等处置完成之后，登记实际处置的记录。

10.3.2 功能实践

10.3.2.1 物资资源管理

规范的物资资源编码是物资资源集中采购、集中管理的基础。系统提供标准的物资编码体系，保证项目材料编码与基础材料字典的统一，为统一管理提供坚实的基础。物资编码与成本科目进行挂接，为分析材料实际消耗提供分析维度。

通过材料字典管理，可以将物资材料基础分类进行统一管理，实现对物资材料标准化的进一步实现。

10.3.2.2 物资入出库管理

收料员通过系统手机端应用在现场实时办理材料入库出库，并拍照上传提供依据。操作简单，方便快捷。系统集成智能地磅数据，保证了物资数据的准确性、一致性、真实性（图10-6）。

10.3.2.3 数据分析及预警

系统按照统一的科目类别对材料建立台账，记录每一种材料的收发、结存情况，每月对材料的收发存进行汇总统计；材料管理分为总账、分类账和明细账，共分三级，称为材料三级账。

系统提供多种分析报表及丰富的分析维度，可随时查询某时间段内的材料收发存情况，如期初、本期增加、本期减少及期末的单价、数量、金额，以及所有材料或者供应商的收发综合查询分析。

系统实现材料的本期、年累、开累实际成本的查询，并能与目标责任成本实现量、价、金额的对比分析，选择查询日期、单位名称、材料明细查询责任成本与实际成本的对比。

系统提供丰富的管控参数，物资模块着重管控数量不超、价格不超，并可以做到因项目制宜。

材料数量控制，以总量计划或者部位计划为控制基准，管控采购的源头需用计划不超量，控制材料采购不超、验收不亏、耗用不超，并且可设置风险预警，当超出范围时给相关人员发送预警消息。

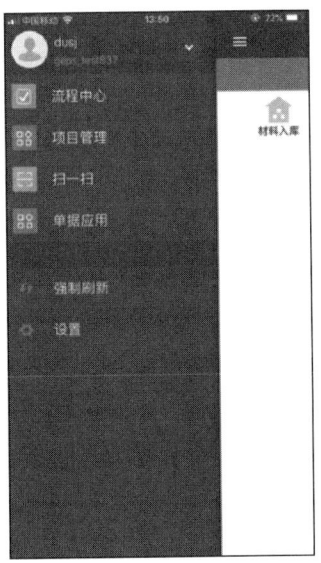  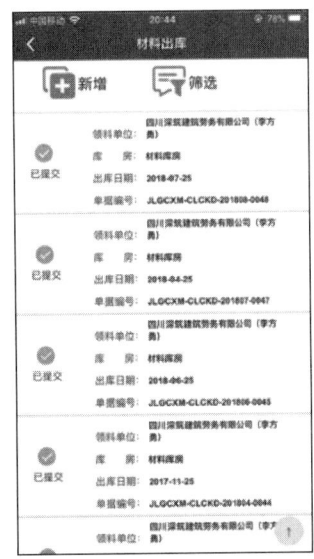

 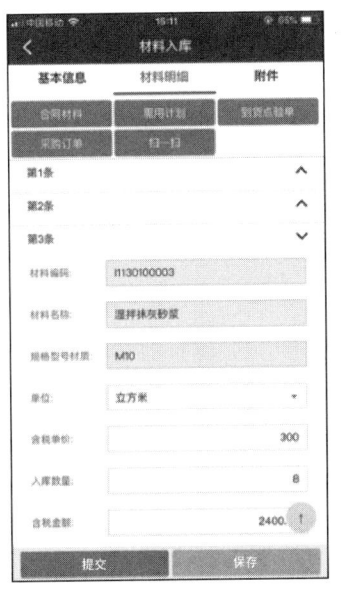 

图 10-6　物资出入库管理

10.4　知识管理

10.4.1　需求分析

10.4.1.1　现状分析

在整个工程项目管理中，知识管理是重中之重。衡量一个项目的质量好坏，主要看技术管理工作落实得怎么样，创新管理的成果怎么样。技术管理工作落实到位，就能对预期的工程项目目标起到保障作用。否则，就会影响整个工程的安全质量和经济效益。

项目知识管理是项目施工过程中对各项技术活动过程和技术管理工作的各种要素进行科学管理的总称。主要的工作内容包括：

（1）技术基础工作的管理，包括技术管理机构、技术标准与技术规程、技术档案管理、技术管理制度等。

（2）施工过程中的技术管理，包括技术策划、技术方案、技术交底、技术变更等。

（3）创新管理，包括科研创新技术、优秀文案、施工工法、技术专利、科技示范工程等。

知识管理本身所涉及的要素和角色纷繁复杂，导致了知识管理的痛点和受众也非常多，管理难度大，影响范围大。当前，项目知识管理对经验数据的依赖程度非常高，效果好坏也主要依靠关键人员，方案编制考虑不周、技术交底不到位、现场不按图施工、资料归档滞后且质量不高等现场技术管理问题层出不穷，技术积累与沉淀、技术知识的传承、技术人才锻炼与培养不到位，突出表现在以下几个方面：

（1）技术管理人员水平参差不齐，合格的技术人才、优秀技工不匹配大规模的工程建设规模。

（2）图纸设计、施工组织、方案编制等均严重依赖经验，甚至套用抄袭，不匹配工程项目的实际需求。

（3）接口管理混乱，职责不清，各专业相互扯皮，严重影响工程项目进展，导致变更频繁。

（4）技术管理制度和岗位责任制度不全面，过程落实不充分。

（5）图纸会审、技术交底等不具备针对性，监督检查工作起不到保障作用。

（6）对技术管理岗人员要求不严，知识能力不匹配导致指挥失控；现场作业人员不服从指挥、野蛮施工、不按规范施工等现象偶有发生，形成恶性循环。

（7）技术档案不同步，资料与工程实际不匹配。

（8）技术总结不到位，未形成良好的知识管理体系，人才培养效果不佳。

总之，在工程项目管理中未形成发挥知识管理体系的作用，要想让轨道交通工程顺利进行，必须不断完善健全知识技术的管理工作，落实任务任重道远。

工程技术管理主要从以下三个方面进行：

（1）进行技术积累和创新，建立核心技术管理体系和核心技术管理规范。

（2）建立和完善技术标准，实现工程技术标准化管理。

（3）为工程提供强有力的技术支持，保证工程各项工作的顺利和高效，这也是进行工程技术管理的主要思路和方向。

10.4.1.2　功能需求

知识管理是一项系统工作，内容繁杂。归根到底，知识管理就是以数学为理论基础的一套方法论和工具集。只有找到了工作主线和脉络，理清思路和方向，才能分清主次、抓住核心。

知识管理的目标是帮助项目人员科学地管理技术现状、技术目标和技术过程，持续提升团队、技术、服务能力。在整个工程项目建设管理工作中，主要有三方面作用：

（1）保证施工中能按科学技术和科学技术发展规律要求，确保正常施工程序。

（2）通过技术管理，不断提高项目管理水平和员工技术业务素质，从而能预见性地发现和处理问题，把技术和质量事故隐患消灭在萌芽之中，保证工程施工质量。

（3）能充分发挥人员及材料、设备的潜力，在保证工程质量的前提下，努力降低工程成本，提高经济效益和提升市场竞争能力。

工程建设是一个非常复杂的大系统，每天需要面对大量的信息，但是有很多信息并不是真实的。这种现象背后涉及工程复杂程度、形状、工艺、部位等具体情况，这些具体情况与信息化应用和信息创造价值息息相关。不同的施工单位做不同的项目，所要付出的代价是不一样的，但是它们的价值却是一样的。这主要是因为有大量的隐形信息没有形成，也没有在信息化应用构架里被提炼出来。这个隐性信息也是工程建设数字化管理的最重要核心，很多隐性信息只有被挖掘出来以后，才会将众多信息化应用的点与项目的整个价值直接结合在一起。

工程建设的数字化建设主要是围绕"点"在开展，其中包括施工过程中的安全、质量、现场、进度等，以及设计过程中的各个专业、功能实现等。这些"点"之间的关系，直接影响整个项目的实施效果，甚至将影响成本、工期，但是我们现有的很多信息化体系的逻辑性并不能体现出这些关系。因此，基于点状数据的获取、汇总和关联分析将成为下一步信息化建设的核心，只有这样才能建立起数据之间的逻辑，并最终实现数据之间的共享。

推进信息化建设的目的是促进管理发展，因此，基于所有工程信息的挖掘一定要围绕信息是否能够创造价值而展开，在考虑是否能够提升管理的同时，考量管理提升是不是能够与企业的商业模式和管理模式紧密融合，考量管理提升是否具备直接变现为真金白银的条件。只有当企业管理过程中的数据由信息变成知识，进而产生商业价值才是真正的数字化。

知识管理应从以下几个方面开展：

1. 技术积累与沉淀、技术创新与突破

做好技术创新与突破、技术积累与沉淀，是工程技术管理最为核心的工作。很多工程技术部门把精力主要放在工程实施上，而忽略了对技术的积累和沉淀、创新和突破，建立技术核心。出现这种现象，跟施工单位经营者的思维格局有很大关系。因为技术研发需要投入，若施工单位经营者缺乏长线思维，只看重短期收益，不把技术投入当成市场竞争的战略工具，没有对未来的发展做长远规划，则可持续发展将面临严峻挑战。总之，施工单位需要对技术研发、技术创新、技术积累进行战略定位，确定它在发展中的战略地位，并建立技术研发、技术创新和技术积累的管理机制和激励机制，依靠体制系统促进工程技术管理的完善。

技术管理工作需持之以恒，要不断地加强技术管理组织机构和技术责任制，充分发挥好技术人员、技术工人的才干和作用。注重人才、培养人才是提高管理技术水平的基础，要大力培养和提拔技术业务人员，充分调动技术人员和技术工人的积极性。

2. 构建工程技术标准体系

标准化管理是衡量施工单位管理优劣的硬性指标。现代管理之所以有突飞猛进的发展，标准化管理功不可没。建立和完善工程技术标准是开展生产运作的基础工作和前提条件。因此，工程技术管理必须把建立和完善技术标准作为一项核心工作，并持续不断地进行。为此，需要针对技术标准化建立一套完善的管理机制，并基于系统建设和应用，全面地对工程技术标准的建立和实施加以规范管理。

3. 明确技术管理职责

（1）制度规范，强化落实。建立和健全各级技术管理机构和技术责任制，明确各级人员的权、职、责。组织全体员工，特别是技术干部学习现行规范。尤其是对施工及验收规范的学习，明确施工中各个分项、分部施工技术要求、施工方法和质量标准等，并以此来组织施工、检查、评定和验收。

（2）学习先进的管理方法和管理经验，组织技术学习、技术培训、技术交流。不断提高工程管理水平和员工技术业务素质，从而预见性地发现和处理问题，把技术和质量事故隐患消灭在萌芽之中，保证工程施工质量。

（3）发扬技术民主，鼓励技术革新、创造发明，开展全员TQC活动，通过PDCA循环，解决技术瓶颈。

（4）通过技术管理，探索、研究与推广新技术的应用，在行业中占据优势地位。

（5）建立健全技术原始记录。包括材料、构配件、工程用品及施工质量检验、试验、测定记录，图纸会审记录和设计交底记录，设计变更、技术核定记录，工程质量及安全事故分析和处理记录，以及施工日记等。原始记录是提供工程形成过程实际状况的真实凭据。

4. 构建技术管理制度

构建并贯彻好各项技术管理制度是搞好技术管理工作的核心，是开展技术管理工作的依据和基础，是科学组织施工单位各项技术工作的保证。技术管理基本制度主要包括：

（1）图纸审查制度。通过审查图纸，全面考虑和部署施工；深化对图纸的理解；检查设计存在的问题，如是否符合国家技术规范，建筑、结构、设备及装修之间有无矛盾，各种材料构件标记是否错误等；审查设计图纸是否与合同相矛盾；明确工程施工条件进行施工的可能性和所需采取的措施，如果在审查过程中发现图纸有问题，必须详细记录，做好技术联络、技术核定和设计变更通知的签证工作。

（2）技术交底制度。目的是让所有参加施工的人员在正式施工前对施工对象的设计情况、建筑特点、技术要求、操作注意事项有较详细的了解，以便科学施工。交底内容应包括以下内容：施工合同的范围及有关技术方面的要求；使施工人员了解设计意图，建筑物的功能、特点、主要部位及特殊部位的做法要求等；施工组织设计交底，让所有施工人员了解施工组织设计的全部内容，掌握施工部署、施工方法、施工计划及完成任务的技术手段和组织措施；设计变更交底，必须向施工人员和管理人员及时交底；新技术项目交底的目的是将该技术所涉及的材料、工艺、具体操作方法等向有关人员详细交代，力求详细全面，必要时管理和技术人员进行现场督导。

（3）技术复核制度。目的是保证技术的准确性，避免因技术工作的疏忽造成工程质量或安全事故。因此，技术复核应包括以下内容：定位轴线、标高、尺寸、配合比、门窗洞口尺寸、预留洞、预埋件的材质、吊装预制构件的强度等。以上工作必须根据设计文件和技术标准的规定复查时做好记录。

(4) 施工组织设计审批制度。工程项目开工前，项目管理负责人和技术负责人必须根据工程管理制度的方针和目标，充分研究现有的施工条件，包括合同条件、现场条件和法规条件，编制出切实可行的详细的施工组织设计或施工方案，报施工单位技术部门或施工技术主管部门和监理单位组织审查批准后才能具体实施。

(5) 日记制度。监理日志、施工日记要力求真实而客观地记录工程从开工到竣工的施工现场的状况、动态过程，包括每天的气象、施工部位、作业内容、作业能力效率、质量例行检查所发现的问题、整改措施及结果等。施工日记的规范记录可帮助了解、检查和分析施工进展的状况。

(6) 设计变更和技术核定管理制度。在工程施工前或施工中，由于设计的原因或业主的需要及现场条件的变化等，会导致施工图的变更设计，这不仅关系到施工依据的变化，而且涉及工程量增减的变化。因此，必须按规定程序处理变更问题，一般由设计单位签证确认、监理工程师下达变更令、施工单位或现场技术部门备案后执行。在施工过程中，如施工人员或管理人员对施工图某些技术问题存在异议或提出改善性的建议，必须由技术负责人向设计单位提出，由设计部门出具设计变更图，才能实施。只有这样，才能确保准确按图施工，维护设计文件的严肃性。

(7) 验收制度。主要包括隐蔽工程的检查和验收制度，工程质量检验与评定制度；工程结构检查、验收与竣工验收制度，工程技术档案与竣工图管理制度等。

10.4.2 功能实践

10.4.2.1 知识库管理

系统收集整理预案、专家、事件案例等信息，并依托监控信息大数据，提供对各个知识库的更新维护功能，在系统运行过程中可将事件整理入库，不断丰富知识库的内容和结构，为各类应急事件的处理提供知识储备和支撑。

系统支持定义多个项目技术总结的目录和模板，客户通过标准化模板促进项目技术管理的标准化、规范化。系统同时还支持对模板编辑，以便不断优化技术管理标准。

(1) 预案知识库：收集整理国家、省、市、区的应急文字预案。在预案发生时，可根据关键字、事件类型、事件等级等找出可参考的文字预案。

(2) 专家知识库：收集整理应急相关的法律专家、反恐专家、社会学专家及治安专家。可查看专家的相关信息、联系方式、工作经验及技能，出现事件时可快速查询出对应的专家。

(3) 事件案例库：收集整理各类应急事件。案例事件中详细描述事件情况，以及相关部门采取的应急措施及最终处置的效果。

(4) 规范标准库：管理项目管理中所涉及的相关技术规范、标准等技术文件，为技术人员的工作提供技术资料。

10.4.2.2 技术管理

1. 虚拟设计与建造

在传统设计建造方式下，设计阶段各自进行专业设计，通过图纸核对检查漏洞和错误，往复修改出具施工图纸后交由施工方，设计和建造过程相对割裂。虚拟设计与建造就是在实体项目建设开工之前，运用价值工程、精益设计等思想，管理前置，系统化进行全过程模拟、迭代和优化，通过往复反馈，在数字世界消除各种工程风险，解决设计-建造一致性差、变更多、成本高、进度超期等问题，实现价值最大化、浪费最小化（图10-7）。

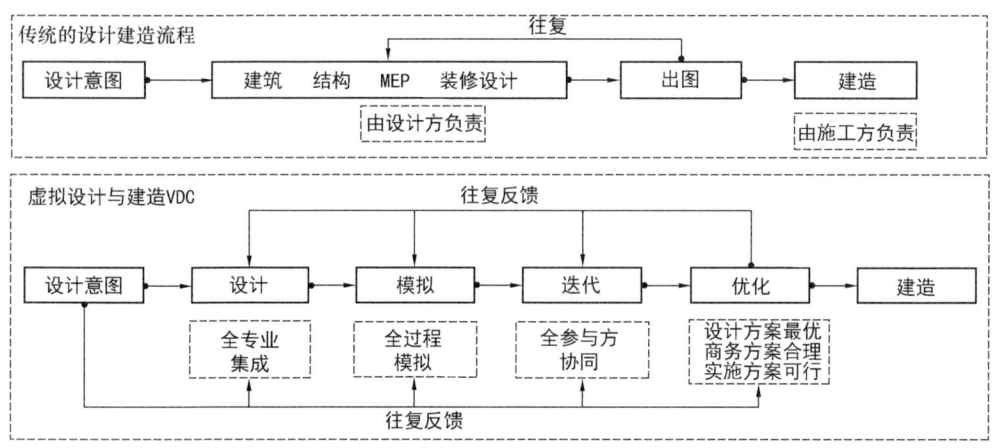

图10-7 传统设计建造和虚拟设计与建造的区别

依托数字系统，以需求为导向进行全专业集成设计，整合全参与方与全要素，对工程项目的设计、采购、生产、施工和运维全生命周期进行智能化、参数化模拟仿真，形成全新的协同设计、虚拟采购、虚拟生产/施工及虚拟运维，追求满足建筑产品需求的最高性价比设计，最大限度地消除和减少建造过程中的设计变更，得到设计方案最优、商务方案合理、实施方案可行的全数字化样品，指导实体建造和运维。

2. 智能施工策划

在传统模式下，项目的施工策划工作由经验丰富的工程师来完成。他们根据建筑设计特点、工程量数据、总工期及施工环境等项目信息，结合自己以往的施工经验对项目各项重要施工管理活动进行策划。由于施工策划是在开工前较短的时间内完成，而且项目的工程量数据往往也不完整，项目策划往往带有较多的主观因素，其优劣直接受制于策划人的能力水平。

系统应用先进技术推动智慧施工，结合项目施工环境、节点工期、施工组织、施工工艺等因素，对项目施工场地布置、施工机械选型、施工计划、资源计划、施工方案等内容做出智能决策或提供辅助决策的数据。

系统可以同时定义多种项目施工组织设计的分类和模板，通过标准化模板促进项目施工组织设计的标准化、规范化。系统同时还支持对模板进行编辑，以便不断优化技术标准。

系统支持定义多个项目危大工程施工方案的标准目录和模板，通过标准化模板促进项目技术管理的标准化、规范化。系统同时还支持对模板进行编辑，以便不断优化技术管理标准。

10.4.2.3 技术交底

在系统内，项目技术人员线下完成技术交底编制后，上传到系统中，然后通过审批流程予以确认。

10.4.2.4 图纸及变更管理

将所有设计变更、图纸会审记录、工作联系单等文件进行统一管理，建立变更台账，明确相关责任人，从而追溯每一条变更的进展情况，并且能够将所有变更定位到图纸及模型。

通过手机端或网页端随时了解项目变更整体情况及图纸问题分布情况，便于技术负责人对变更进行把控。

10.5 环境管理

10.5.1 需求分析

10.5.1.1 现状分析

轨道交通建设正处在一个建设高潮期，但在建设中低效率、高耗能、高污染的情况不容忽视，不符合低碳环保、绿色文明等理念。近年来国内对环保问题逐渐重视，施工现场环境监测与排污监管也逐渐成为重点管控领域，且环保问题关系国计民生，各级地方政府对施工单位作业与环境影响关注频繁。城市轨道交通建设阶段施工地点通常都处于居民密集区、城市核心区、商业办公区等环境影响敏感区域，对扬尘、噪声要求较多，也极容易导致信访产生。

10.5.1.2 功能需求

各工点设置环境监测系统，利用先进的监控设备和仪器，结合施工现场实际情况，实现实时、全工程、在线监测工地现场 $PM_{2.5}$、PM_{10}、粉尘、噪声等环境参数，并通过拍照记录异常状态。同时，与喷淋系统进行对接，现场扬尘等加大时，自动开启喷淋系统进行降尘。

系统应对绿色施工实施有效管理，实现绿色施工"四节一环保"的动态监督，需包括节水、节电、节材、节地、污水监测及工地现场环境的管理，定期自动采集工地现场施工区、办公区、生活区等区域用水量、用电量、排水情况等数据。

系统应用 GIS 技术在地图中显示建设工程各工点位置信息，对在监工地进行扬尘、噪声监测显示，按监测项目予以分类统计，以图形化形式显示各类报警监测信息。当监测数值超过设定的报警值时，自动报警。

10.5.2 功能实践

系统涵盖 PM_{10}、$PM_{2.5}$、噪声、气象要素等多参数在线监测，可进行各类数据阈值设置，实现超警戒阈值预警报警提示，现场管理人员可实时接收预警报警推送信息，便于及时进行决策和处置（图 10-8）。

系统打通监测、传导、控制环节，并实现多系统智能化联动响应，在施工现场基坑

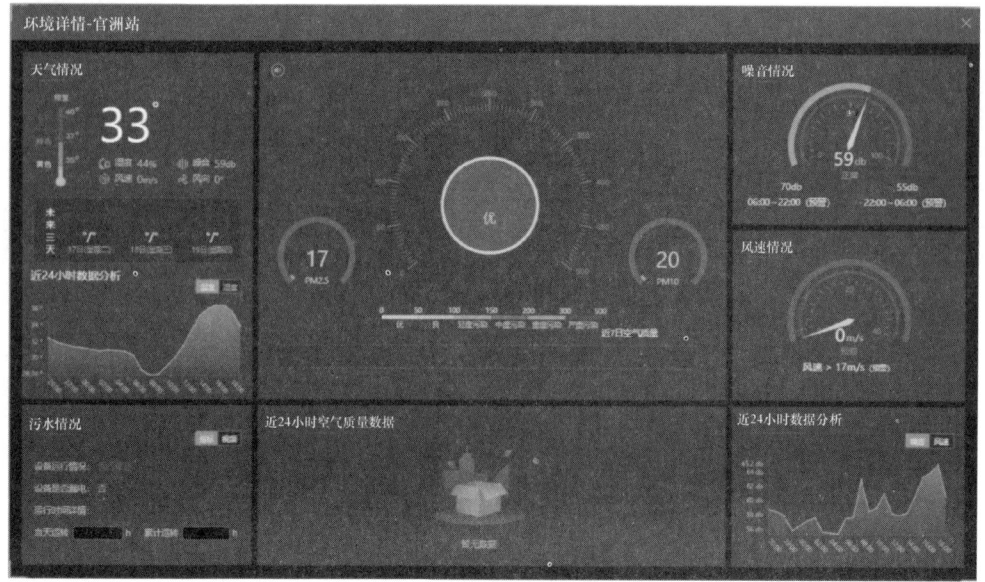

图 10-8 环境监测系统

和建筑主体周围及塔式起重机吊臂上布置细水雾喷淋系统,既可进行手动喷雾降霾,又可实现 $PM_{2.5}$ 检测后联动场区内的各个细水雾喷头系统自动喷雾降霾,实现工地环境综合治理工作。

现场视频监控系统自动采集施工现场进出口、洗车槽的监控视频流,通过视频智能分析,自动识别场景内车辆轮胎清洁程度,并判定是否清洁,是否经过清洗;通过系统自动推送或预警报警查询并获取抓拍图像,实现现场进出场车辆清洗监测。

地铁生产产生的污水,必须经过沉淀池处理后才可向外排放,通过沉淀池的摄像头实时查看污水处理情况。

10.6 监测管理

10.6.1 需求分析

10.6.1.1 现状分析

工程监测作业是指在轨道交通工程建设过程中,通过采用一定的测量测试仪器、设备,对施工影响范围内的岩土体、地下水和周边环境,以及工程围(支)护结构、隧道、桥梁、高支模施工的变化情况(如变形、应力等)进行量测和巡查,并及时反馈监测信息的活动。

施工监测是指在轨道交通工程建设过程中,由施工单位自身或委托具备相应工程勘察资质的监测单位,对所承包工程项目进行工程监测、巡查、指导施工的活动。

第三方监测是指在轨道交通工程建设过程中,由建设单位委托独立于施工单位和周边环境建设单位以外的第三方单位,对所承包工程进行监测、巡查,并根据监测数据和现场巡查等信息对现场安全风险状况进行判定的活动。第三方监测单位应具有相应的工程勘察资质，通过 CMA 计量认证，并向工程所在地建设主管部门办理备案手续。第三方监测单位不得转包监测业务，不得与所监测工程的施工单位有隶属关系或者其他利害关系。

在轨道工程监测工作管理中，存在很多亟待解决的问题：

（1）监测人员（特别是项目负责人、技术负责人）到位情况，监测方案审查、报批情况，监测日（次）报中报表表头信息，日常监测与施工监测的数据比对记录，监测报告书面报送情况等，改进并不明显，还需加强。

（2）监测方案、报告的审查流于形式。在施工图阶段，施工监测和第三方监测设计图纸会审深度不足，设计单位对相关参建单位进行的监测、安全风险设计交底，勘察单位对相关参建单位进行的技术交底针对性不强。

（3）按照监测方案、有关技术标准及监测管理要求的落实不到位，现场巡查、监测频次不满足要求，预警信息发布不及时。

（4）不重视工程监测数据的比对分析，简单罗列对比监测数据，不能科学地对工程安全状况进行评价，不能真正做到监测服务于施工现场。

10.6.1.2 需求分析

轨道交通工程建设监测是城市轨道交通工程施工过程中的一道关键工序，贯穿于施工的全过程，起着指导施工、安全评价、修正设计和资料积累的作用，是保证施工安全十分重要的举措。数字化管理应从图纸会审及设计交底管理、监测方案管理、监测人员及仪器管理、监测作业管理、数据管理、预警消警等全方位进行管控。

1. 图纸会审及设计交底管理

设计单位应根据相关规范、规定，结合现场实际情况，进行详细的监测设计。在施工设计图纸中明确监测项目、监测点的布设位置、监测期、监测频率、监测项目的预警值、控制值等，建设单位组织设计、施工、监理、第三方监测单位对监测设计进行图纸会审，设计单位修改完善后，由建设单位组织设计文件交底。

修改完善后的图纸、BIM 模型将作为系统功能界面设计的依据。

2. 监测方案管理

系统对监测方案进行统一管理，在工程开工前，保证监测方案根据勘察报告、设计文件、施工方案、相关标准规范规程编制审核完毕。

（1）第三方监测方案

1) 第三方监测单位进场后，收集本标段工程资料并对现场实际情况进行踏勘，编制第三方监测总体方案，依据施工图阶段第三方监测设计文件编制第三方监测实施方案，第三方监测总体、实施方案必须经监测单位技术负责人审核签字并加盖单位公章。

2) 建设单位应组织第三方监测方案审查，邀请五名监测专家对方案进行评审，根据专家意见修改完善，闭环管理后报建设单位备案及上传系统（含审批表单扫描件）。

3) 第三方监测总体方案应包括本标段工程风险、重难点分析、主要监测项目、测点布设原则等内容。

4) 第三方监测实施方案应包括工程概况、监测依据、监测内容、监测范围、监测方法、人员及设备、测点标识及保护、监测频次、现场巡查内容及巡查频率、预警标准及监测成果报送、工程风险、关键部位识别、重难点分析、测点布设图（含测点编号）等内容。

5）监测点布设完毕后，第三方监测单位应根据现场实际布设情况，并与设计确认后，更新监测点布置图，更新内容作为原方案附件报建设单位备案并上传系统。

（2）施工监测方案

1）施工监测方案应由单位技术负责人、项目负责人签字，报送监理组织设计、第三方监测审查，通过后邀请五名监测专家对方案进行评审。

2）施工监测方案应包括工程概况、监测依据、监测内容、监测范围、监测方法、人员及设备、测点标识及保护、监测频次、现场巡查内容及巡查频率、预警标准及监测成果报送、工程风险、关键部位识别、重难点分析、测点布设图（含测点编号）等内容。

3）施工监测方案审批完成后，将方案上传至信息系统（含审批表单扫描件）。监测点现场布设完毕后，施工监测单位应根据现场测点实际布设情况，更新监测点布置图，并与设计确认后，更新内容作为原方案附件报监理、建设单位备案并上传系统。

4）施工监测方案中明确本项目各监测项目外业记录的格式、内容。

（3）专项监测方案

当工程遇到下列情况时，第三方监测单位及施工监测单位均应编制专项监测方案：

1）穿越或邻近既有轨道交通设施；

2）穿越重要的建（构）筑物、高速公路、桥梁、机场跑道等；

3）穿越河流、湖泊等地表水体；

4）穿越岩溶、断裂带、地裂缝等不良地质条件；

5）采用新工艺、新工法或有其他特殊要求。

3. 监测人员管理

监测人员通过系统人员管理模块进行统一管理，重点管控第三方监测项目负责人合同一致性，人员专业、数量应当按照合同要求配置，关键作业人员应取得相关行业机构专业的岗位证书，监测作业人员应持证上岗，上岗前应进行技术、安全培训教育，进入施工现场前，应进行安全交底。

4. 监测基准点、监测点管理

监测基准点、监测点应当按规范、设计图纸、监测方案要求及时埋设，并定期进行巡查；工程周边环境监测点与岩土体、地下水监测点应在施工之前埋设；监测点埋设后必须经监理、第三方监测单位验收，与设计图纸不一致时必须经设计单位书面确认。

监测基准点应布设在工程施工影响范围之外的稳定区域，沉降监测基准点数量不少于3个。平面位移监测基准点数量不少于4个，并根据工程情况在施工范围外相对稳定处布设监测基准点。如为自动化监测项目，则每侧应不少于3个。若监测基准点设置在区间隧道内，必须联测至相邻车站。

基准点埋设并稳固后，第三方监测单位应会同施工单位按要求同时采集数据，并形成正式报告，报监理确认无误后上传系统。

监测基准点使用前应遵循先检测、后使用的原则。

既有线自动化监测的基准点，必须与运营单位监测的基准点进行联测，建立必要的联系；监测坐标系应使用统一规范的坐标系。

监测点的命名宜采用监测点类型＋数字的方式，可参考《城市轨道交通工程监测技术规范》GB 50911—2013，第三方监测与施工监测共用点位的点名应统一或相互备注清楚。系统中监测点名称与现场布设的警示标志牌上标识保持一致。

5. 测点初始值采集和上传

共用监测点，第三方监测单位应会同施工单位同时、同点，在工程施工影响前完成初始值采集工作；非共用测点，由施工单位在工程施工影响前完成初始值采集工作。监理单位做好旁站工作。

双方同监测点初始值数据经监理单位对比无误后，由第三方监测单位协调统一监测点初始值，并将监测点初始值及报告上传系统，同时报送监理、施工单位。

监测点被破坏后，补埋测点重新编号，双方同时采集初始值，备注破坏点位的原有变形量，保证监测数据的连续性，测点初始值数据经监理单位对比无误后，将补埋测点初始值上传系统。

6. 基准点复核

施工期间，施工监测单位应与第三方监测单位一起定期校核基准点及基准网（建网初期 1 次/月，3 个月后 1 次/季度），确保基准点的稳定，保证监测数据的可靠。

第三方监测单位应将基准点复核报告上传系统。

复核后发现基准点发生位移、不能继续使用的，施工单位应重新埋设基准点，第三方监测和施工单位同时对新基准点初始值进行采集，由第三方监测单位在系统中上传新基准点数据，同时废止原基准点；可以继续使用的，由第三方监测单位核准基准点数据，并在系统中更新基准点数据，后续监测采取新基准点数据进行监测。

7. 监测数据比对

系统应实现第三方监测及施工监测同点监测数据比对功能，并自动生成监测点比对报告。监测数据比对发现异常时，系统进行预警，监理单位应及时组织第三方监测单位和施工单位对监测数据进行复核，并编写监测数据复核报告，各方签字盖章后，由第三方监测单位上传系统。

有共同监测点的数据，第三方监测单位每次监测后应与施工监测数据进行比对分析，两者校差不满足规范要求时应分析原因，及时处理；有预警、明显变形趋势、两者校差不满足规范要求时，需编制监测数据比对报告，其余情况在监测日志上做好记录备查。

8. 现场监测、巡查管理

监测、巡查应当根据施工进度，严格按照规范、设计图纸、监测方案中的监测巡视项目频率要求及时进行，保证监测数据、巡查信息真实、连续、准确、完整，具有可追溯性。

监测、巡查作业中人员、仪器、设备应相对固定，用测量仪器采集数据时，每次作业线路无特殊情况必须固定。

系统可根据设计、合同等下发巡视任务，督促各单位落实监测、巡查工作，并将记录进行统一呈现与管理。

（1）现场巡查内容

第三方监测、监理、施工单位应按照《城市轨道交通工程监测技术规范》GB 50911—2013 附录 C、《地下铁道工程施工标准》GB/T 51310—2018 13.2.2 条及监测设计、监测方案、安全风险管理办法的要求进行现场巡查。

（2）现场巡查频率

第三方监测单位巡查频率如下：

1）自身风险工程及初始风险为Ⅰ级的环境风险工程，施工过程中每天应至少进行 1 次巡查，发生预警及风险较高的工点应按要求增加巡查频次。

2）风险等级为Ⅱ级、Ⅲ级的环境风险工程，工程施工过程中应每 3 天进行 1 次巡查。

3）工程施工前应对周边环境进行全面核查并做好记录，施工过程中应及时记录和整理巡查信息，并按安全风险管理相关办法的要求填写现场巡查记录。

4）现场巡查工作结束后，应结合监测数据进行综合分析，判断工程自身和周边环境的安全风险状态，确定工程预警等级。

5）现场巡查过程中发现异常情况或险情时，应按相关管理规定及时上报，并加强现场巡查工作。

9. 监测报告管理

系统对监测报告进行统一集中管理，监测报告包含快报、日报、阶段报告、总结报告等形式。

快报适用于监测或巡查异常情况，主要内容包括：异常情况发生的时间、地点、情况描述、严重程度、施工工况，巡查信息，监测数据及变化情况，初步原因分析及处置措施建议等。

监测数据无异常时，第三方监测单位、施工监测应在 6h 内将监测电子版报告上传至系统，同时反馈到建设单位、设计、监理、施工等相关单位，监测工作完成后 48h 内应将书面报告报送监理，并同步上传系统。监测过程发现异常情况时，应当 10min 内向监理、建设单位报告，2h 内将监测电子版报告上传至系统，同时快报反馈到监理、建设单位、设计、施工等相关单位，24h 内将书面报告报送监理、建设单位、设计、施工等相关单位。

10. 预警

监测过程发现下列异常情况时，应当 10min 内向监理、建设单位报告，并按应急管理办法、突发事件应急处置指引等规定采取相应措施：

（1）监测数据累计变形量或变形速率达到控制指标，经监理、第三方监测、施工三方复核数据确认无误后，结合预警位置的现场施工情况、周边环境情况对监测数据进行综合分析。

（2）基坑或隧道出现突水、涌砂、管涌、底鼓、隆起、坍塌或较严重的渗漏，周围岩土体开裂、滑移等。

（3）围（支）护结构出现过大变形、开裂、压屈、断裂、渗漏，支撑或锚杆松弛、脱落或拔出等。

（4）周边地面出现突然沉降或较严重的突发裂缝，建（构）筑物出现危害结构的变形、裂缝等。

（5）周边管线变形突然明显增大或出现裂缝、泄漏等。

（6）其他异常情况。

发现以上情况时，监理单位应及时上报参建各方，根据现场情况发布停工令，停止相关工序施工并启动应急预案，督促监测单位进行复测及加密监测，组织建设单位、设计、勘察、咨询、施工等单位召开预消警会议，提出控制和应急措施，并监督施工单位实施落实。确认监测数据稳定后，在系统上消警。

11. 预警与消警

系统根据设计单位提出的监控量测控制指标值，将施工过程中监测点的预警状态按严重程度由小到大分为三级：黄色、橙色、红色三个预警级别。另外，红色预警根据变形绝对值和速率值超出控制值范围由小到大分为三级：Ⅲ级、Ⅱ级、Ⅰ级红色预警。

系统发布预警后，参建各方应在规定时间内进行响应，一般情况下红色预警 4h 内响应、橙色预警 6h 内响应、黄色预警 8h 内响应。特殊情况下响应时间可适当进行延长，但最晚不得超过 24h。

预警发布后，各相关单位应第一时间采取现场处置措施进行响应，按预警程序进行预警分析及处理，完成消警后在系统上消警。

10.6.2 功能实践

重点区域主动监测报警系统用于高支模自动化监测、深基坑自动化监测、暗挖施工区域自动检测，通过位移传感器、应变传感器、轴压传感器、测斜仪、测角仪、位移计、水位计、锚索轴力计等终端设备，在线感知细微变化和发展趋势，借助交换机、数采仪、数采主机、工控机等通信检测设备传递和处理在线数据，采用专业化数据分析模型对实时数据进行阈值分析，对监测异常采取主动推送的方式进行预警报警发布。

施工方或第三方监测人员在重点区域主动监测报警系统上传图纸，并配置监测点位，通过模板记录或自动化监测数据，系统根据规则自动形成阈值分析、趋势分析、对比分析结果。

人工监测完成后，其监测数据应与当期或时间相近的自动化监测数据进行比对（人工仅对沉降进行监测），检核人工监测数据与自动化监测数据之间是否存在偏差，偏差是否在限差（3mm）范围内，若超出限差应查明原因。

（1）当监测点存在较大校差时，首先应检查人工作业过程中是否存在偶然误差，若有立即重测；检查自动化监测仪器的姿态是否有较大变化，如有立即对仪器进行调试；同时检查监测点和基准点是否存在松动和棱镜被灰尘、油污遮盖的情况，如有及时清理。如果上述问题均已排除，再仔细判断是否为观测方法差异引起的系统误差，若属于系统误差，调整优化观测条件和方式。

（2）当基准点和测点均存在较大校差时，检查仪器及基准点是否有松动和破坏的情况，若无，应用附近控制点对基准点进行联测，测出基准点的更新坐标，替换原基准点坐标并计算，查看测点结果是否吻合。若确认人工监测观测及计算无误，则根据人工监测数据变形量对自动化监测数据进行参数优化设置，还原真实变形时间和变形量。

系统可以分析实时数据变化趋势进而发布提前预警，也可以对实时数据突发超阈值情况进行实时报警，提示相关区域现场施工人员及时采取处置措施或迅速组织疏散撤离，确保施工人员安全。重点区域主动监测报警系统能够推送实时数据到云端进行运算分析，通过实时数据样本积累，总结优化算法模型，从而提高预警分析和报警阈值范围的精准度（图10-9）。

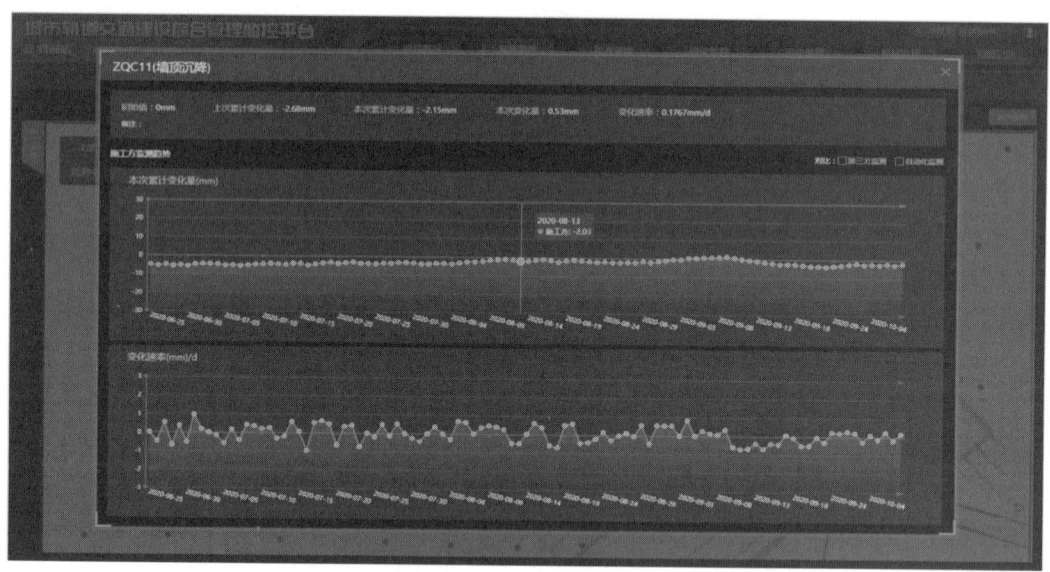

图10-9　施工方或第三方监测数据变化曲线图

第 11 章 轨道交通工程建设数字化项目管理

施工现场管理从业务范围上来讲主要包括三管、四控、一协调。三管就是对合同、现场、信息的管理,四控就是对进度、成本、质量和安全进行有效控制,一协调就是资源协调。

在满足施工现场管理的基础上,目前对公司法人、项目管理者均提出项目建造全过程实时监管的要求。企业法人管工程项目是职责所在;企业对项目现场必须履行应有的监管职责,重点就在于对项目资源实现集中控制;项目部的管理者也需要对整个现场施工全过程进行管理,需要对工程的进度、质量、安全、经营等信息及时获取,辅助项目决策。

数字化系统围绕着项目管理的核心要素(进度、成本、质量、安全),以 PDCA 为核心理念,以项目管理系统为核心,推动作业过程数字化,通过信息结构化、流程透明化、管理精细化,实现企业战略的智能化分析和精益化执行,实现项目管理的全过程贯通集成,实现整体项目管理过程的数字化,推动基于质量安全前提下的进度有效控制,实现项目的精益管理。

通过系统将工程实体、工地现场、管理活动数字化。系统以 BIM 技术将工程及建造过程数字化,采用 IoT 技术将施工现场人、机、料、法、环等数字化,以移动互联网、云计算等技术手段实现施工进度、质量、安全、成本等管理活动的数字化。通过项目数据的实时传递、汇总与挖掘,形成数据中心、管理中心、决策中心,让施工现场实时感知,项目管理者能便捷、全面地掌控项目进展;进行业务精细化、精准化管理;全面掌控项目信息,降低决策风险(图 11-1)。

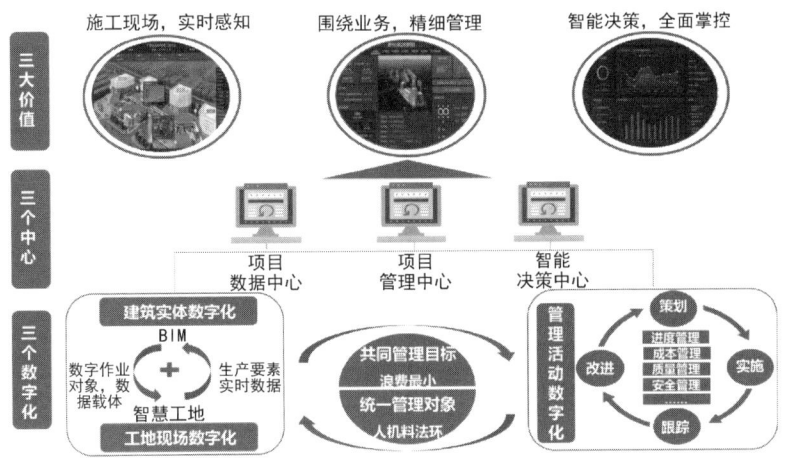

图 11-1 数字化项目管理

基于系统的数字化项目管理，实现工程项目全面数字化，推动项目管理迈向工业级精细化管理，系统最大限度地整合施工现场要素，使其系统化、规范化、信息化、精细化，改变传统的经验式管理、运动式管理、作坊式管理，把科学管理落实到工地的每个细节、每个过程、每个岗位，实现对现场准确、快速、全过程监管，把原来比较分散的质量、安全、队伍等各项重点管理要求有机地整合串联起来，形成一个清晰、明确的链条，提升全过程精细化管理的"软实力"和全数字化建造与服务的"硬实力"。

11.1 安全管理

11.1.1 需求分析

地铁工程具有现场环境条件复杂、施工难度大、技术要求高、工期长、对环境影响控制要求高等特点，是一项相当复杂的高风险性系统工程。一旦发生工程事故，将造成重大的人员伤亡和财产损失，影响工程进度，并给社会造成不良的影响。所以在地铁施工过程中，需加强施工安全管理。

11.1.1.1 地铁安全施工的特点

1. 工程地质复杂

广州、深圳、上海等沿海城市或南方城市的工程、水文地质条件复杂多变，地铁线路经过海积、海冲积、冲积平原和台地等多种地貌单元，常位于"软硬交错"地层（上部为人工填土、黏性土、淤泥质土、砂类土及残积土，下部为花岗岩、微风化岩等坚硬岩石层，或者孤石），还常遇到断裂破碎带和溶洞等特殊地质构造，穿越或临近江河湖海，地下水丰富、水位高。

2. 工程周边环境复杂

由于地铁长距离穿行于城市交通要道和人口密集区域，建（构）筑物、轨道交通设施、桥梁、隧道、道路、管线、地表水体等周边工程环境复杂，不可预见因素较多。

3. 工程建设规模大

地铁工程的每公里造价一般在5亿～7亿，有的高达8亿甚至9亿元，一条线路投资动辄在百亿以上；合理工期一般在5～6年，目前一般合同工期在3～4年。因此一般地铁工程的建设规模较大。

4. 工程技术复杂

地铁是土建及机电设备复杂的综合性系统工程，随着地铁线路的建设，土建工程不断向"深、大、险"发展。例如，车站基坑深度一般在20m，甚至30m以上，长度则在200m甚至600m以上，危大工程较多，且一般规模为超危大工程，需要更加严格、复杂的安全控制技术。

5. 控制标准严格

为了确保隧道、深基坑施工（含降水）过程中，建（构）筑物、轨道交通设施、桥梁、隧道、道路、管线、地表水体等周边工程环境不发生过量沉降和坍塌，确保其安全，要求严格控制。工程周边环境复杂，很多情况下是在交通要道或者居民密集区进行施工，一旦发生安全事故，后果较普通工程更加严重，影响力更大。结合以上两种原因，地铁的控制标准更加严格，安全管理过程要求更高。

6. 安全风险大

综合以上工程特点，决定了地铁工程安全风险（包括工程本身风险和对工程周边环境的风险）大、风险关联性强。

在安全管理高压态势下，全国建设工程领域安全事故仍时有发生，每起事故都会引起社会高度关注，严重的导致社会不稳定事件发生。且全媒体时代对安全管理的标准、要求越来越高，安全管理越来越规范、透明，安全生产形势严峻。

11.1.1.2 地铁施工安全事故产生的原因

我们都知道，安全事故的发生往往是由人的不安全行为、物的不安全状态和环境的不安全因素构成的。这三方面的因素在地铁施工现场比比皆是，这些因素如果不进行预防和治理，经过量的积累就会出现质的飞越，出现安全事故。

1. 人的不安全行为

部分地铁施工因为人为因素而发生的安全事故十分普遍。操作人员在进行操作作业过程中，任何不依据安全操作规程进行施工作业，或者发生误操作问题，以及进行设备检修时都可能引发安全事故。

2. 物的不安全状态

物涵盖施工现场和施工设备、各种劳动工具及施工物料等劳动对象。人通过管理制度作用于物，物的状态也影响着人和环境的变化。在地铁施工实践中，目前的科技手段还无法完全覆盖到物引起的安全风险，因此也导致难以规避所有的安全风险。

3. 环境的不安全因素

时间和空间、工作与生活环境、季节与气象条件的变化，乃至突发的自然灾害，都属于环境要素的范畴。人和物（设备、设施）始终处于环境之中，环境要素的变化不仅会改变物（设备、设施）的运行条件，而且也会造成作业人员的身体和情绪变化。随着环境的变化，人要及时适应，设备要调整状态，管理制度要延伸修订，否则会导致操作失误和设备失控。

4. 管理的安全漏洞

管理制度是长期实践经验和教训的总结，也是管理理念的载体，每一条制度都是用血的教训换来的。制度的科学性直接对其他要素的安全状态产生影响，人和物的安全要靠制度来保障。安全管理的有效性依赖于制度的执行力，任何管理缺陷、操作者的侥幸心理和冒险行为等都可能导致事故的发生。

根据扎别塔基斯依据能量意外释放理论，建立对"人的不安全行为、物的不安全状态及环境的不安全因素"事故失控因素的控制，是有效遏制事故发生、降低风险的有效方法。

在前几年，受制于技术因素、成本因素，我们无法在遍布各种危险源的施工现场有效地监控"事故失控因素"。近几年，随着物联网、人工智能、大数据技术等新兴科技力量的崛起与普及，我们的科学技术已经有了很大的进步。基于安全的人、机、物之间的安全关系及控制措施，将基础数据与监控数据有机结合，对预警、响应及消警信息进行跟踪、对比、汇总，构建地下、地面联络机制等全方位的安全预防预控，变被动监管为主动预控，使工程建设管理实现数字化。

11.1.2 功能实践

系统安全管理模块以海量的数据清单和学习资料为数据基础，践行"铁腕治安、科技兴安"理念提高安全管控效率，切实增强本质安全水平。系统全面支持全员参与安全管理工作，对施工生产中的人、物、环境的行为与状态进行具体的管理与控制，通过"事前预防""事中管控"的方式杜绝事故的发生，为施工现场的安全管理提供完整的解决方案。

通过系统的应用，打破以往"以关注事故为主""打补丁式补救"的安全管理模式，让现场安全管理的作业模式更加规范，让现场人员的安全意识、工作效率得到提高，有效解决了现场人员对危险源监控不到位、隐患排查不到位、危大工程实施不清楚的问题，真正实现了领导层可实时关注现场情况，为公司的安全数据分析、风险预控、精准预测提供支撑。

为工程项目构建信息化安全管理体系，实现安全管理的过程可预警、结果可分析，不让风险转化成隐患，不让隐患转化成事故（简称"两不让"）。系统为企业安全管理建立"四个一"，首先为一线安全监管人员提供一个日常工作的使用工具，其次为企业决策层搭建一个智能化的监管决策系统，最终为企业建立一套更好的安全管理体系，培养一批新体系下的安全管理高素质队伍。

安全管理系统的业务架构为"三防一联动"。其中，"三防"是指人防、技防、智防，"一联动"是指企业的安全管理与各工点、各项目部的安全管理上下联动。

在工点或项目部应用层面，系统可帮助安全员进行风险识别，实现风险分级管控的业务。技防可以通过连接现场塔吊、施工电梯、龙门吊、电箱等和安全管理相关的大型机械、硬件设备，获取这些设备运行信息和预警信息，动态预警，有效规避安全风险。智防是指AI智能识别隐患，可将现场布设的摄像头实时抓取画面，以及手机拍摄的照片上传至云端，依据算法模型识别其中的隐患信息并推送给安全监管人员手机，实现部分人工检查替代。而这过程中产生的安全预警、数据信息向上传输至企业层，便于企业层进行业务管控及数据总结（图11-2）。

11.1.2.1 安全生产标准化

安全生产标准化是指通过建立安全生产责任制，制定安全管理制度和操作规程，排查治理隐患和监控重大危险源，建立预防机制，规范生产行为，使各生产环节符合有关安全生产法律法规和标准规范的要求，人（人员）、机（机械）、料（材料）、法（工法）、环（环境）、测（测量）处于良好的生产状态，并持续改进，不断加强企业安全生产规范化建设。

系统通过内置的标准清单库、标准业务流程、制度规范及岗位职责的划分，帮助企业层完成事前的建章立制工作，方便项目按照企业制度开展管理工作。在企业的安全管控中，重点为企业解决重大隐患督办、重大风险管控、危大工程管理等业务内容。最后，企业层可将业务管控中的数据、各项目采集而来的数据统一进行各方面的统计分

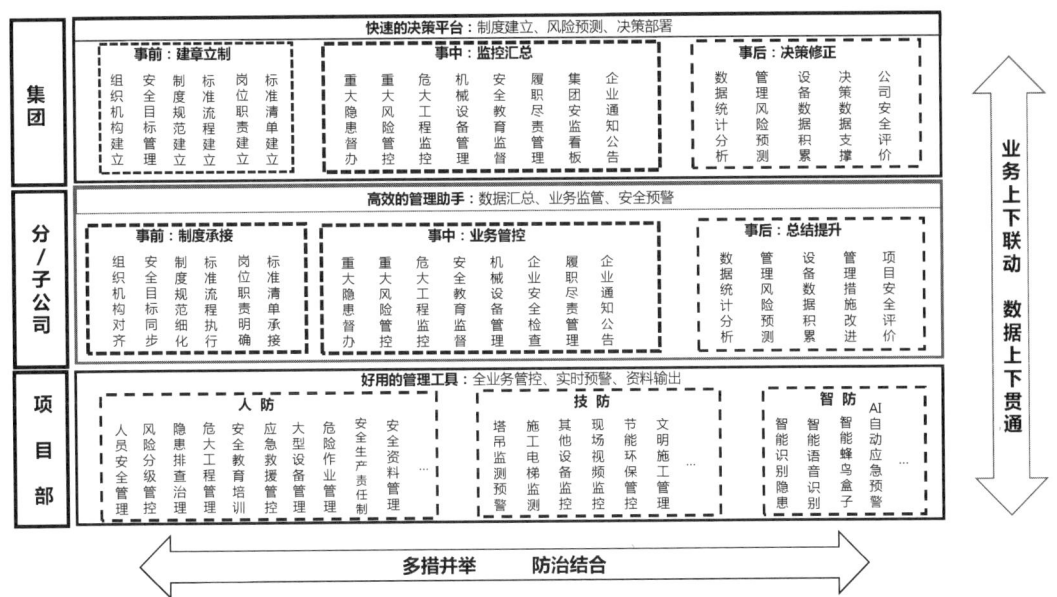

图 11-2 安全管理系统业务架构

析、总结提升,为管理决策提供科学数据支撑。

11.1.2.2 责任清单

各单位各岗位人员应结合岗位实际情况每季度编制各自的岗位安全责任清单,通过系统查阅、分配任务等方式进一步压实、压细各岗位安全责任,是落实安全生产责任制的重要举措。系统帮助现场安全管理人员提高安全管理能力意识,同时通过信息化的手段实现施工企业自上至下安全责任落地,实时监控项目安全管理状况。

在系统中,各单位根据工程特点、管理需求等设置安全管理责任区域,指定责任区域的责任人,帮助相关人员快速管理现场,便于分层级管理,追溯责任人。当检查人发现隐患时系统自动通知相关责任人,整改完毕后通知检查人进行复查,形成闭合管理。

11.1.2.3 规范查阅

可在移动端下载并查看规范,企业可自定义维护,摒弃以往资料文件查看方式,提供结构化数据,可快速搜索聚焦到关注的内容。

11.1.2.4 安全检查

根据现场的业务需求,集团和公司可在系统中制定安全检查任务,项目部按检查任务执行并进行隐患检查,对重要部位进行记录,发现隐患后自动通知提醒,对相关人员发送系统提醒消息,实现现场安全检查、整改、复查业务流程规范化管理(图 11-3)。

现场安全员在例行检查过程中,通过手机针对隐患问题,直接拍照并填写隐患内容、检查区域、责任人、整改期限、罚款金额等信息,填写完成后系统自动推送给相关整改人。整改人接到相关隐患整改通知后,对相关隐患进行整改,将整改后照片拍照上传至系统,整改结果填写完成后系统自动推送给检查人进行复查。检查人在收到系统的复查提醒后,对现场隐患进行复查,复查合格后将复查结果拍照上传至系统,工作闭合。当复查不合格时,可再次将整改任务推送给责任人去整改。当现场发生重大安全隐

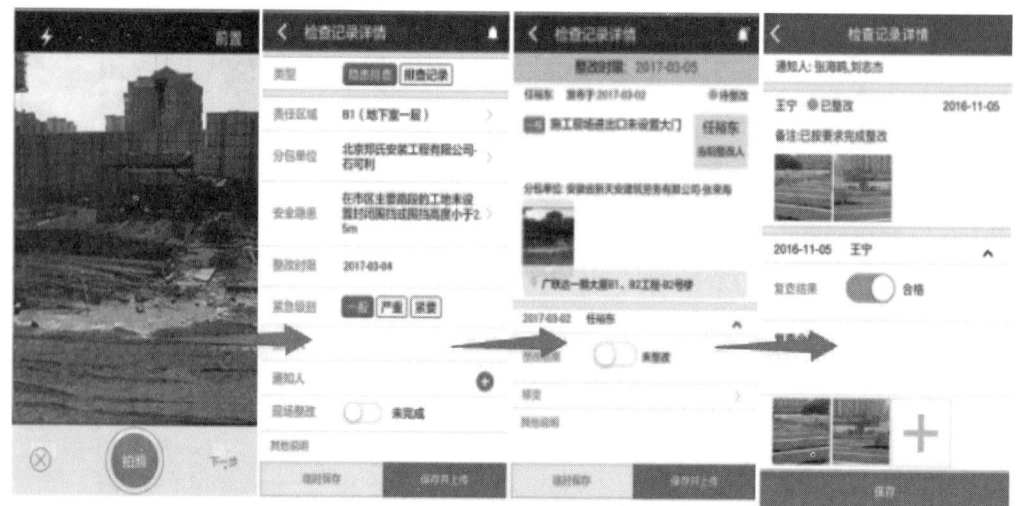

图 11-3 移动端安全检查

患时，系统可自动推送给项目经理及公司相关领导。

通过此套巡检机制，可有效记录现场安全管理业务细节，所有工作环节规范化。整改工作责任到人，防止发生互相推诿事件。同时，项目及公司层领导也可以通过手机实时监控现场的安全隐患状况，重大隐患随时提醒到手机上，做好事前控制，防患于未然。

移动端支持无网络操作，无网络状态时也可进行检查，在线后数据可自动上传，保证数据不丢失，并降低系统对网络环境的依赖。

11.1.2.5 安全日志

安全日志是安全管理的日常基础工作之一，安全日志是从工程开始到竣工，由专职安全员对整个施工过程中重要生产和技术活动的连续不断的翔实记录，是项目每天安全施工的真实写照，也是工程施工安全事故原因分析的依据，在整个工程档案中具有非常重要的位置。系统支持安全员在电脑端和移动端 App 按照模板有效填写每日安全日志，准确、真实、细微地反映出施工安全情况，系统对未按时履责的人员进行提醒，确保安全日志工作形成良好习惯。

11.1.2.6 危大工程

危大工程管理内容包括：建立危大工程管理档案，制定专项方案，监理实施细则、专项施工方案审查、专项巡视检查、验收及整改等相关资料应纳入档案管理。

首先，对于一个工程项目要建立一套危大工程清单。从投标、勘察、设计、施工方施工前期等阶段，就要对危大工程清单进行完善，并明确相应的安全管理措施。

其次，确定对应危大工程的专项方案。总承包单位、施工单位、勘察单位、设计单位、监理单位、第三方监测单位都要参与专项方案的编制工作，专项方案不仅要层层审核，而且还要加盖公章，通过后方可实施。

最后，进行危大工程实施。实施前要确保前期保障工作准备充分，方可进行现场实施。现场实施过程中，施工单位应及时报告专项施工方案的实施情况，包括工程实施进展、项目负责人现场履职巡查、安全员现场巡查及隐患排查的文字说明、相关数据、现场照片等；第三方监测单位要及时上报监测数据，分析监测数据的变化情况，以确保施工安全风险等问题。对于按照规定需要验收的危大工程，施工单位、监理单位应组织相关人员进行验收。验收合格的，经施工单位项目技术负责人及总监理工程师签字确认后，方可进入下一道工序。

系统满足危大工程37号令要求的管控流程，完成危大工程各环节管控，做到随时掌握的同时，自动生成台账、归集资料也减轻了很多内业工作量，提高了工效。

1. 危大工程识别

各工点从危大工程类别库快速识别，上传相关资料，系统提供危大工程的管控任务库，根据识别的危大工程可自动带出管控任务及要点，形成集团内部的管控标准。

2. 危大工程过程管控及台账

手机端进行危大工程过程管控，包括方案查看、进度记录、旁站监督、安全检查、管控要点执行、验收等业务动作。电脑端可将危大工程的基本信息、方案及交底等资料，旁站监督情况，安全检查情况，管控要点执行情况，危大工程验收等所有信息随手掌握。系统自动生成危大工程台账，快速归集旁站记录、检查记录、验收结果等相关资料。

11.1.2.7 统计报表

系统中有报表管理的功能，可以对项目上用到的表样进行管理和个性化定制，如《安全管理排查记录表》《安全隐患整改通知单》《安全隐患整改回复单》《罚款单》《安全分析报告》《安全检查评分表》等资料直接从系统打印，支持企业统一设定安全业务所需的单据、报表，各子企业及项目部在开展业务管理工作时自动执行统一的单据、报表格式，使集团的资料格式标准化工作快速落实到一线。

系统自动将日常的工作情况进行记录分析，可将各种报表自动记录统计，形成系统中的报表电子档案，可随时打印查询。系统支持整改表单、安全罚款等表单的查询、打印、使用情况统计。安全表单、整改表单（电脑端）中支持上级查看所有下级的检查记录。

系统的统计分析中支持对各种数据进行分析，如下属公司和项目的排名统计、近期的隐患趋势分析、隐患类别统计分析，并能把相关问题聚焦到分包单位和相关责任人进行统计等功能，可以对现场人员进行安全工作考核，综合分析各下属公司和项目的安全风险管控水平和能力，支持从提供报表中导出的功能。系统支持分级管理的功能，上级单位可以查看下级单位的数据和分析情况，公司可以查看下属公司的业务数据和分析数据，下属公司可以查看项目的相关数据，满足各管理级别对安全隐患风险的监控。系统通过对事故隐患和风险不同维度的统计分析，为企业的隐患排查、风险预警、安全绩效考核、统计分析等各类安全管理工作提供科学依据和决策参考（图11-4）。

11.1.2.8 安全评价

系统可按照预先设置的评分内容进行现场评分检查，并能进行多项目的排名。评分完成后，可通过系统直接下发整改通知单，无须提前在项目中设置评分接收人，每次评分均可针对不同的用表选择不同的整改负责人进行处理。

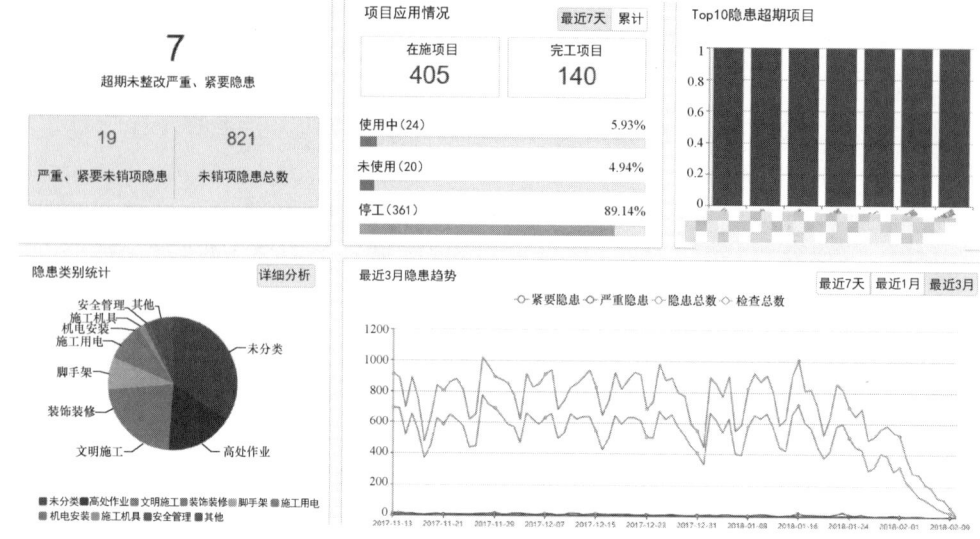

图 11-4 管理系统查看安全数据

此外，系统提供应用率统计、应用检视表、安全日志统计、企业人员履职、项目人员履职；多个维度的查询，支持导出对应格式的报表查看，通过系统可以查看并统计各参建单位、项目部的系统使用情况和统计数据。系统可进行排名、考核，可自动对安全状况不佳的项目部进行排名，给出数字化考核标准，让考核有据可依，更好地监管现场安全人员的安全责任落实工作，对各级安全管理履职尽责工作进行全面监控。

11.2 风险管控

11.2.1 需求分析

城市轨道交通建设项目建设周期长、施工难度大，受环境、施工人员、资金等多方面因素的影响，存在较大的不确定性。为了有效提高城市轨道交通建设项目的建设质量和管理效果，有效分析存在的风险，以及风险可能导致的不良后果，并制定有效的防治措施，这对于城市轨道交通建设项目而言至关重要。

风险治理的主要任务是加强对各种风险源的调查研判，提高动态监测、实时预警能力，推进风险防控工作科学化、精细化，对各种风险及其原因都要心中有数、对症下药、综合施策，出手及时有力，力争把风险化解在源头，不让小风险演化为大风险，不让个别风险演化为综合风险，不让局部风险演化为区域性或系统性风险，在风险治理中要坚持防范为先为重、防范管控化解处置有机结合衔接。

国务院安委办 2016 年 10 月 9 日印发《关于实施遏制重特大事故工作指南构建安全风险分级管控和隐患排查治理双重预防机制的意见》，要求坚持风险预控、关口前移，全面推行安全风险分级管控，进一步强化隐患排查治理，尽快建立健全相关工作制度和规范，完善技术工程支撑、智能化管控、第三方专业化服务的保障措施，实现企业安全风险自辨自控、隐患自查自治，形成政府领导有力、部门监管有效、企业责任落实、社会参与有序的工作格局，提升安全生产整体预控能力，夯实遏制重特大事故的坚强基础。

近年来，住房城乡建设部十分重视城市轨道交通工程建设的安全风险预防控制，连续发布了《城市轨道交通工程安全质量管理暂行办法》（建质〔2010〕5号）、《城市轨道交通地下工程建设风险管理规范》GB 50652—2011、《住房城乡建设部办公厅关于加强城市轨道交通工程关键节点风险管控的通知》（建办质〔2017〕68号）、《危险性较大的分部分项工程安全管理规定》（住房城乡建设部令〔2018〕37号）等相关规章和规范，要求城市轨道交通工程建设单位和参建各方要高度重视安全风险管控工作，全面落实企业主体责任，严格控制施工风险。轨道交通各参建单位应及时响应政府要求，制定完善的工程建设安全风险预防控制制度和技术标准，建立可行、成熟的安全风险动态预防控制体系和方法，加强风险管控工作。

2020年6月7日，广东省安委办、省应急管理厅发出通知，要求全面推行"一线三排"工作机制（"一线"是指坚守发展决不能以牺牲安全为代价这条不可逾越的红线；"三排"是指排查、排序、排解），并把"一线三排"作为考核巡查、事故调查的重点，对在"一线三排"上搞形式主义、导致事故发生的，依法从严追责问责。

在全面排查方面，各地、各部门、各企业要全面、深入、彻底地组织排查，解决看不到风险、查不到隐患、不把隐患当回事的问题；要借助科技信息化手段，探索建立数据互联、物联感知的风险监测预警和隐患排查治理信息系统，实现风险隐患"一张图"和数据库。

在科学排序方面，各地、各部门、各企业要深入开展风险隐患排查治理的分析研判工作；要建立常态化的风险隐患研判机制，从运行监控、监管执法、事故统计等数据中研判风险，从人的不安全行为、物的不安全状态、作业环境的不安全因素及管理的缺陷中研判隐患，对照风险隐患分级标准，科学判定重大风险、重大隐患，分区分类加强安全风险管控和监管执法。

在有效排解方面，各地、各部门要对排查出来的重大风险、重大隐患严格执行挂牌警示、挂牌督办规定，落实风险管控"四早"措施（早发现、早研判、早预警、早控制），做到隐患整治"五到位"（责任到位、措施到位、时限到位、资金到位、预案到位），防患于未然。

面对严峻形势，大力推进轨道交通工程建设风险管控、隐患排查数字化工作，着力构建双重预防机制，以科学的安全风险辨识程序和方法全方位、全过程辨识生产工艺工法、设备设施、作业环境、人员行为和管理体系等方面存在的安全风险，科学评定安全风险等级，建立安全风险数据库，绘制"红橙黄蓝"四色安全风险空间分布图，对安全风险进行有效管控，确保安全风险始终处于受控范围内，并通过系统应用建立完善的隐患排查治理体系，实现隐患排查治理的闭环管理。

1. 全天候的风险可视化监控

实时采集工程现场的人员、设备机械、关键施工部位信息及环境信息等，动态更新风险信息、施工方案、应急方案等基础信息，进行直观、动态、综合、统一的建设管理监控信息可视化展示。探索应急指挥"一张图"综合决策建设，通过对人员、机械、风险、施工监测点、应急物资、方案等集中展示，实现数据交互与共享，打通信息流转通道，确保对施工现场的全天候监控，提高在应对应急情况下的指挥能力。

2. 全方位的风险预防预控

坚持"安全第一，预防为主"的方针，从可能导致事故发生的人的不安全行为、物的危险状态、管理上的缺陷及工程本身的风险出发，通过数字化技术实现对施工现场"人、机、料、法、环"等各关键要素的全息感知、实时互联与泛在融合，通过将基础数据与监控数据有机结合，对预警、响应及消警信息进行跟踪、对比、汇总，构建全方位的安全预防预控系统。

进一步加强劳务实名制管理，通过视频智能分析指导工人的作业行为；通过系统规范设备进场行为、重大设备状态实时监控，对设备设施统一监督管理；通过环境监测系统有效提升文明施工水平；严格落实安全风险分级管控和隐患排查治理双重预防机制，将预防安全风险和治理安全隐患相结合，对施工现场安全作业存在的违章作业、操作等"顽疾""恶习"要痛下狠手、"除恶务尽"。

3. 全过程的风险闭环管控

坚持以"风险管理"为核心的理念，建立从风险辨识与评估、关键节点验收、全面管控、动态更新及事后评价的全过程风险闭环管控链路。

严格落实风险的分级管控机制，在开工伊始就要从严加强对工程实施中的风险辨识与预控，坚持全面风险排查、分级评估，做好"四个报告"和安全风险评估，引入业内资深专家、第三方机构进行审查确认。抓实抓细安全风险动态排查更新工作，每季度进行安全风险动态排查更新评估，落实施工法人单位安全评估制度，在系统上及时动态更新。及时落实风险防范措施，严格落实风险管控关键节点实施前条件验收，加强对风险的综合信息展示及过程管控，在系统上要求实现风险点的巡查监控记录及预警，实时掌握全项目风险情况。施工后，组织开展安全风险评估评价工作，制定风险评价报告，实施风险闭环管控。

安全风险分级管控是隐患排查治理的"基础"。根据安全风险分级管控的要求，开展风险点识别、危险源辨识、风险评价、典型措施制定和风险分级，确定风险点、危险源为隐患排查的对象，即"排查点"。

11.2.2 功能实践

风险管控和隐患排查治理双体系作为安全系统管理的两个核心环节，在职业健康安全管理体系、安全生产标准化建设中均有明确要求，并作为其基础关键环节存在。其核心理念也是运用 PDCA 模式与过程方法，系统地进行风险点识别、风险评估与管控措施的确定，并对各个过程制定规则、原则，进行过程控制并做到持续改进。

11.2.2.1 风险管控

1. 风险分级管控

风险分级管控是双重预防体系的第一部分，是实现风险预控、关口前移的关键环节。

系统提供从策划准备、风险辨识、风险评价、风险分级管控到隐患排查治理完整的双重预防建设流程每一步的信息化解决方案。

2. 风险清单库

系统提供风险清单数据库，清单库集合常见风险项，可以满足所有工点使用，对开展风险分级管控带来了极大的便利。

3. 风险管控

系统提供从风险辨识、风险评价、风险管控到风险告知全流程管控。一键辨识出每个工点存在的风险点，并实现对各风险点的危险源辨识与分析。根据集团级、总部级、建管部级、项目部级不同的管控级别，可对每条风险自动生成对应的管控措施。这些信息在监控系统可以按组织层级层层查看，并且对于没有进行排查处理的风险项系统会自动报警。

4. 风险源管理

系统中有全面、专业的交通行业的风险项清单库，各站点/区间可从集团或公司库中识别风险项，进行该施工进度下风险项的辨识和统计。识别后的风险项通过移动端进行排查，通过电脑端进行分析。

(1) 风险辨识

依据施工进度，对施工过程中潜在的安全风险，或者某个部位潜在的风险进行的识别工作。

地铁建设工程主要安全风险为：工程地质风险、工程自身风险、工程周边环境风险。其中，工程自身风险可分为明（盖）挖法工程自身风险、盾构法工程自身风险、矿山法工程自身风险、高架段工程自身风险、机电安装工程自身风险等。

(2) 风险评价

各站点/区间根据施工进度识别出风险项，在这里进行该风险项的风险因素分析和风险等级评定，按照 LECD 方法进行风险等级的评定。

安全风险从安全风险事件造成后果的严重程度（S）、可能性（L）和历史发生影响度（F）进行分级认定评估，评估出风险程度 R［风险程度 R＝事件后果严重程度（S）×事件发生可能性（L）×事件历史发生影响度（F）］。

根据严重程度、风险发生的可能性和历史发生影响度等条件，结合设计施工方案或工程控制措施、施工条件的变化等因素综合确定安全风险等级。安全风险等级由大到小分为四级（Ⅰ～Ⅳ，其中Ⅱ级、Ⅲ级和Ⅳ级风险分别分为风险较大的、风险较小的两个等级），风险等级包括Ⅰ级、Ⅱ级、Ⅲ级、Ⅳ级。

(3) 风险管控

风险项评级之后，以原始风险为基础，结合管控措施情况，通过制定相应的风险处置措施和方案以达到最大限度地消减风险发生概率，在这个模块里设定风险项的管控层级和相应责任人。风险管控层级包括：集团级、总部级、建管部级、项目部级。

(4) 关键节点风险管控

关键节点是指轨道交通工程开（复）工或施工过程中风险较大、风险集中或工序转换时容易发生事故和险情的关键工序和重要部位。关键节点风险管控坚持全面识别、重点管控、各负其责、强化落实的原则，通过系统开展关键节点施工前条件核查，对城市轨道交通工程施工关键工序和重要部位实施风险管控。

(5) 风险预警分类与分级

安全风险管理实施分级预警。依据安全风险事件可能造成的危害程度、发展情况和紧迫性等因素，由低到高划分为黄色、橙色、红色三个预警级别。其中新线建设预警还需设置监测预警、巡视预警和综合预警三类。

监测预警：根据设计单位提出的监控量测控制指标值，将施工过程中监测点的预警状态按严重程度由小到大分为三级：黄色、橙色、红色三个预警级别。另外，红色预警根据变形绝对值和速率值超出控制值范围由小到大分为三级：Ⅲ级、Ⅱ级、Ⅰ级红色预警。

巡视预警：指施工过程中通过巡视，发现安全隐患或不安全状态而进行的预警状况；根据现场巡视情况判断。按严重程度由小到大分为三级：黄色巡视预警、橙色巡视预警和红色巡视预警。

1）黄色巡视预警：工程存在轻度安全风险方面的不安全状态。

2）橙色巡视预警：工程存在较严重安全风险方面的不安全状态。

3）红色巡视预警：工程存在严重安全风险方面的不安全状态。

综合预警：施工过程中根据现场参与各方的监测、巡视信息，并通过核查、综合分析和专家论证等，及时综合判定出工程风险不安全状态而进行的预警。按严重程度由小到大分为三级：黄色综合预警、橙色综合预警和红色综合预警。

5. 风险预警发布与响应

（1）建设单位和参建各方应根据风险管控等级的不同参与各类预警响应。

（2）相关参建各方应对已发布预警的工程部位及工程周边环境加强监测和巡视，施工单位应对预警部位及时采取必要措施，避免风险事件（事故）的发生。

（3）监测、巡视预警响应：预警发布后，施工单位应立即采取处置措施进行响应，监理单位组织施工单位、第三方监测单位进行分析，立即制定措施遏制风险的发展。若为红色预警施工及设计单位应先提出初步分析和处理方案，监理单位立即组织相关预警响应单位（部门）参与预警分析会议，制定预警处置方案并督促施工单位立即组织实施，消除险情。

（4）综合预警响应：预警发布后，施工单位应第一时间采取处置措施进行响应，施工及设计单位提出初步分析和处理方案，监理单位立即组织相关预警响应单位（部门）参与预警分析会议，施工单位项目技术负责人负责制定风险处理方案，项目经理主持并组织风险处理。

（5）发布预警后，相关各方应在规定时间内进行响应，一般情况下红色预警4h内响应、橙色预警6h内响应、黄色预警8h内响应，特殊情况下响应时间可适当进行延长，但最晚不得超过24h。

（6）当判定工程风险处于红色综合预警时，在发布预警的同时，施工单位应立即启动应急预案，及时采取现场处置工作。

（7）预警发布后由监理组织响应单位（部门）召开预警分析会，预警分析会应核实分析以下内容：核实预警信息；分析预警原因，包含技术因素、环境因素、管理因素等；判断风险工程的安全状态；研究具体的工程处置方案。

(8) 现场分析会后,施工单位应落实商定的处置措施,由建管部负责监督,监理单位、第三方监测单位等跟踪处置效果。

(9) 相关各方应对已发布预警的工程部位及工程周边环境加强监测和巡视,施工单位应第一时间对预警部位及时采取必要处置措施,避免风险事件(事故)的发生。

6. 风险预警消警

(1) 工程实施过程中,通过相关技术措施与管理手段,达到消除工程风险且具备解除警戒条件的,可进行消警。工程消警分为监测预警消警、巡视预警消警和综合预警消警三类。

(2) 预警消警应遵循"谁发布,谁解除"的原则。

(3) 在工程安全风险处理结束后,至少具备以下条件之一时,即达到消警标准。

1) 预警期间没有发生工程自身事故或环境风险事故,且没有次生灾害发生,监测数据变化持续在规定的控制值范围内,预警部位已不影响施工安全、城市轨道交通结构安全和周边环境安全,且已不存在后期大的受力转换和监测数据变化可能。

2) 监测预警发生范围内城市轨道交通主体结构工程已经完成,不存在后期大的受力转换和监测数据变化可能。

3) 发生了工程自身事故或环境风险事故并已进行了妥善处理,监测数据变化持续在规定的控制值范围内,预警部位已不影响施工安全、城市轨道交通结构安全和周边环境安全,且已不存在后期大的受力转换和监测数据变化可能。

(4) 综合预警消警经建设、施工、监理、勘察、设计、第三方监测六方会议或专家会议综合分析评估,确认工程自身风险和环境风险解除时,即达到消警标准。

(5) 监测预警、巡视预警消警程序

1) 黄色预警由施工单位提交消警申请表(主要内容包括预警响应及处理情况、监测数据稳定性分析、现场巡视状况及安全评价等),经监理单位和第三方监测单位审核,报监理单位总监代表审批后进行消警,并抄报建设总部建管部和预警发布单位备案。

2) 橙色预警由施工单位提交消警申请表,经监理单位和第三方监测单位审核,报监理单位总监理工程师审批后进行消警,并抄报建设总部建管部、质量安全部和预警发布单位备案。

3) 红色预警由施工单位提交消警申请表,经监理单位、第三方监测单位审核,报监理单位总监理工程师审批后进行消警,并报送建设总部建管部、质量安全部和预警发布单位备案,抄报集团安监部。

(6) 综合预警消警程序

1) 黄色综合预警通过六方会议或专家会议综合分析评估确认工程自身风险和环境风险解除后,由施工单位提交消警申请表,由监理单位组织审查(必要时组织召开消警分析会)。

2) 橙色综合预警通过六方会议或专家会议综合分析评估确认工程自身风险和环境风险解除后,由施工单位提交消警申请表,由监理单位组织初审(必要时组织召开消警分析会),经建管部进行审核。

3) 红色综合预警通过六方会议或专家会议综合分析评估确认工程自身风险和环

风险解除后，由施工单位提交消警申请表，由监理单位组织初审（必要时组织召开消警分析会），经建管部进行审核，报质量安全部备案。

（7）参与监测、巡视和综合预警消警单位（部门）应根据预警级别、风险控制等级和原始风险等级确定。对于集团级风险的预警，在消警后应报送集团安监部备案。

11.2.2.2 隐患排查

建立安全生产事故隐患排查治理长效机制，推进工程项目安全隐患排查治理工作，彻底消除事故隐患，有效防止和减少各类事故的发生。将事故隐患分为一般事故隐患和重大事故隐患。一般事故隐患是指危害和整改难度较小，发现后能够立即整改排除的隐患。重大事故隐患是指危害和整改难度较大，应全部或者局部停产停业，并经过一定时间整改治理方能排除的隐患，或者因外部因素影响致使生产经营单位自身难以排除的隐患。

发现隐患，排查隐患，解除隐患。现场隐患排查包括日常巡查、周检查、月检查等定期检查，起重吊装等专项检查，以及各工点的综合大检查或突击检查等。在具体的落实执行过程中，通过数字系统严格落实排查整改复查，监管整改过程，形成闭环流程。

1. 隐患排查计划

各站点/区间依据施工进度进行风险项的排查，排查之前在这个模块里进行相应的风险项排查计划安排。

排查类别可以是日常排查，也可以是专项排查或综合排查，排查周期可以按每日、每周、每月、每季度、每年，并且可以设置每个周期下排查几次。

2. App 隐患排查

排查计划任务建立以后，每个风险项的相关责任人会在手机 App 端收到一项待办任务，可以对待办任务进行排查及拍照。

如果排查结果不合格，系统会自动将此风险升级为隐患，继续进行隐患的整改，再进行隐患的复查，直至复查结果合格，此隐患才会消除。

涵盖各个组织结构的工作流程，有权限的用户可进行相应的整改、查看功能（图 11-5）。

3. 隐患排查执行

App 执行排查任务之后，这个模块可以进行风险源的排查情况查看及详细情况查看。

经实际应用验证，系统建设实现了安全管理建设既定目标：

（1）应用信息化手段加强集团的现场施工安全管理，提升管理水平。

（2）加强集团公司统一管理，梳理集团整体的风险清单库管理。

（3）加强风险项的日常管理工作，从风险辨识-风险评价-风险管控-风险排查-隐患治理-隐患复查，系统化地进行风险项管理。

（4）风险项的日常检查频次可以灵活设置，可以按照需要灵活设置排查周期。

（5）使用移动端 App 可以随时进行排查工作，对现场排查记录及时登记、拍照，管理层可以实时查询。

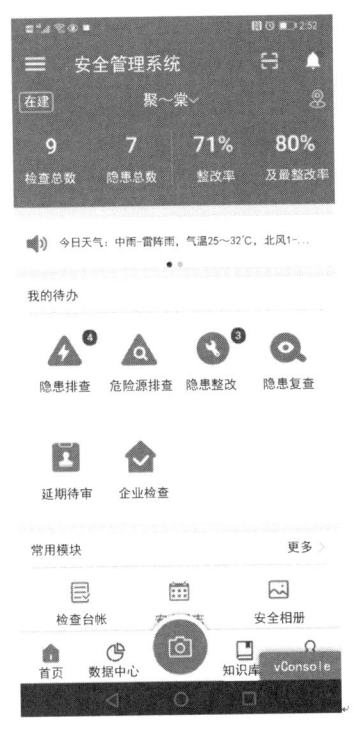

图 11-5 App 端执行排查任务

11.3 质量管理

11.3.1 需求分析

质量是产业和企业发展的"生命线",轨道交通是民生工程,各参建单位坚持质量为本的原则,坚持"百年大计,质量为本",在工程建设中把"质量为本"作为对工程质量控制的基本原则,充分发挥工匠精神、担当精神。以对人民负责的态度打造精品工程,使地铁彰显城市文化魅力;以对城市负责的态度打造品牌工程,使地铁成为彰显城市特色的新名片;以对历史负责的精神打造百年工程,使地铁经得起时间的检验。

轨道交通工程质量管理是指为保证和提高工程质量,运用一整套质量管理体系、手段和方法所进行的系统管理活动。工程质量好与坏,是一个根本性的问题。工程项目建设投资大,建成及使用时期长,只有合乎质量标准,才能投入生产和交付使用。在工程项目推进中,通过数字化手段进行全面质量管理,以《质量管理体系要求》GB/T 19001—2016 质量体系为中心,建立合理的质量管理机构并保持一个健全的工程质量保证体系,完善质量管理制度,制定完整而严密的质量控制流程,满足符合国家、行业和地方工程施工质量验收规范和标准的质量目标。

系统以保证和提高工程质量为目标,通过强化责任和管理、施工过程控制,建立一个从安全质量、施工环保、综合协调、奖罚保证、物资设备采购,再到工程试验检验、施工保证、工程验收的质量保证系统,把质量管理各阶段、各环节的质量职能在线严密组织起来,通过 PDCA 的闭环控制加强质量管理,形成一个既有明确任务、职责、权限,又能互相协调、促进的质量保证体系。

11.3.2 功能实践

通过系统建立质量管理数据仓库,以此为基础实现现场质量检查、整改、复查等业务智能流转。通过数字化手段的应用,有效检查各参建单位质量管理体系的建立健全,通过数据指标实时监督和落实体系的有效运行,最终完成质量目标,实现高水平建设。

坚持以预防为主的原则:重点做好工程质量的事先控制和事中控制,以预防为主,加强工程实施过程中质量检查和控制的原则。

坚持质量规范和标准的原则:质量规范和标准是评价工程质量的标尺,工程质量评定是否符合合同规定的质量要求,应坚持符合质量规范和标准的原则。

坚持以人为核心的原则:在工程质量控制中,要以人为核心,重点控制人的业务素质和人的行为,充分发挥人的积极性和创造性,以人的工作质量保证工程质量。

坚持"实事求是、客观公正"的原则:在质量检查、质量考核、质量评价中应遵循"实事求是、客观公正"的原则。

1. 质量体系管理

项目的质量体系是保证项目质量的最重要的一环,在项目开工前期,要求项目经理或者技术负责人确定项目的质量管理体系并形成文件。

系统主要功能是上传质量体系文件,通过系统提交相关部门审批,通过后形成项目关键文件并自动进行归档。

通过系统查看所辖项目的质量保证体系文件,及时了解项目质量管理体系状况,并据此进行检查,对发现的问题进行处理。

2. 质量创优策划

项目的创优策划是针对合同或者公司要求的项目创优目标进行策划的管理活动,创优策划是保证项目质量达标的一项重要工作。

系统主要功能是上传项目创优策划文件,通过系统提交相关部门审批,通过后形成项目关键文件并自动进行归档。

通过系统查看所辖项目的质量创优及策划文件,及时了解项目质量创优及准备状况,并据此进行检查,对发现的问题进行处理。

3. 质量整体概况

系统实现对项目质量状况的实时监控,自动生成业务表单,最终通过大数据的手段进行指标分析、趋势分析,为决策提供数据依据。

(1)质量监控指标:汇总各个指标的异常数、预警数和正常数。

(2)质量监督检查:列举所有监督检查中所发现问题的已关闭数与未关闭数。

(3)质量事件考核:列举所有质量事件中各个等级的占比,包含一般质量事件、严重质量事件、质量事故。

11.3.2.1 设计质量

1. 全专业集成设计

设计是质量控制的源头，系统整合不同专业设计软件，提供统一设计环境，各专业设计工程师在方案设计、初步设计、施工图设计和深化设计等阶段，以全专业集成的BIM模型为载体进行智能设计。系统集成融合度极高，多专业设计过程中相互影响和联动，专业间及时响应、敏捷设计，最大化提升设计质量和效率（图11-6）。

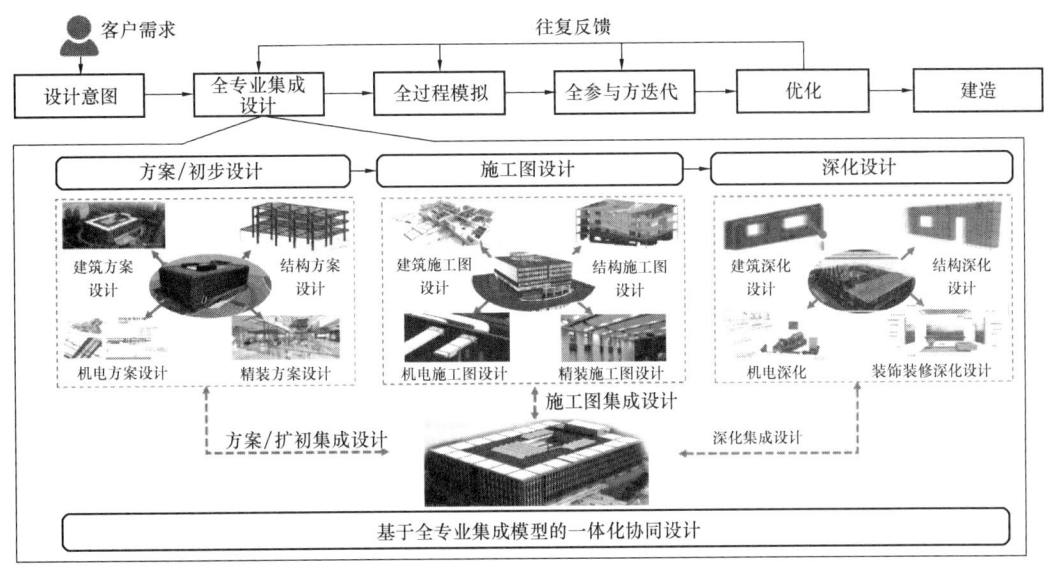

图 11-6 全专业集成设计

在施工图设计阶段，结合方案设计情况和规范要求，对建筑、结构、机电、装饰等进行细化和完善。系统实时将多专业模型集成形成唯一的设计数据源，各专业基于统一的集成模型联动设计，一模多用，进行结构施工图设计，自动化完成预留预埋设计，完成室内精装施工图设计，确定装饰装修材料，明确工艺做法。全专业集成的施工图设计最大化消除专业间的冲突，保证设计质量。

在深化设计阶段，基于建筑、结构、机电、装饰一体化模型，对具有施工工艺复杂、规模较大等特征的重点部位进行完善和深入表达，明确施工方案设计。同时，基于集成模型同步完成装饰装修的施工图设计调整与深化，改变传统方式下主体施工完成后再进行装饰装修设计的流程，最大化消除拆改浪费。

2. 全过程模拟仿真

系统以客户需求为牵引，充分考虑工程的功能和性能、方案的合理性、施工的可实施性与运维阶段的可维护性，对建筑设计-生产/施工-运维等过程进行模拟仿真，在实体建造之前先全数字化虚拟建造，以"以虚试错"的方式避免实体建造过程中的各种问题，最大化消除实体建造过程中的不确定性，优化设计方案，最优化节本降耗，全面提升工程质量。

（1）功能模拟。通过系统的参数化建模、大数据等数字化手段，对空间布局、服务设施分布等从人性化角度设计、优化，达到功能分区明确、合理，使用方便、舒适，最大化满足人们对轨道交通工程功能的需求。在性能模拟方面，通过模拟光照、噪声、灾害受损、人流疏散、消防等情况，对建筑采光、结构受力及机电系统负荷等性能设计方案优化与再模拟，直至实现建筑性能最优。

（2）生产模拟。系统有效连接"数字工厂"，将数字化设计模型输出到智能生产设备。智能调度中心根据施工进度计划进行数字生产线工艺设计、分析、仿真和优化，找出最优排产计划及生产资源配置，达到智能设备生产无冲突，并生成相应的工艺工法指导书，来指导实际生产。虚拟生产可极大地提高生产效率，避免资源浪费。

（3）施工模拟。系统在设计模型基础上输入工程建造所需的工艺工法、定额、工料等附加信息，形成智能化的施工信息模型。通过大数据和AI赋能，结合项目特定施工约束条件，快速生成项目数字化施工方案，根据数字施工方案虚拟施工，并实时计算资源需求，对施工方案调整优化，形成工期、成本、质量等综合最优的施工方案。

3. 工业化精益建造

系统实现基于数字孪生的工业化精益建造，使任务排程最小到工序，图纸细化到作业指导书，工艺工法标准化，实现工厂精益生产和现场精益建造的两化融合（工业化＋精益化）。融合工厂生产和现场施工的一体化"数字生产线"，与工厂工业化生产、现场工业化施工的"物理生产线"实时在线连接与智能交互协作，以现场工业化建造驱动工厂工业化生产，达到智能化的生产调度、物流调度、施工调度等。借助数字工地与实体工地的数字孪生，实现对人员、机械、材料等各要素的实时感知、分析、决策和智能施工作业，实现两场/厂联动和两线生产，将工程建造提升到工业级精细化水平，交付工业级品质的建筑产品（图11-7）。

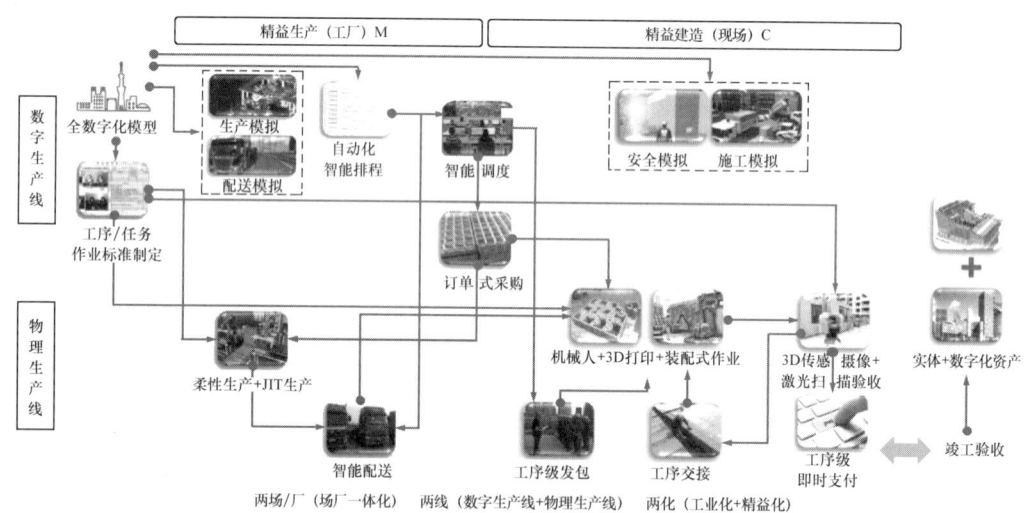

图11-7 基于数字孪生的工业化精益建造场景

系统以工序为核心进行线上数字虚拟建造与线下精益实体建造，先模拟后实施，以精益理念推动精准管理，实现数字孪生精益建造。其中，虚拟建造包括线上工序级的深化设计、进度排程、资源采购和施工模拟等。实体建造包括工序级的资源供应、施工作业、验收交付和现场措施搭建等。通过虚实联动，最大限度消除施工过程中的不确定性，实现浪费最小化、价值最大化。

以工序为核心的虚拟建造。系统进行以工序为核心的虚拟建造，将设计深化到工序级，进度排程精确到末位工时。按照进度排程模拟资源采购计划，通过施工模拟保证工序排程的正确性，以及各工作面的合理衔接，确保物料供应与作业协调均衡、场地利用有序、工作面转换衔接顺畅，实现施工方案的合理、高效。

工序级任务包驱动的实体建造。系统现场调度将整个施工计划进行逐级拆解、细化，直至达到工序级任务包，依照排程顺序及约束条件向工人或智能设备推送任务包进行施工作业。明确每道工序的任务人、检查人、所在工作面、工法标准要求、质量验收标准、计量与支付金额等数据，确保其实体建造中可执行、可验收、可计量。电子化作业标准随时可查，并按照工序级验收交付，实现精细化管理、质量零缺陷。

11.3.2.2 质量交底

系统应用 BIM 模型质量控制方案进行交底，利用模型浏览进行视点标注，将质量重要关注点进行标识，或将质量方案和模型建立关联，配合多视角、多专业组和视点图片进行交底，消除主观判断带来的信息不对称。

基于 BIM 实现模型变更和计划变更，并能模拟重要方案，实现静态和动态碰撞检查。

11.3.2.3 现场质量管理

1. 质量巡检

系统支持已有标准录入，针对项目特色，将常见的质量标准录入质量标准库。甲方指定监理单位工程师或者项目工程师去验收质量问题时，可以按照已有质量标准根据现场实际情况如实录入。并且系统设定满足标准的临界数值，在不满足标准的条件下，系统可实时做出预警，实现质量问题智能预控。

现场质量员在例行检查过程中，通过手机针对质量问题，直接拍照并填写质量问题内容、检查区域、责任人、整改期限、罚款金额等信息，填写完成后系统自动推送给相关整改人。整改人接到相关隐患整改通知后，对相关隐患进行整改，将整改后照片拍照上传至系统，整改结果填写完成后系统自动推送给检查人进行复查。检查人在收到系统的复查提醒后，对现场质量问题进行复查，复查合格后将复查结果拍照上传至系统，工作闭合。当复查不合格时，可再次将整改任务推送给责任人去整改。当现场发生重大质量问题时，系统可自动推送给项目经理及公司相关领导。

通过调取 BIM 模型，实现质量、安全检查记录与 BIM 模型相关联，进行后续跟踪和查询。在 BIM5D 系统中，以气泡形式展示质量安全在模型中的位置，以方便对现场质量安全管理进行统一管理（图 11-8）。

通过此套巡检机制，可有效记录现场质量管理业务细节，所有工作环节规范化。整改工作责任到人，防止发生互相推诿事件。同时，项目及公司层领导也可以通过手机实时监控现场的质量管理状况，重大问题随时提醒到手机上，做好事前控制，防患于未然。

2. 实测实量

系统手机端提供实测实量功能，方便现场检查人员及时记录测量信息，系统后台对

图 11-8 质量安全问题气泡展示

测量结果按照工程类别自动汇总。全过程记录现场安全管理工作，提高一线工作人员工作效率。

3. 质量检测管理

系统提供质量检测管理功能，进行检测方案、检测记录、检测报告的统一管理。

系统对材料见证取样进行数字化管理，落实送检二维码信息技术制度和混凝土试块植入芯片制度。材料见证取样送检做好送检材料二维码标识，现场混凝土试件做好植入芯片工作。

系统根据材料进场和工程进度，进行材料送检测和工程实体检测工作管理，建立工程质量检测不合格台账，督促施工单位编制不合格情况处理方案，做好不合格情况处理闭合管理。

4. 样板管理

工程实行样板引路制度，在单位工程开工前，监理单位应制定样板引路验收制度、计划、标准，确保重要分项工程质量验收标准的统一；施工单位应根据工程的特点、施工难点、工序的重点、防治工程质量通病措施等方面的需要，编制工程质量样板引路方案。

通过系统模型、动画、数据等说明样板工程的主要施工方法、涉及的相关技术质量要求、操作流程、注意事项等，细化各种样板工序，并应用数字化手段进行重要部位或环节分项工程的样板验收，主要包括：地下连续墙第一幅墙、第一个桩基础、车站（中间风井、房屋建筑等基坑）第一段结构、第一批管片生产、盾构隧道首次推进及拼装、矿山法第一段开挖及支护、二衬第一模筑段、防水施工第一次铺设段、第一个墩柱、第一片梁制作及架设、第一段路基填筑、预应力张拉、钢结构重要节点、多导洞施工扣拱开挖和其他重要部位（环节）分项工程。

5. 资料管理

资料是工程建设必不可少的组成部分，资料的管理是否规范从一定方面上反映参建单位的综合技术水平。因此系统支持建立地标规范目录，实现统一所有竣工项目的资料标准化管理；同时具备过程资料管理及竣工资料组卷、查询、检索、分类管理的功能，保证工程建设过程资料及竣工资料的完整性。

11.3.2.4 质量分析及评定

系统提供强大的数据分析功能，可按照责任人、分包单位、责任区域、问题发生趋势等多维度对现场的检查数据进行实时分析，并形成分析报表作为公司管理决策的依据。分析数据可通过手机端或电脑端实时查看，以保证相关领导实时掌握现场安全管理现状。

系统通过收集汇总项目现场各参与方在施工过程中发生的质量问题，形成质量问题分布趋势图，以大数据形式为提前预防质量问题提供指导依据，并且在发生质量问题时系统能进行提前预警（图11-9）。

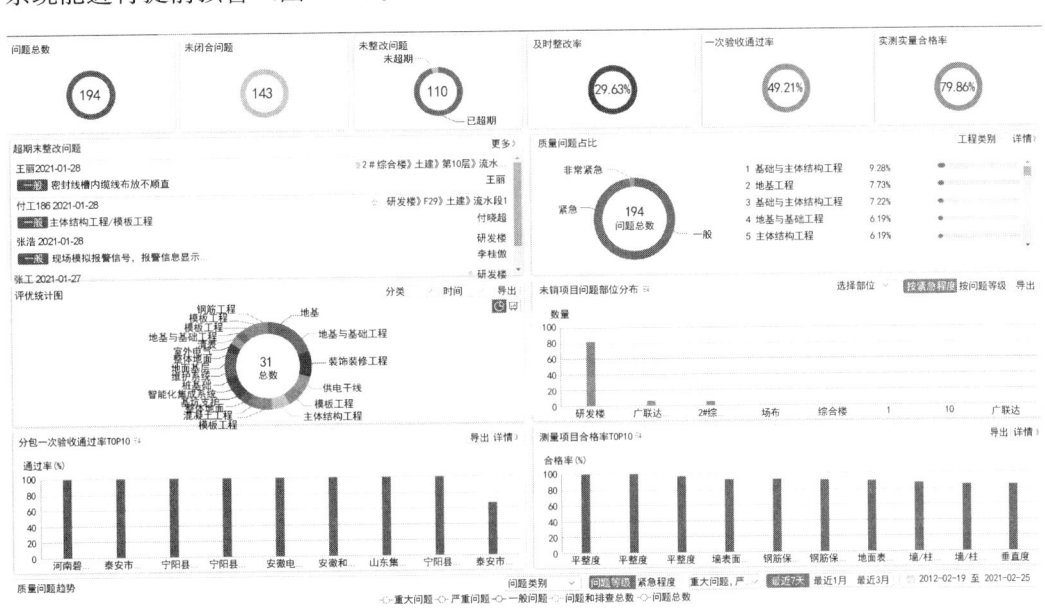

图11-9 质量问题分析

通过系统数据支撑质量等级评定和质量目标及结果查询，对工程情况进行评定，并对质量验收记录进行归档查询，完成工程档案的整理。

11.4 进度管理

11.4.1 需求分析

地铁工程线路长、规模大，因此既有施工复杂、施工难度大、风险高的特点，又有工期目标刚性大、工期紧张的特点,再加上当前地铁工程普遍存在的融资难、征地拆迁难等问题,进度管理的难度在不断加大。地铁工程的进度管理,对于管理者和建设者来说,都是相当艰巨的挑战,存在的问题如下。

(1) 难以做到进度目标清晰化,难以科学地制定里程碑计划及关键节点。

(2) 难以建立以目标管理为核心的考核体系,难以强化进度管理力度。

(3) 难以做到地铁工程建设过程中的安全风险控制与进度管理紧密相关。

(4) 难以运用WBS原理进行工作分解,难以制定施工详细进度计划,并随时做好进度计划的动态调整。

因此,要做好地铁工程的进度管理,首先要明确地铁建设的项目目标,科学制定各条线路建设的里程碑计划及关键节点计划。其次运用工作分解结构WBS原理,制定施工详细进度计划,并做好进度计划的动态调整。高度重视地铁工程建设过程中的安全风险控制,建立以目标管理为核心的考核体系,强化进度管理的力度。

11.4.2 功能实践

11.4.2.1 计划管理

"凡事预则立,不预则废"。系统从工期总策划出发,细化工程策划及季度滚动目标,并据此形成项目管理与专业管理的计划联动,进一步制定月度计划、周工作安排,建立严密的进度管控链。

进度计划是指在确保合同工期和主要里程碑时间的前提下,对设计、采办和施工的各项作业进行时间和逻辑上的合理安排,以达到合理利用资源、降低费用支出和减少施工干扰的目的。系统提供专业、智能、易用的进度计划编制与管理(PDCA)工具和服务,辅助项目从源头快速有效制定合理的进度计划,快速计算最短工期、推演最优施工方案,提前规避施工冲突;施工过程中辅助项目计算关键线路变化,及时准确预警风险,指导纠偏,提供索赔依据;最终达到有效缩短工期、节约成本、增强企业和项目竞争力、降低履约风险的目的。

系统实现多级计划联动计算,解决项目设计计划、施工计划、设备到货计划等多级计划之间相互脱节、计划赶不上变化、计划和生产相脱节的问题,并有效地支持项目进行全面计划管理(TPM),设计、施工、设备全面联动、相互支撑,并自动进行逻辑关系错漏问题,检查关键路径和工期是否正确,确保进度计划高质量编制,时间+空间+逻辑关系三位一体,让计划真正帮到生产。

系统通过关联实时进度,进行前锋线+关键线路动态管理,前锋线直观、全面反映计划与实际的差异,作业性计划的执行情况对上级控制性计划的具体影响也可以直观看出,方便项目及时发现进度提前和滞后偏差,分析原因,进而采取纠偏措施,打通PDCA循环,从而有效应对变化,解决计划与变化之间的动态平衡,让项目进度真正可控。

11.4.2.2 三级节点管理

通过现场进度的三级分级模式,将施工进度按照三个级别进行编制。根据各个级别管理人员关注点不同,通过线路、项目部、工点的三级管控方式,既能指导工点工程实施,又方便线路管理人员了解实时进度、关键节点,降低施工进度风险,保证项目进度顺利实施。

首先要录入进度节点计划,线路级管理人员录入一级进度节点计划,站点/区间级施工管理人员录入二级、三级进度节点计划。计划内容包括:节点工程名称、工程类型、计划开始时间、计划完成时间。

现场人员通过移动端在施工现场可以实时地进行实际完成情况的填报,填报进度计划的实际开始时间、实际完成量和实际完成时间。

在系统界面中,各级管理人员用各自权限登录不同组织,可以查看到相应进度节点的计划及进度执行情况(图11-10)。

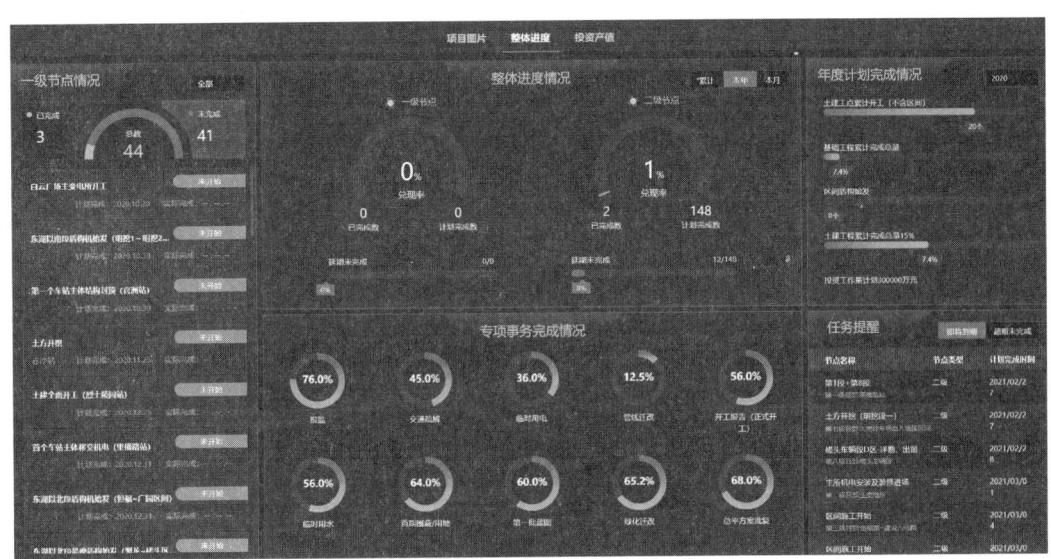

图 11-10 进度节点的总体完成情况

11.4.2.3 形象进度

无人机在建设工地上空巡飞一次,收集视频材料,视频会被转化成工地三维图片,导入汇总到系统,使管理者能够更形象、更直观地了解到工点工程建设情况。系统通过三维模型进行关联匹配,自动显示进度滞后部分,进而提升工作效率。同时也起到记录工程进度的作用,辅助进度管理。

11.4.2.4 专项事务管理

针对各个工点专项事务的完成进度,采用由线路管理人员进行专项事务下发给各个工点,由工点负责人员进行专项事务完成状态(未开始、进行中、已完成)的填报,以满足线路管理人员对各个工点专项事务完成进度的信息掌握,随时了解各个工点的项目事务动态。

线路级管理用户指定下发相关的专项事务,允许线路级管理用户对专项事务进行编辑、下发、废弃、查看等操作。工点级管理用户可在工点进行专项事务的填报、查看,均通过App端操作。工点级人员进行专项事务填报,借助工点级用户进行填报,支持在App端进行专项事务的填报。进入填报页面之后,选取不同的专项事务类型,根据业务情况填报专项事务的状态。

每项专项事务的填报状态包括：未开始、进行中、已完成、无该项事务。在线路级系统展示专项事务的完成情况，以及每个区间/站点的详细情况（图11-11）。

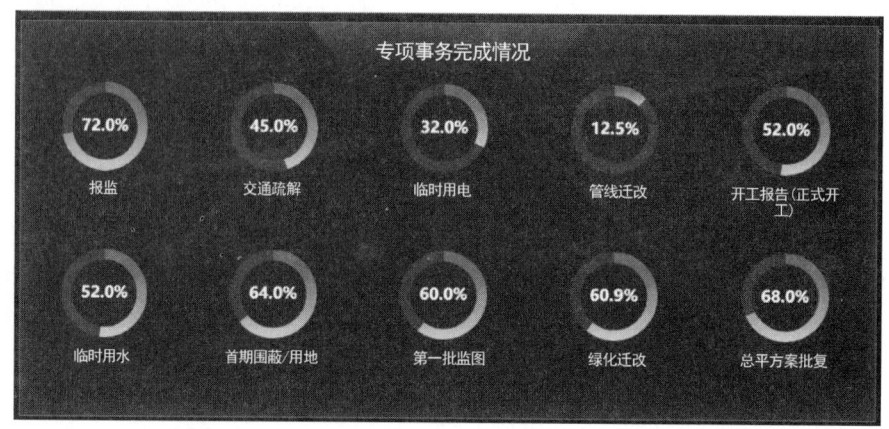

图11-11 所有类型专项事务的完成情况

经实际应用验证，系统建设实现了进度管理建设既定目标：

（1）任务清晰直观，结合计划时间对各项工作的计划都能够一目了然。

（2）任务分级能使各个层级管理人员进度管理目标更清晰，更细化的节点任务有助于指导施工单位的施工计划，较全局的节点任务有利于帮助施工方长期内的施工目标清晰。

（3）关键节点功能能够突出关键性的节点任务，有利于指导施工把握侧重点。

（4）分级填报功能能够使现场施工进度把控更加严谨，线路管理人员能够及时掌握线路、项目部、工点上的各层进度。

（5）对于系统管理人员，可以按照实际情况修改各级进度，更加贴近业务，管理方式灵活。

11.4.2.5 进度精细化管理

1. 工序精益管理

通过系统赋能，基于工序最小管理单位，对影响项目成功的进度、成本、质量、安全、环境五要素全面精益管理。在办公室进行工序级深化设计、进度排程、资源采购与供应等业务数字化，做到设计、排程、采购到位。利用系统实现办公室、工地、工作面的数字化和在线化，通过施工现场业务需求驱动相关资源配置，确保工地人材机供应到位、工作面作业到位，通过数据驱动的精益建造，达到质量安全可控的进度动态优化（图11-12）。

2. 工厂＋现场一体化

在系统赋能下，用软件和数据打造"数字生产线"，借助智能调度系统充分链接工厂与施工现场，以现场施工驱动工厂生产，通过工厂生产，实现节能、环保、提质和增效，通过现场工业化施工，满足个性化施工及定制需求。通过场厂一体化，实现全产业链协同与柔性生产（图11-13）。

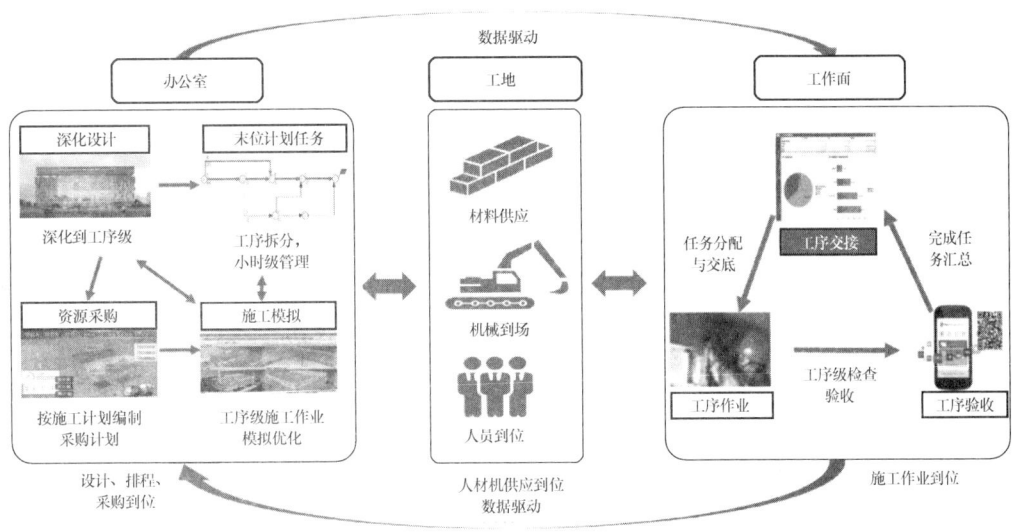

图 11-12 精益建造实践

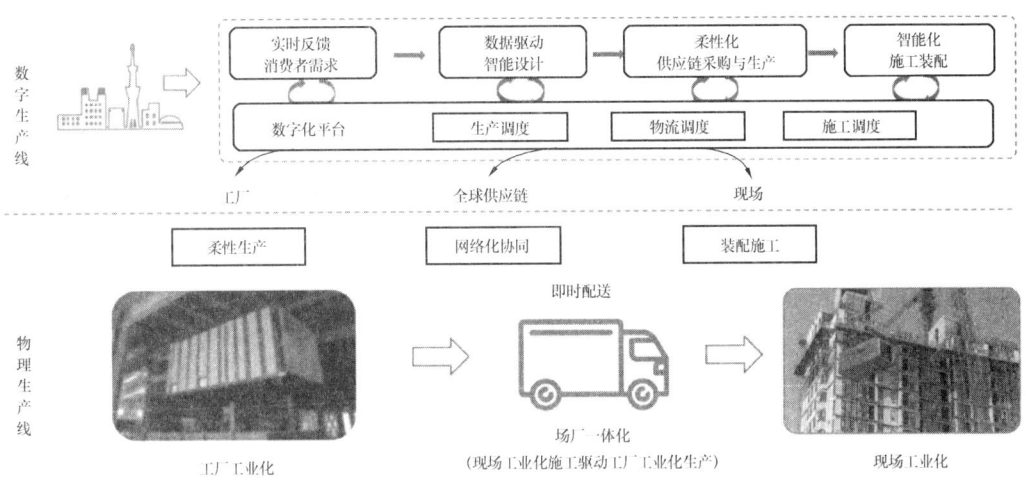

图 11-13 工厂＋现场一体化场景

现场工业化装配。现场工业化好比是"装配车间"，通过计划排程到末位级、时间精确到小时（甚至分钟）、任务执行最小到工序、"图纸模型"细化到构件的工业化手段实现精益建造。通过数字工地与实体工地的数字孪生，实现对人员、机械、材料、环境等各要素的实时感知、分析、决策和智能执行，形成"智慧工地"，将建造过程提升到工业级精细化水平。

工厂智能化生产。标准化、流程化的工厂生产实现构件及部品的大规模、柔性化生产，实现建筑从现场建造向现代工厂制造的转变。在数据驱动的智能工厂中，存在着一明一暗两条生产线，即物理生产线和数字生产线。在物理生产线中，通过引入数控机床、机械手臂等先进生产设备实现生产的自动化。在数据生产线中，通过物联网、大数据分析、人工智能等技术的赋能，实现智能排程、智能调度等生产过程中的数据流动自动化。数据流动自动化驱动生产设备的生产智能化，形成以自动排程、柔性生产为显著特征的工厂智能化生产。

"厂场"一体化联动。通过协同工厂生产和现场施工的一体化"数字生产线"，充分连接工厂与施工现场。通过智能调度系统，实现现场下单、生产排产、备料采购、构件生产、运输安装和现状安装等全过程信息在数字生产线的自动化流转，形成厂场一体化的智能化闭环流程，达到"厂场"一体化紧密联动。

11.5　合同管理

合同管理是当事人双方或数方确定各自权利和义务关系的协议，虽不等于法律，但依法成立的合同具有法律约束力。工程合同属于经济合同的范畴，受经济和刑法法则的约束。合同管理主要是指项目管理人员根据合同进行工程项目的监督和管理，是法学、经济学理论和管理科学在组织实施合同中的具体运用。

合同管理从招标采购开始，包括采购计划提报、采购任务派分、采购方案、招标公告、资格预审、招标文件准备、标书发售、开标、评标、定标、中标公示、中标通知、采购合同订立、采购过程文件归档等诸多流程，包含授权管理、合同签订、计量支付、合同变更、合同结算、合同完结、台账管理及检查考核等多个方面，一般均通过专业的合同管理系统实现内部工作流程的在线审批，在此不再详细论述。

工程建设数字系统通过系统的互联互通，实现可视化的图形跟踪采购项目的进展和执行情况，并通过数据的统计、审阅、比对、分析、检索等多种方式进一步评估采购和合同管理机制的健全、流程的合规合法，减少合同管理漏洞，防范制度风险和廉洁风险，改善采购和合同管理流程，不断提升企业管理水平。

11.6　成本管理

11.6.1　需求分析

在工程建设市场的竞争之中，如何在增加企业自身竞争力的同时保证企业的经济利益，已经成为企业经营者们所逐渐关注的问题。成本管理是指在保证满足工程质量、工程施工工期的前提下，对项目实施过程中所发生的费用，通过计划、组织、控制和协调等活动实现预定的成本目标，并尽可能地降低施工项目成本费用的一种科学管理活动。

总承包部作为项目成本管理中心，需要有一套完善的成本管理体系支撑，建立总承包部-项目部-工点的三层管控体系。各级分别制定各自的成本管理制度和办法，明确成本管控的关键环节和措施。各项目部负责具体执行，通过可视化的分析系统，直观展现成本管控体系的落地效果。同时，利用可视化系统的分析结果，促进三级成本管控体系的不断优化、提升。

全面预算管理是通过预算编制、执行和控制、考评与激励等一系列管理活动，全面提高管理水平和经营效率，实现价值最大化的一种先进管理方式。一般由专业系统实现，系统通过业务子系统间的集成互联，构建成熟、高效的"全面预算管理＋成本管理"体系，全面提高预算管控水平和力度。

项目作为成本控制中心，通过目标成本指标的下达，以及过程成本的执行，通过系统实现各类成本数据自动汇总，统计实际成本的执行情况，通过方案优化、二次经营实现项目利润最小化、成本最大化。

通过成本管理，使项目形成有效的项目控制手段，可以实时监控项目的成本状态，变项目管理成本的"事后核算"为"事前预测""事中控制"，大大降低项目成本。

11.6.2 功能实践

系统将成本管理贯穿整个项目管理始终，通过"三算"对比实现对项目成本运行情况进行监控管理，根据具体的成本预警项对相应成本自动预警。

11.6.2.1 资金管理

资金管理一般通过专业系统来实现，职责主要是监测现金流、管理现金和投资、跟踪风险及确保合规。资金管理系统在不改变资金所有权、使用权的前提下，按照"完善预算、规划融资、明晰流程、防范风险"的原则，结合实际，确定合适的资金管理模式，搭建出一套符合企业实际需要的互联网金融模式下的资金管理系统，一般通过专业化的系统实现。

系统与资金系统集成，通过结算单、进项发票、付款申请单、工程款到账记录、收入记账单等数据的互联互通，保证应付、已付数据，应收、收款数据与财务系统数据完全一致，确保资金安全、合规流转，实现对资金的实时监管。

11.6.2.2 造价智能分析

系统以 BIM 模型为基础，集成造价组成的各要素，通过造价大数据及人工智能技术，实现智能算量、智能开项、智能组价、智能选材定价的智能造价服务，进行限额设计分析、方案投资回报比选和方案造价分析，实现建筑全生命周期的最优性价比。

系统根据 BIM 模型读取工作量信息，根据工作量和材料数据结合定额库自动测算项目成本，将 BIM 与成本管理结合起来，能图形化展示成本执行情况，通过系统编制目标成本，为动态成本管控提供依据。

利用模型快速准确算量，提高项目算量效率，并结合定额库自动测算项目成本。

系统实现 BIM 模型关联清单功能，基于模型按专业、时间、构件属性等不同维度查询清单工程量，从而可为成本测算、成本计划、成本核算、物资计划、报量、审核、合同结算等业务过程快速提供准确的工程量数据，有助于成本动态控制。

系统提供资金曲线、资源曲线多维度成本对比分析，以便发现成本异常时及时纠偏，避免事后发现成本超支现象。

11.6.2.3 投资产值

项目的投资产值管理是通过线路管理层的投资管理和项目层的产值填报管理共同实现的，通过投资计划和产值填报的上传，对比年度/累计的计划投资、实际支付、计划产值、实际产值，反映现场的施工情况，指导项目的成本管理，规避成本风险。

11.7 指挥调度

11.7.1 需求分析

城市轨道交通建设阶段指挥调度要求较高,既有上下级之间的指令传递,也有关联单位之间的信息通信诉求。同时,城市轨道交通建设阶段要求施工单位建设并确保多种通信方式,尤其是盾构区间隧道内施工阶段,需要同时确保多种通信方式以备应急之需,即施工单位负责建立现场地下地面应急信息联动机制,地下地面应急联络方式应同时保持不少于两种,并做好日常维护。

指挥调度工作的准确性和效率直接影响调度事件处理的效率和效果,从而影响施工质量乃至整个施工过程安全和生产进度,是实现安全、质量管理,实现施工生产目标的关键环节。近几年在实战应用中,逐渐显现出一些问题。

1. 不能快速便捷调度

现有语音指挥系统、视频监控系统集成度低,资源利用率低,定位设备少,无法与GIS信息、现场布置图及资源元素数据打通,整体集成度与整体资源利用率低。

2. 不能实施跟进指挥协调

缺少基于辅助决策支持系统、预案系统等多系统之间的信息共享,缺少通过知识库、案例库、精细化预案等信息支撑,不能为预警系统提供数字化、图形化的辅助决策支持。

3. 人员机械定位监测设备部署不合理,导致定位不准

传统的定位方式是采用有源RFID标签的定位技术,员工佩戴标签,在场地内安装阅读器的方式。因阅读器需要有线进行数据传输,并且阅读器的传输距离较大(单一阅读器最大覆盖范围60~80m),部分施工单位顾虑改造成本较高而设置较少的RFID阅读器,导致定位不准确。而且有线的方式,一旦发现故障,排查成本较高。

4. 机械设备状况及调拨途中去向难以掌握

机械设备的状况对施工安全起着重要影响。部分机械设备使用频繁,又缺乏定时检测和保养,机械使用后操作人员未能及时上报机械状况,或部分操作人员发现故障也不向调度部门报告,存在机械"带病"工作现象。所以如果机械的状况不佳,作为调度岗位人员不易发现。另外,自有的大型机械作为重要资产,在调拨途中掌握运输途径也十分必要,以便于对大型机械设备进场时间进行预估,协调相关人员查验和布置现场安装场地。

为了使指挥调度管理工作充分贴近实际、运用科技、利用资源,由此提出综合指挥调度解决方案。方案综合各套子系统、物联网、移动互联网、地理信息、视频监控、定位技术,用信息化手段落实指挥调度管理体系,实现了常态与应急调度一体化管理、扁平化指挥与常态管理的结合,完成指挥中心指挥调度工作,可以通过有无线语音和GPS指令、短信等方式,分级指令调度或直接指挥现场人员。

11.7.2 功能实践

融合通信与指挥调度系统是以计算机和网络技术为支撑，旨在打通服务于工程建设的各类音视频资源，并通过音视频资源的强力整合，实现多层级综合管理和统一化调度指挥。主要设备包括融合调度一体机、录音录像服务器、接入网关（视频接入网关、语音接入网关、语音中继网关、广播接入网关、无线集群网关、移动通信网关等）、终端设备（IP话机、可视话机、手持对讲终端、视频会议终端等）。基于上述设备，系统可将音视频系统集中接入、统一调度、联动交互，打破通信屏障，消除通信孤岛，实现跨系统、跨网络互联互通；可提供标准化开发接口、业务系统对接接口，实现通信调度与用户业务流程无缝对接；可通过一体化系统对基于不同通信模式和不同通信介质的音视频系统集中管理调度和联动调度，包括语音调度（单呼、集群对讲、会议、广播、强插、强拆、短信等）、视频调度（视频呼叫、视频转发、视频录制、拍照、轮询等）、GIS调度（终端定位、圈选、轨迹回放等）、应急预案等。

11.7.2.1 网格化指挥

全线和各个站点采用"一事一网"，实现现场网格化指挥调度管理。通过融合视频信号、语音信号、现场资源等信息的强力整合，实现多层级综合管理和统一化调度指挥。系统可将音视频系统集中接入、统一调度、联动交互，打破通信屏障，消除通信孤岛，实现跨系统、跨网络互联互通，实现对现场的网格化管理（图11-14）。

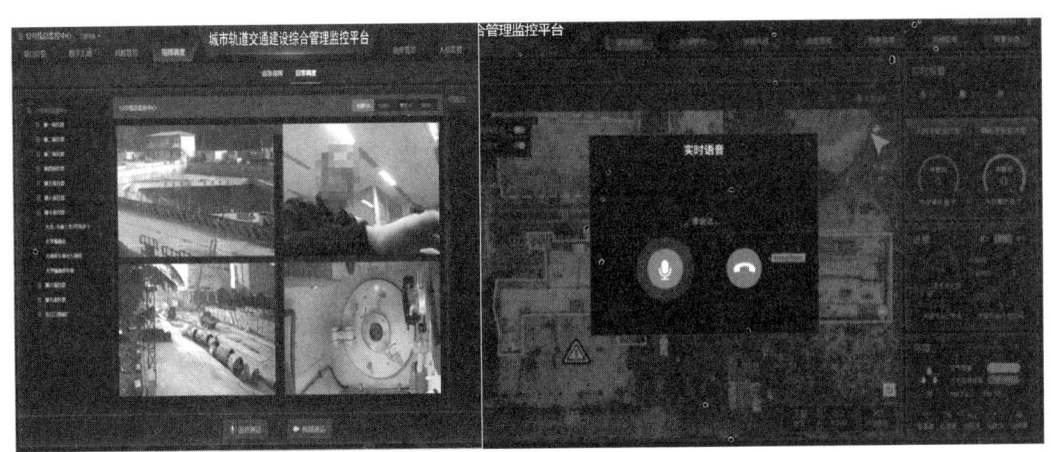

图11-14 网格化指挥调度

11.7.2.2 区间调度

（1）构建盾构区间内电瓶车、人员定位系统，包括定位标签、定位基站、定位数据传输中继，实现盾构区间内车辆人员的统一实时定位，本应用环节由系统自动获取并自动传输数据。

（2）构建盾构区间内视频监控系统，包括盾构机运行视频、轨行区电瓶车运行视频、终端单兵设备视频，实现盾构区间内车辆人员的统一调度指挥，本应用环节由系统自动获取并自动传输数据。

（3）构建盾构区间内轨行区调度系统，包括调度终端、网络传输，监控人员可以通过网络面板、调度终端等途径远程执行车辆人员调度，现场人员可通过调度终端接收调度指令，并执行调度任务。

11.8 应急管理

11.8.1 需求分析

城市轨道交通工程具有工程地质复杂、工程周边环境复杂、工程建设规模大、工程技术复杂、工程协调量大、控制标准严格等特点，决定了地铁工程施工安全风险（包括工程本身的风险和对工程周边环境的风险）大、风险间联系强，很容易出现安全质量问题和险情，而且地铁施工事故会给人民群众的生命和国家财产带来极大的损失。针对突发风险，所有地铁参建方均应提升应急管理水平，加强突发处理能力。

当前突发事件处理指挥部的现场管理及运行难点有：

1. 认识不到位

对应急管理的认识存在局限性和片面性，不重视或不善于现场管理工作，甚至认为可有可无。往往注重事件处理结果而不重视处置水平、环节和成本，没有认识到形成应急事件指挥体系建设的重要性。

2. 机制不完善

权、责模糊，决策功能和现场执行职能错位，应急体系不科学、不合理，缺乏扁平化指挥网络，缺少"流程式预案"，难以在短时间内迅速判明情况并做出科学决断，丧失处置主动权，造成工作被动。

3. 责任未落实

主要表现为主体责任不够明确、各方落实不到位、规章制度形同虚设、应急预案针对性不强、应急专业化队伍建设存在不足。

4. 管理难规范

主要表现为指挥部现场管理工作过于粗放、秩序混乱、规范不够、运转不畅、效率不高。人员、信息、物资等缺乏有效管控措施，出现缺管、漏管、瞎管、乱管等现象。

5. 数据难共享

主要表现为信息数据共享度低，容易出现"谁提供、谁专享"的情况，各自为战，互不通气，在紧急或特定的环境下不能迅速统筹和整合，或报不上、统不起、用不好。部分单位应急上报信息不规范，迟报、漏报、误报、谎报、瞒报突发事件信息时有发生。

6. 行动难协同

主要表现为指令和意图难以得到坚决有效的贯彻落实，服从命令听从指挥意识不强，多站联动应急处置能力不高，处理突发事件各单位之间关系复杂、力量分散，现场指挥部在管理上"统"不起来、"分"不出去，结构性和协同性差，作战单元统一不起来，难以形成有战斗力的整体。

针对城市轨道交通工程应急管理严峻形势，应急管理应始终坚持"安全第一、预防为主、综合治理"的方针,按照预防与应急相结合的原则,建立科学、可靠、安全、实用的地下地面应急信息联动机制,开展突发事件的应急准备、应急处置和善后处理工作。

根据城市轨道交通工程建设特点,建立完善突发事件应对应急管理工作机制,明确各参建单位的应急管理职责,完善制度措施,强化物资储备,加强应急队伍建设,落实相关保障措施。各参建单位应加强区域应急救援联动机制建设,并与政府相关部门建立联动机制。统一组织、协调、指挥调度各参建单位开展应急处置,定期组织开展联合演练等活动,提高各单位协调配合能力。

轨道交通项目应急指挥的目标就是对突发事件做出快速的反应,迅速有效地对事件做出分析、制定对策,有效地预防或抵御攻击,快速组织相关资源来实施抢险救灾,并迅速完成灾难评估,实施灾后重建。依据此目标,可以把对紧急事件或灾难事故的处理分为五个阶段:危机评价与规划-灾情缓解-预防与准备-快速反应-灾后重建。因此,构建协调管理并高度共享数据的应急指挥系统才能保证此目标的良好实施。

应急,应什么"急":自然灾害、生产安全、事故灾难、环境污染,是"急"。对于这些情况的出现,能够做出快速的反应,提出合理的解决方案,是系统最大的目标。这就要求系统具有相对的实时性能。

应急,谁来应急:应急的领导者是应急中心,应急中心根据得到的情况及数据,指挥各部门——项目部应急领导小组、总包部应急领导小组、线路级应急领导小组及专业应急救援队伍,并联合环保、公安、消防、医院等,进行统筹调配。这就要求各部门之间具有非常高的合作关系。

应急,怎么应急:应急数据通过视频、监测点数据渠道获得,各部门通过协商做出判断,合理调配资源。

(1)测——预测灾变事故发生可能性,并发布预警通知,提醒各相关项目部。

(2)报——上报突发事件。

(3)防——按照要求做应急演练,防范事件发生时不知道应该如何行动。

(4)抗——项目部准备应急物资仓库,随时为抗险做好准备。

(5)救——根据应急救援措施,对突发事件采取救援。

(6)援——根据突发事件现场情况,及时调用相邻单位或政府部门进行援助。

11.8.2 功能实践

应急指挥系统以快速正确应对各种突发事件为核心,系统将各种数据与执行紧急任务时所需的各类资源信息相连接。在此基础上,利用组件技术,采用完全面向对象的设计,实现图数一体化;形成系统数据的整体流转,实现数据高共享,保证数据一致性;并从数据设计做起,实现各子系统的无缝连接;构建无限、GPS目标检测手段,完成系统的实时效应。

(1)构建涵盖事前预警、事中处置、事后评估三种时态下的全面智能应急指挥体系,包含了预案管理、应急保障、应急指挥、应急评估、应急演练等。

(2)建立线网级、线路级、工点级纵向贯通的统一联动机制,实现统一调度指挥。

（3）建立工点间、工点与救援机构横向贯通的统一联动机制，实现协同调度指挥（图11-15）。

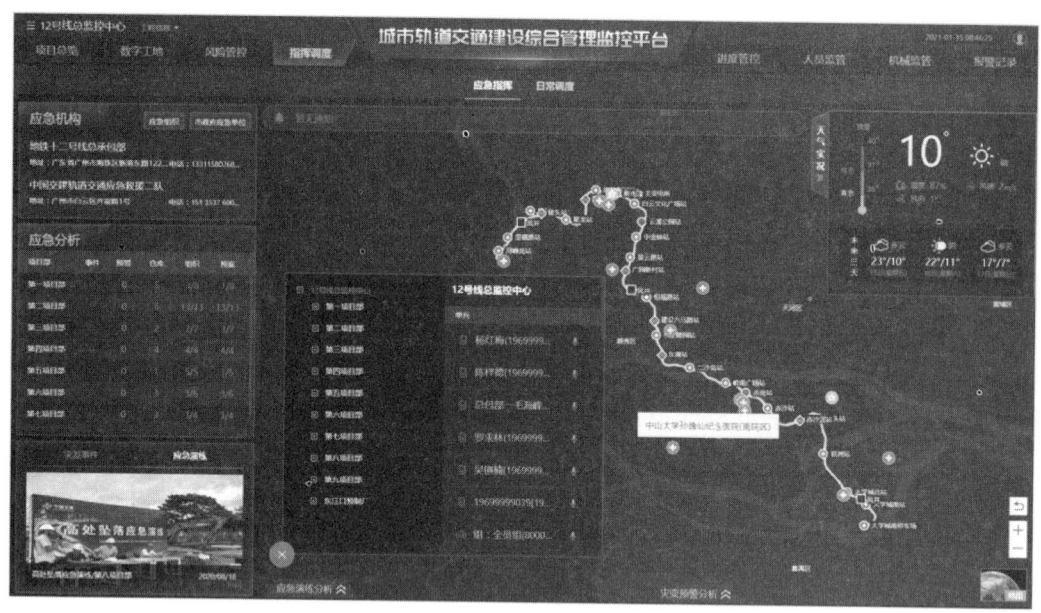

图11-15 全面智能应急指挥体系

11.8.2.1 应急管理一张图

系统通过应急管理一张图，基于GIS的应急指挥调度、天气的实时变化，融合视频语音直连现场，对现场应急管理的应急组织、应急物资、应急方案进行信息共享，提升应急响应，信息互联互通，达到一呼百应的作用（图11-16）。

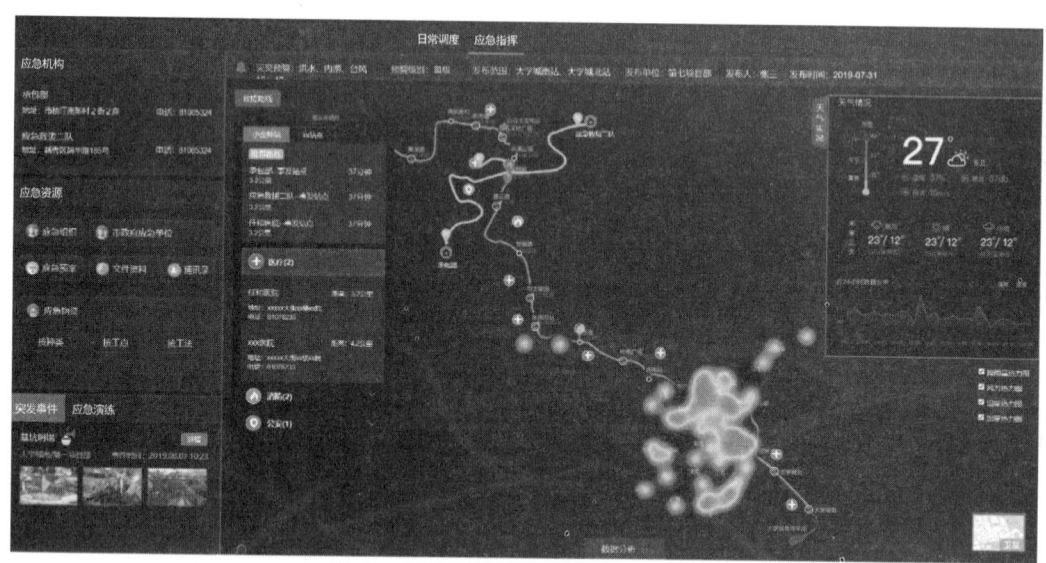

图11-16 应急管理一张图

11.8.2.2 应急资源管理

（1）编制应急组织机构和职责，责任落实到人，并明确突发事件发生时各小组的责任和做法。

（2）提供市政府应急单位通信录，在遇到突发事件时，第一时间查找到对接单位电话请求支援。

（3）应急库房的物资储备，查看应急物资，不足时及时补充，发生事件时方便调用，并在地图上显示库房的具体位置，通过现场摄像头查看现场实时情况方便下达指挥指令。

（4）应急预案指为有效预防和控制可能发生的突发事件，最大程度减少突发事件及其造成损害而预先制定的工作方案，分为综合应急预案、专项应急预案和现场处置方案。

应急预案内容分为预防措施和应急处理措施，有突发事件发生时，自动推送应急处理措施，发起灾变预警时将自动推送预防措施及方案，方便应急组织快速查看应急措施，提供应急管理响应速度。

11.8.2.3 应急演练管理

基于完善的各类型应急预案库，系统支持预案制作并以三维脚本的方式展示，用于预案桌面推演和应急救援培训，通过系统定期进行应急演练，将突发事件的灾害降到最低。

11.8.2.4 突发事件管理

有突发事件时，通过现场 App 进行快速上报，方便上级领导快速做出决策，并推送应急处理措施，快速采取行动。在 GIS 地图上显示事发地点，并显示应急组织和附近医院、公安、消防的救援路线（图 11-17）。

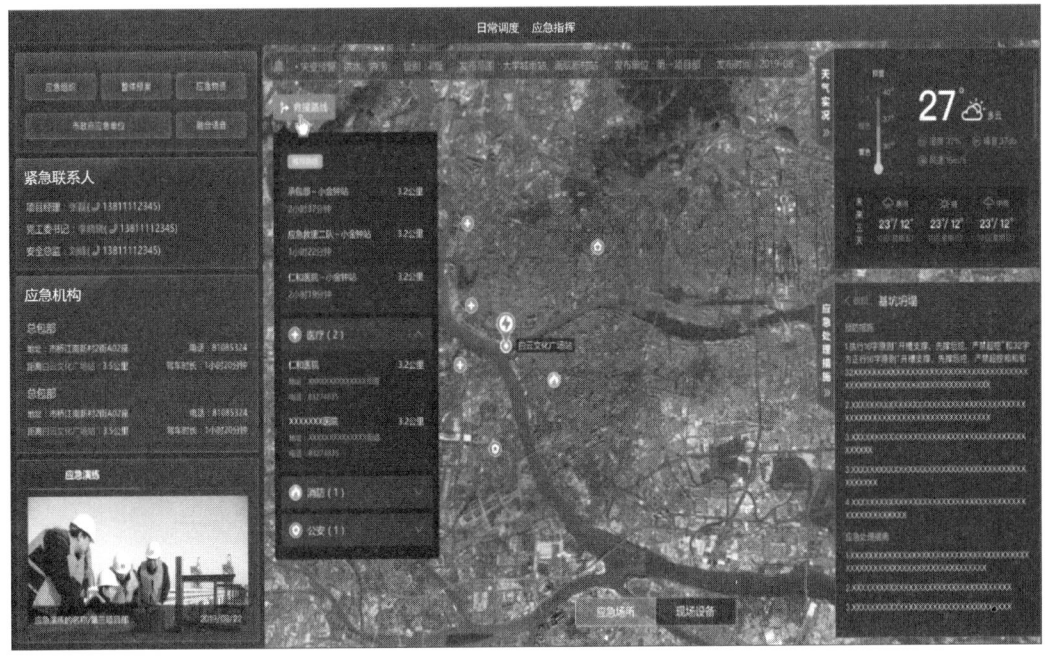

图 11-17 相关应急信息显示

系统实现事件追溯功能,将工程建设业务存在的安全隐患、风险、应急事件实现系统全过程跟踪记录,可实现管理数据、监控数据、应急处置数据的追溯管理,并对各类型问题进行有效的数据分析,持续不断地提升应急管理水平。

11.9 综合场景

11.9.1 建设"一张图"

系统建设一个突出的理念就是打造智慧建设一张图,通过"一张图"就能对工程一目了然。通过一张图可以很清楚地看到全线工程进展、各工点建设阶段、在场实时人数、重要机械数量、风险状况等,实现对工地"全过程、全方位、全覆盖"管控。

在传统的业务模式下,设计、施工、运维各阶段是相对割裂的,参建各方都是利益的个体,相互之间是利益博弈的关系。数字工程系统实现了各参建方之间不受时间、地点互动限制,提升了各方互动频率,促进各方不断升级产品和服务,围绕工程项目成功形成利益共同体(图11-18)。

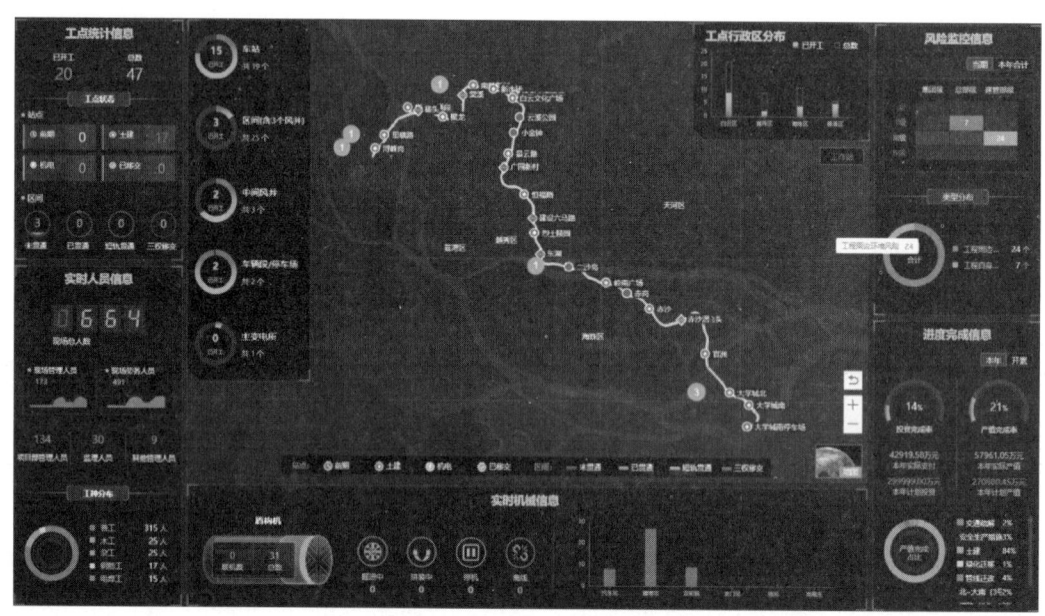

图11-18 建设"一张图"

11.9.2 建设"一盘棋"

依托数字工程系统,产业链各方协同完成工程的设计、采购、施工、使用和运维,形成网络化与规模化的多方协作,实现岗位、项目、数字建筑系统的出现,将打破传统边界对于企业发展的束缚,促进企业之间的数据共享,也推动了产业之间的跨界融合,有助于数字化生态的形成(图11-19)。

系统体现"以人为本"的管理理念,把对从业人员职业技能、职业素养、行为规

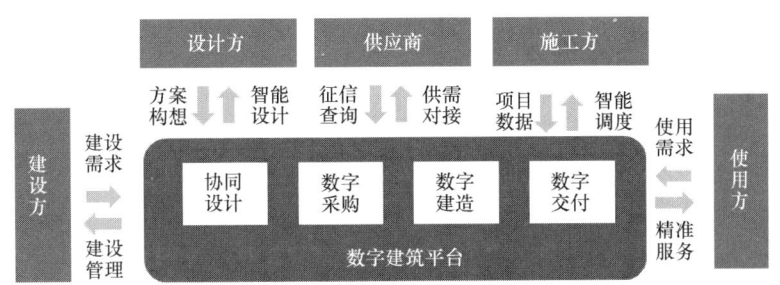

图 11-19　建设"一盘棋"

范的要求贯穿于标准化的全过程，建立对从业人员和执行行为的自律约束机制，促进行业素质的快速提升。

系统提出工程建设活动全过程的行为准则和检查考核标准，建立监督制约机制，使企业对应做什么、如何做、做到何种程度明明白白，大大提高其自控意识和自控能力，实现市场行为的规范化。

系统赋能下的数字项目集成交付模式将打破项目各方之间的组织藩篱，形成以项目成功为目标的利益共同体，真正实现项目的信息共享及跨职能团队的高效协作。在新的生态体系下，各方主体的生产关系由零和博弈关系向形成利益共同体转变，产业各方的关系也将从竞争关系发展到生态共赢。各方主体在价值创造中不再强调博弈，而是通过整合产品和服务，共同为客户创造价值。企业之间的信息协同，构建以工程项目为核心的精益管理与赋能体系。

11.9.3　建设"一张网"

建设"一张网"就是借鉴网格化治理、工业生产标准化等理念，全面应用系统理论，对施工现场安全生产、文明施工、质量管理、工程监理、队伍管理、合同履行等要素进行整合熔炼、缜密规范，细分成若干网格单元，并对每一网格实施动态、全方位、精细化管理，形成密切相关、交织科学的施工现场管理新体系。以系统应用为核心全面推进施工现场安全管理标准化，全面改革现场管理方式和施工组织方式，整合管理资源，建立有效的预防与持续改进机制，全面提高生产管理水平。

系统将以往分割、独立的安全生产文明施工管理、质量管理、工程管理、队伍管理进行整合与熔炼，使四项管理互相渗透、互为作用，成为一个统一的管理体系，并将国际通行的质量、安全、环保三大管理标准的管理理念与管理方法有机融入其中，优化管理流程，形成管理合力，实现管理理念与管理方式的升华，促进施工现场由传统管理向现代管理的转变。

系统对施工现场人、机、料、法、环五大生产要素的协调、有序管理做出标准化要求、反馈，注重施工对周边环境的影响，体现可持续发展观和绿色建筑的管理理念，实现场容场貌的秩序化，进而彻底扭转社会对施工现场"脏、乱、差"的传统印象。系统对工程活动的各个环节实行程序化管理，做到质量与安全管理环环相扣、层层把关，始终处于受控状态；形成 PDCA 的循环改进体系，构建现场管控与项目管理的"一张网",塑造全新的行业形象。

11.10 专项场景

11.10.1 吊装作业场景

地铁工程现场起重机械的吊装作业有着直接涉及人身安全、潜在危险因素多、需多人配合等特征,在现场安全管理方面也面临着相关工作人员素质参差不齐、违章指挥、违章作业、起重机械维护工作不到位等诸多问题。

为加强城市轨道交通工程建设安全生产工作,提升安全生产标准化管理水平,国家住房和城乡建设部于2020年发布了《城市轨道交通工程建设安全生产标准化管理技术指南》。该指南围绕管理行为标准化和现场安全生产标准化,涵盖城市轨道交通工程建设各阶段所涉及的主要施工内容,对城市轨道交通工程过程中的起重吊装作业管理提出了人员管理与配备、起重吊装条件核查与索具、操作控制与过程管理、多机协作、高空作业、安全警戒与占道吊装等具体要求。

地铁工程机械设备的管理是一个系统工程,利用信息技术代替传统的手工处理方式进行设备管理是提升管控能力的重要手段。目前施工现场机械设备数据无标准,数据采集不全,缺少有效的分析工具,对事故缺少事前预防,多为事后上报,不便于调度管理和现场指挥协调。为进一步加强轨道建设施工现场大型起重机械设备吊装作业的有效管控,通过规范设备进场、出场行为,在设备使用全过程通过实时监测关键起重机械的设备运行状态,对吊装作业关键节点条件严格核查。将机械基础数据、机械日常检查及维保数据、关联人员数据、视频监控数据、气象环境数据等有机结合与互联互通,以数据要素为驱动,实现了多维度、全方位起重机械设备的动态监管。

1. 统一标准,数据共享

对机械设备进行统筹分类,对不同机械种类、属性的不同管控需求定义信息数据内容,统一各参建单位和部门登记的机械设备基础信息、设备资料等数据标准。

建立机械设备分类字典,按机械类型、名称、规格型号区别定义大型机械、特种机械等属性;设置不同分类、属性、所属组织的自动编码规则;统一机械设备基本信息、进出场信息、日常检查及维保等数据标准;建立工况数据模型,便于对接多机械厂家的监测数据;根据机械属性区别设置机械登记信息和准入审批规则,按组织层级分别设立机械设备录入人员、大型/特种机械准入审批人。以上为建立数据衔接共享的基础。

发布大型施工机械设备的监测管理要求,明确对不同类型起重机械的区域定位设备、实时PLC传感数据、视频监控等安装部署统一要求。将设备运行信息经机车传感系统通过统一数据标准接入数据库,结合吊装作业报审表等管理数据、吊装作业过程中的作业面感应人员数据、气象环境监测数据等形成结构化数据。

通过机械设备管理与劳务管理、安全管理等系统数据打通形成有效联动关联,自动记录监管信息,从而打通渠道、打破信息孤岛,实现数据的共享应用。

2. 数据汇聚，互联互通

(1) 规范设备进出场

根据标准规范，由参建单位设备管理员按要求严格将设备信息录入系统，由系统自动判别数据完整性。审核通过的每台机械分配唯一管理二维码和机械档案，形成合格的机械设备信息库，对进退场的车辆及设备进行实名制管理。未纳入系统信息库的机械设备不得使用。设备使用完按要求退场后必须及时在系统中予以注销登记。

(2) 扩展完善信息

进场登记后的起重机械需按不同属性的管理要求分别完善出厂信息、保险信息、第三方检验报告、使用登记证、维保记录、作业人员等信息。设备管理员需将相应文件以附件形式上传至机械的设备资料，以满足云端数据同步，随时随地查看机械信息的监管需求。作业人员需与劳务管理模块打通，且可进行排班设置。系统自动判断人员资格证书有效性，防止资格不符的操作人员进行特种设备操作，确保定人、定机、定岗合规作业。

(3) 运行监测数据

管理要求对汽车吊、履带吊、塔吊、龙门吊等关键起重机械实时监控运行状态；通过实时提取设备运行状态数据，加以智能算法进行运算分析，云端存储吊装循环记录信息；机械运行期间传感数据可自动云端存储，达到预警范围的内容进行实时提醒或预警。

机械基础数据与监控数据、视频监控分析数据、气象及环境信息的智能分析有机结合。由于特种作业人员与机械设备关联管理，只有通过特种设备监管部门授权发卡或注册人脸信息的司机才可以正常使用特种设备，防止无操作证的司机进行特种设备操作；灾害性天气进行实时报警，提醒机械设备作业按规定停止作业，及时转移、撤离现场作业人员。

(4) 日常管理数据

根据灵活的检修周期设置，生成定期日常检查和维保任务。机械设备在场使用过程中由产权单位或使用单位负责的维保任务执行情况清晰可见。项目部按时检查、督促并实时在App端上传维护保养或日常检查情况。相关人员可通过机械管理移动App端拍照录入信息，快捷登记进场、退场，机械日常检查与维保记录也可现场扫码，使用手机填报，App手写电子签名，自动生成日常检查表。使用多种信息化手段采集数据，减轻操作人员工作量，也便于参建单位总包部和建设单位采取定期大检查和不定期督查及考核。

(5) 指挥调度数据

通过设备定位基站和设备定位芯片的结合使用，对现场需进行吊装作业的危险区域划分管理，采集机械设备和人员的实时位置，并记录行动轨迹。采用单兵设备、现场语音广播、专线电话等多种沟通渠道，实现监管人员与作业人员、现场其他人员进行沟通调度。机械作业指定位置和驾驶室按要求安装视频监控设备，分别记录机械作业过程、司机作业过程影像。

吊装作业过程中，可通过语音广播设备对进入该区域的人员或其他机械设备驾驶员进行提醒；记录进入作业区域的旁站人员和无关人员，对未到场的旁站人员和无关人员分别进行提醒和报警。

(6) 吊装作业申请与核查等管理数据

起重机械的历次吊装作业都有相应吊装作业许可（吊装令）申请与核查管理数据。吊装作业需要人或起重司机针对某次吊装任务填报起重机械基本信息、作业工区、站位地点、预计作业时段、作业内容、单次吊物最大重量、最大作业半径、作业人员等信息，发起吊装作业许可申请。施工方对吊装方案、应急预案、机械资料、作业人员资格、设备完好性、作业条件进行实地检查后，监理方再次核查。多方确认签字后形成合格吊装令。

3. 集成监管，综合预警

互联网、云计算、大数据、人工智能等新一代信息技术的应用推动传统管控模式转变为"细致精准""数据驱动"的数字化管控模式。在工程施工吊装作业过程中的数据价值化应用，是信息化数据与施工作业生产要素的新结合，推动加速实现智能感知、精准风险防控、信用评价综合数据价值化的智慧施工生产方式转型。

机械设备信息、作业人员信息、机械运行监测异常信息、机械相关防碰撞信息等相关数据接入预警管理系统。通过灵活设置预警项（提醒/报警临界阀值、报警级别、处理人权限、通知人及看板推送范围），实时准确上报后，自动以App、短信等通知方式下发给相关人员。报警可根据规则自动消警，也可人为按流程处理消警，处理信息均留痕可追溯。

(1) 吊装前：助力作业信息核查与交底

吊装作业许可的申请与核查环节，通过扫描机械二维码，可查阅机械的完整电子档案信息，如机械设备资料、作业人员资质信息，以及吊装施工方案、安拆方案、防碰撞施工方案、应急预案，结合现场实地机械设备完好情况、人员情况、作业条件，便捷地完成作业条件验收和审查工作。如遇机械作业手续缺失、作业人员证书过期、作业人员黑名单或不良行为记录可及时提醒和报警。作业所需的无纸化施工方案及资料也为方案交底、安全技术交底工作带来了便利。

(2) 吊装中：实时提醒报警，保障作业安全

已接入PLC传感数据的起重机械设备可实时监测运行数据，对超重、限位异常等信息实时提醒和报警。多机械的实时PLC传感数据、定位信息，经服务器自动运算可实现自动监测机械之间防碰撞提醒。

起重吊装设备站位地点、预计作业段等信息配合人员定位信息，可对无关人员进入吊装区域进行实时提醒和报警。

机械设备可关联多个对应的智能摄像头，实现通过视频监控设备对机械设备作业过程实时监控、历史监控视频回放。现场监管人员发现设备不安全状态和作业人员不良行为后可通过系统App进行记录扣分，同时留下照片及视频等影像依据。

通过现场监测设备或气象环境数据接入后的智能分析，对灾害性天气进行预警，提醒机械设备作业按规定停止作业，及时转移、撤离现场作业人员。

(3) 吊装后：综合数据统计，规范作业管理

吊装作业结束后，仍可自动计算各类模块数据综合报警，提高相关责任人规范管理

和安全管理意识。如起重机械可通过 PLC 传感数据自动记录历次吊装数据，生成吊装循环记录，结合吊装作业许可的申报记录，可自动生成无令吊装报警。吊装作业许可中的指定作业人员和监管人员要求，结合吊装区域实地定位数据，自动生成指定旁站人未到场报警。吊装作业许可的作业时段信息结合机械日常检查数据，可生成吊装当日无合格检查报警（图 11-20）。

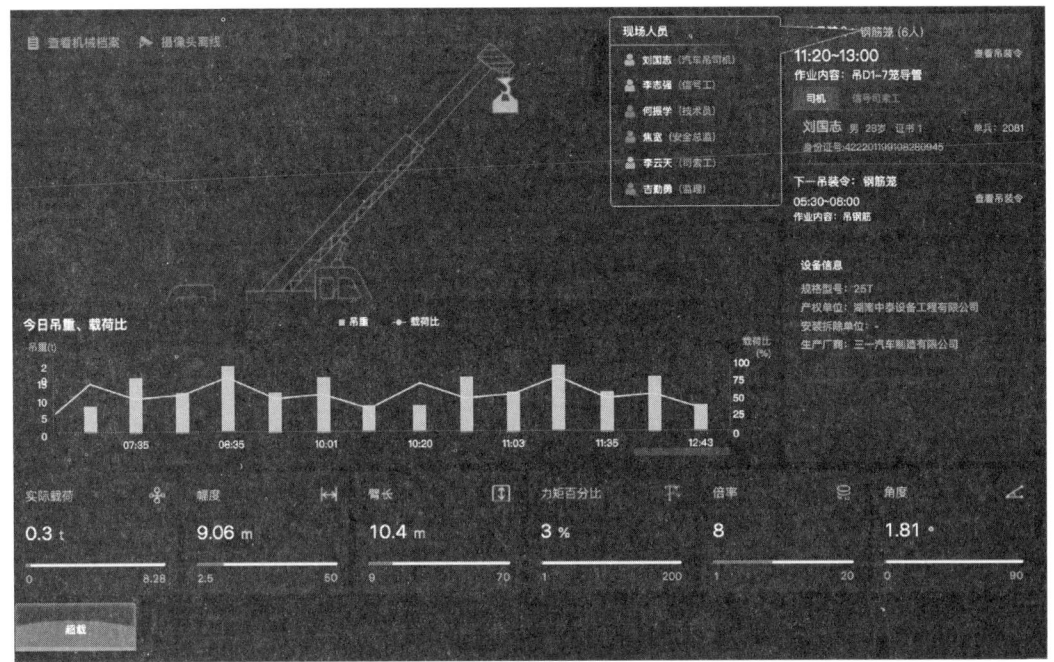

图 11-20　吊装作业实时监控管理

11.10.2　盾构工程场景

随着国内城市轨道交通建设的快速发展，盾构法施工被广泛采用。采用盾构法施工的隧道往往处于比较差的地质条件和复杂的周围环境下，对地铁项目施工安全风险的控制要求很高。一方面，盾构施工安全风险控制措施主要还是加强对周围环境的监控，通过监控数据的反馈信息，进行必要的信息分析处理，用于指导盾构施工项目科学管理。如果监控的过程还需要采取人工测量的方式，无法做到实时动态监控，则在穿越重要建构筑物时，还需要加大监测频率，防止建构筑物及地表的过大沉降，对监控人员的能力要求也相对较高，故采用自动采集数据、远程监控的方式，会大大方便盾构机的监控与管理。另一方面，地铁盾构施工过程中，主要依靠盾构自动测量导向系统来指导盾构掘进的方向，导向系统显示的界面为二维界面，能够显示盾构的位置偏差，但是对地层条件情况及周围环境情况信息无法进行表述与显示。如何采用三维信息技术与盾构施工管理技术相结合，将工程地质条件及工程环境条件的相关信息纳入系统化管理，是地铁项目盾构施工中重点研究的课题。通过盾构自动测量导向系统的实时数据，实现盾构掘进施工过程的三维信息集中管理，通过信息系统实现三维导航功能，并对不良工程地质条件及复杂工程环境进行预警和报警，盾构机在线监测信息与地质模型进行集成应用，那么盾构施工管理和安全控制的能力就能得到很大提高，从而很好地保障盾构施工安全。

11.10.2.1 盾构 CIM 模型

CIM 即施工信息模型，是将传统的 BIM 与物联网（IoT）技术结合，通过虚拟现实技术和大数据分析，帮助施工企业进行盾构中有关安全、质量、进度等方面的辅助决策。以虚拟现实技术为基础，结合 BIM，静态展示施工场景和隧道数据；在此基础上运用 IoT 技术，动态展示隧道施工全过程。

1. 盾构设备模型

盾构机各个核心部件的静态数据。

2. 项目地质信息

通过 CAD 图纸、地质勘探报告等地质物探资料进行地形建模，将平面的资料转换为三维立体的模型，可以更为直观地了解当前施工所处的地质情况。

3. 地形和地上地下构筑物

结合 CAD 平面图、实景照片采集等方式对地形、桥梁、建筑、建筑小品等构筑物进行建模，模拟重现实地场景，通过三维场景还原，方便在施工过程中监控盾构机所穿越的地下构筑物的情况。

4. 盾构数据孪生

显示盾构机掘进参数、沉降检测、管片姿态等数据，并将数据加载到对应的模型上，驱动模型的变化，直观地观察盾构机、环境等模型的数据状态和变化情况。帮助施工企业更加直观有效地掌握施工中的安全质量状况（图 11-21）。

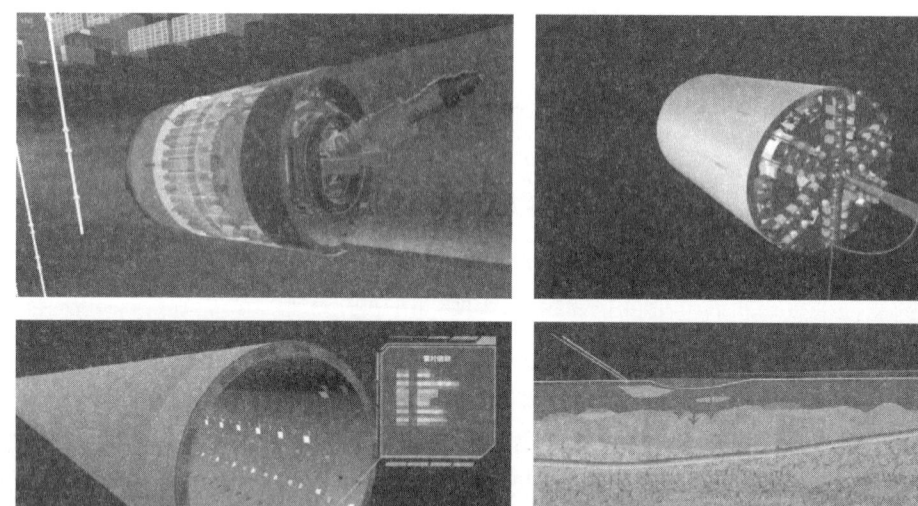

图 11-21　盾构数据孪生

5. 施工风险管理

实时更新风险源数据,同时可视化地进行描述,对已存在的风险物进行可视化跟踪,方便直观地了解风险源和当前盾构施工计划的关系(图11-22)。

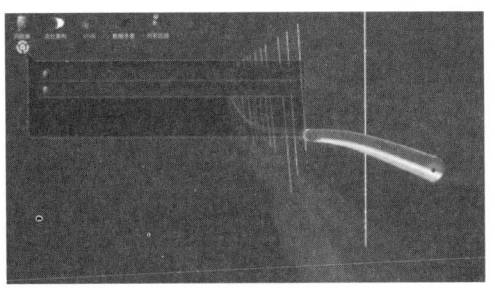 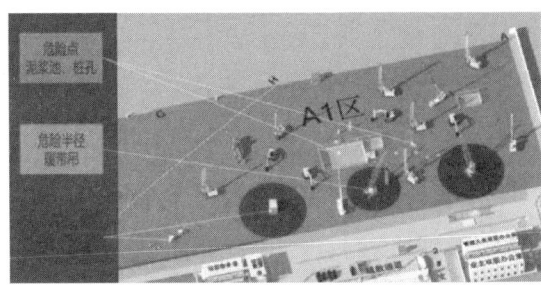
 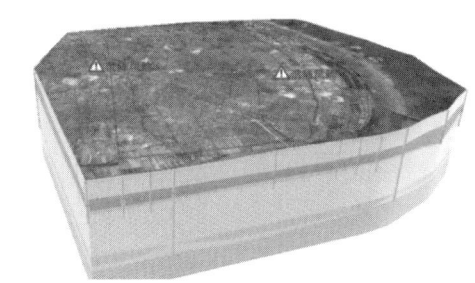

图 11-22 施工风险管理

6. 盾构作业人员

通过上述盾构机 CIM 模型集成应用,可实现盾构机三维仿真培训,在线上进行盾构机司机的培训,三维仿真培训的方式可以帮助盾构机相关人员更好地了解盾构内部构造及掘进过程可能发生的情况(图11-23)。

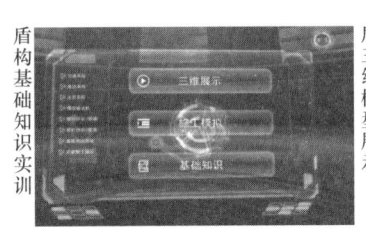 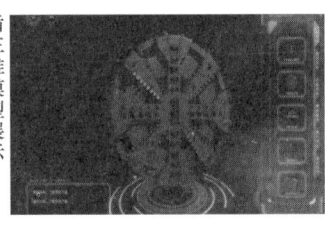 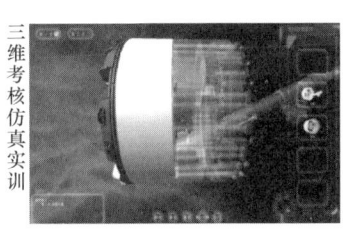

图 11-23 盾构机三维仿真

给培训合格的人员发放证书,并在人员管理系统模块中进行数据录入、管理,盾构机关联关键作业人员信息,通过数据的互联互通对人员、机械设备进行全方位统一管控。

11.10.2.2 盾构监测数据与三维模型的进阶应用

1. 土压控制模型

通过地质信息、水文信息计算挖掘面的理论压力，建立土压控制模型，并与现有的施工纵断面图相结合，在图上显示理论的土压控制范围。

2. 盾构风险源管理

盾构机在掘进过程中会将里程、环号等位置信息自动发送到盾构机监测系统中，而盾构风险源的位置信息及影响范围已提前录入到系统，两者数据对比，即可判断盾构机是否已进入风险源区域，地质模型上会明确标注风险源的位置。当盾构机进入风险源区域时，系统会提前预警，并通知相关人员提前做好准备。管理人员可通过系统远程查看盾构机与风险源的信息，动态实时，明确直观。

3. 施工参数辅助决策

通过对当前施工线路的历史参数进行数据挖掘，计算出最优的参数范围和参数的理论界限，指导后面相同地质情况下的掘进指令参数和强制规定，自动生成盾构机各项关键参数的阈值范围。一旦盾构机实时数据超出对应的阈值范围，系统会立刻通知到相关人员，提醒其及时进行处理（图11-24）。

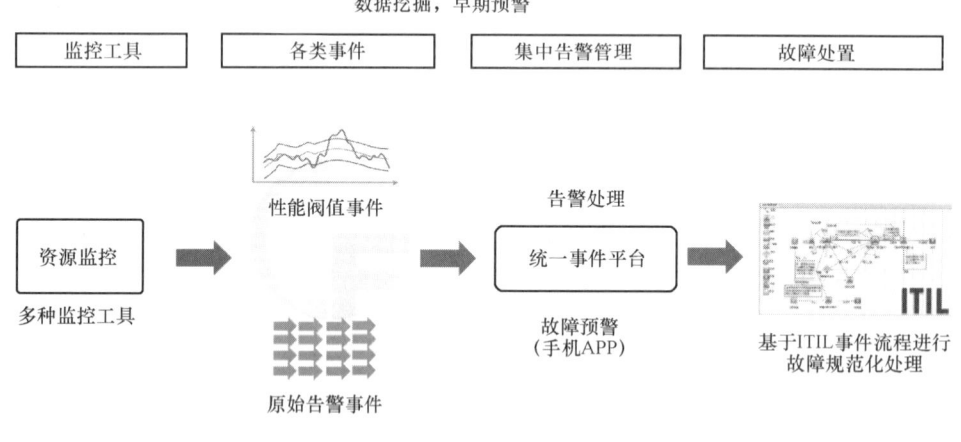

图 11-24 施工参数辅助决策

4. 沉降管控

结合出土量、注浆量、地质因素、浆液比重、漏浆情况等数据和沉降监测点变化情况，综合分析地面沉降原因，并建立沉降预测模型，同时根据沉降预测信息给出早期沉降预警。

5. 基于机器学习（DRL）的盾构姿态纠偏辅助

借助先进的机器学习算法（DRL），对大量盾构施工数据进行深度挖掘；并在数据结果的基础上结合现有的施工经验，研究出一套有效的盾构姿态控制和纠偏辅助模型。在盾构施工过程中实现对姿态控制的辅助决策、施工状态的超前预测和趋势预警（图11-25）。

6. 盾构施工预掘进

通过预设的施工参数驱动盾构三维模型，在设置好的环境中进行预掘进。预测盾构

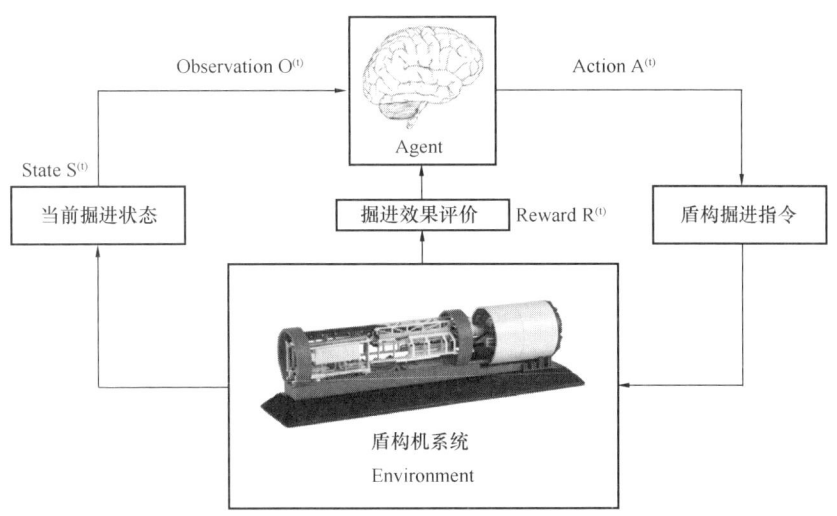

图 11-25 基于机器学习的盾构姿态纠偏辅助系统

机的掘进轨迹和各种外部环境的变化,包括轴线变化、地面沉降和管片选型等。

7. 盾构施工历史回放

可以输入环号或时间选定历史施工时间段对施工进行复盘,加载历史施工数据驱动盾构机模型重现当时的施工过程。同时对历史施工进度、掘进姿态、沉降检测点变化和管片成型数据进行全方位复盘。

盾构机在线监测与三维模型的集成应用,是三维信息技术、计算机通信技术、大数据及虚拟现实技术相结合的产物,在盾构施工领域属于创新性应用,能够轻松实现盾构机远程监控展示、掘进情况查看、虚拟现实隧道、沿线建构筑物与隧道位置关系、地质信息查看、盾构风险管理、盾构施工预掘进和施工历史回放等功能。由此,可深入研究地铁盾构施工整个过程的管理,具有明确直观、动态实时的优势,为盾构施工提供科学的理论方法和真实的实时及历史数据,指导地铁工程施工管理和方案优化,具有很好的经济价值和科学进步意义。

11.10.3 暗挖工程场景

城市轨道交通矿山法工程是高风险的土建工程,特别是在中心城区内实施大规模矿山法施工,不但具有矿山法山岭工程的所有风险,还由于地面交通繁忙、地下管线密布、重要建(构)筑物众多、地表下浅埋层经受反复扰动、地表各类荷载频繁干扰等因素,使矿山法工程风险在中心城区实施时进一步放大。矿山法工程施工过程中由于地层水土损失而引起各种变形,稍有不慎将会引起工程坍塌和周边设施破坏,造成严重的生命与财产损失,继而造成重大的社会影响。参与矿山法工程建设的各方应以风险管控为中心,从勘察、设计、施工、监测等多个环节系统防范、严格把控,有效降低矿山法工程的安全风险。

勘察设计过程应按照"精心勘察、摸清环境、成果翔实;科学规划、谨慎设计、工法得当;源头防范、预防为主、动态调整"的原则开展工作,施工和监测过程应严格遵循"明地质、管超前、严注浆、弱爆破、短开挖、强支护、快封闭、勤量测、控变形"二十七字方针,全过程坚持信息化施工,通过数字化系统进一步加强城市轨道交通矿山法工程管理,规范矿山法工程建设行为,提升工程安全风险管控水平,实现风险"预见在先、化解在前",有效防范城市轨道交通矿山法工程风险事件的发生。

11.10.3.1 暗挖CIM模型

针对城市轨道交通沿线环境复杂的特点,矿山法工程参建各方必须做好建(构)筑物及管线等基础资料收集、周边环境影响分析及保护工作。

建设总部应在设计阶段委托相关单位严格按照《关于印发〈城市轨道交通工程周边环境调查指南〉的通知》(建质〔2012〕56号)要求,开展建(构)筑物基础及管线资料收集,并督促收集单位重点关注以下几个方面。

(1) 对于已收集到的管线和地下建(构)筑物资料,应加强现场实际情况复核工作,确保成果资料的真实性。

(2) 对于未能收集到资料的管线、可能存在的地下管线或经访问有地下管线但现场无管线明显点的场地,应采用管线探测仪、地质雷达等物探方法进行探测,根据物探探测的结果再结合采用必要的钎探或人工开挖方式进行验证,确保资料准确。

(3) 对年代久远或无图纸资料的建(构)筑物,具备条件时,应采用旁孔透射、磁梯度等物探方法进行建(构)筑基础的探测工作,分析其基础形式、长度和埋深等信息。

(4) 对于无法收集资料且无法采取物探等方式探测的建(构)筑物基础,应在调查成果报告中说明未能收集和探测的原因,并提示可能造成的风险。

11.10.3.2 现场设备安装(图11-26)

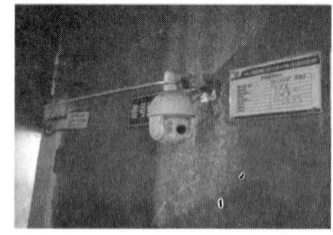

图11-26 现场设备安装

现场根据要求部署相关智能硬件设备,对进入暗挖工程的人员、设备、作业情况进行全方位的监控。

11.10.3.3 工序控制

系统基于暗挖工程的全工艺、全过程管理,将不同暗挖工艺、方案、工序、作业文档进行全过程电子化的管理,实现暗挖工序环环相扣、处处提醒。同时在整个暗挖的全过程,系统与现场的人员定位、人员通信、监测数据、视频监控智能硬件结合,根据人员定位设备对暗挖人员数据进行统计、人员信息进行查看,一旦暗挖工作面超出暗挖人员数量,系统即可报警,相关人员收到报警信息后,可对暗挖工作面手持语音设备的人员进行远程通话,对报警事件进行处理。在每个工序做完后,现场人员可以通过手持移动端进行相关验收资料填报、图片信息上传、现场线上验收,实现暗挖工程每一道工序的

"看、听、说、写"实时、在线、智能的管理,有效降低暗挖工程的安全风险(图 11-27)。

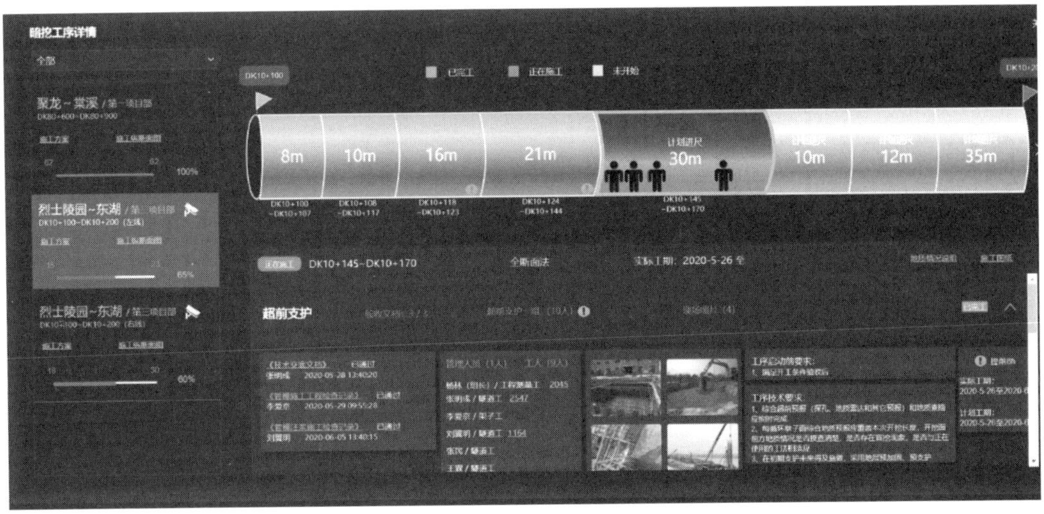

图 11-27 重点工程综合管理监控系统

11.10.4 轨行区作业场景

轨行区为地下受限空间,涉及施工单位多、业务门类广、交叉作业频繁;轨行区内光线阴暗、环境潮湿、空气流通缓慢、作业面狭窄、噪声集中;轨道试车或机车运行时避让空间有限,作业过程危险性较大。热滑过程中车辆通行频繁、车辆速度快、接触网带电,因此进入轨行区作业的潜在危险较大。

轨行区施工范围包括地下车站站台层结构墙至站台侧墙含上空区域,单圆及矩形轨道内全部空间区域,高架线桥面全部空间区域,车辆段或停车场全部区域,正线、辅线、联络线走廊等能与轨行区连通的全部区域,U 型槽两侧墙及上部空间区域等。

轨行区作为施工作业的关键位置之一,通过系统实现隧道内通话、人员及车辆定位、轨道车超速报警及障碍物报警等功能,加强对轨行区的监控及管理。

以虚拟电子地图的方式显示轨行区车辆运行实时状态(实时速度、实时位置)、轨行区路段限速状况、轨行区交叉施工实时状态、轨行区道床分布、轨行区坡度等信息,可快速展示施工需要的任意数据,直观展示,便于调度指挥人员实时掌握轨行区现场动态(图 11-28)。

11.10.4.1 轨行区人员监管

轨行区作业人员配置身份识别及定位芯片,以此为基础,实现系统远程查看人员定位信息,可直接通过电子轨行区地图展示。

1. 实时显示人员、机车精准定位

工人的位置信息能在系统上实时呈现,同时展示页面中能实时展示施工进度,如二衬台车的位置、掌子面的位置、拱墙初支/砌衬的位置、仰拱初支/砌衬的位置等。

2. 人员、机车历史轨迹回放

在屏幕上,可按时间、标签 ID、不同的播放速率,动态回放历史轨迹数据(图 11-29)。

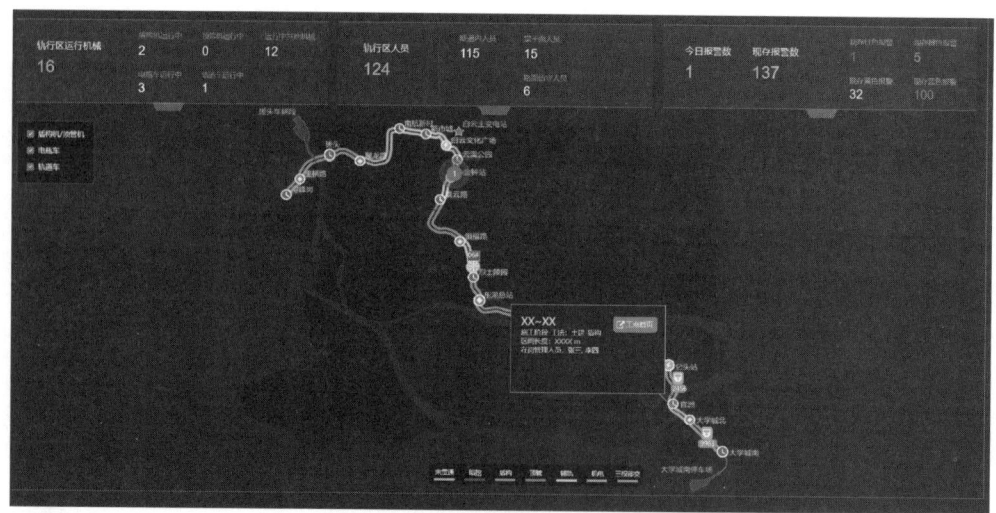

图 11-28 基于融合通信实现全线路轨行区指挥调度

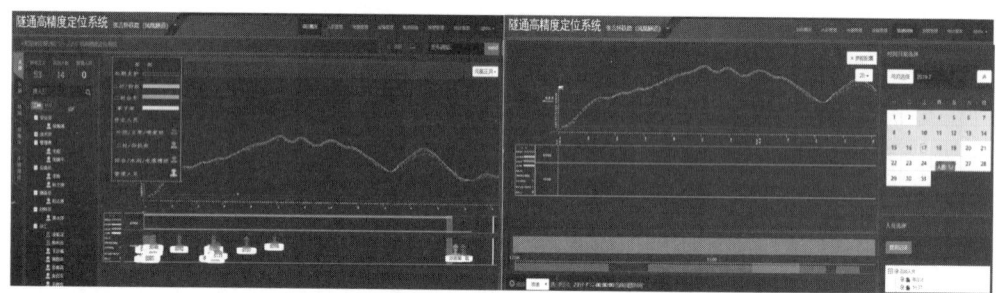

图 11-29 实时精准定位及轨迹回放

11.10.4.2 轨行区视频监管

在隧道内关键、重点施工位置加装固定或移动摄像头,在工程运输轨道车辆前端加装领航摄像头,视频信息通过工地通信网络上传至系统中(图 11-30)。

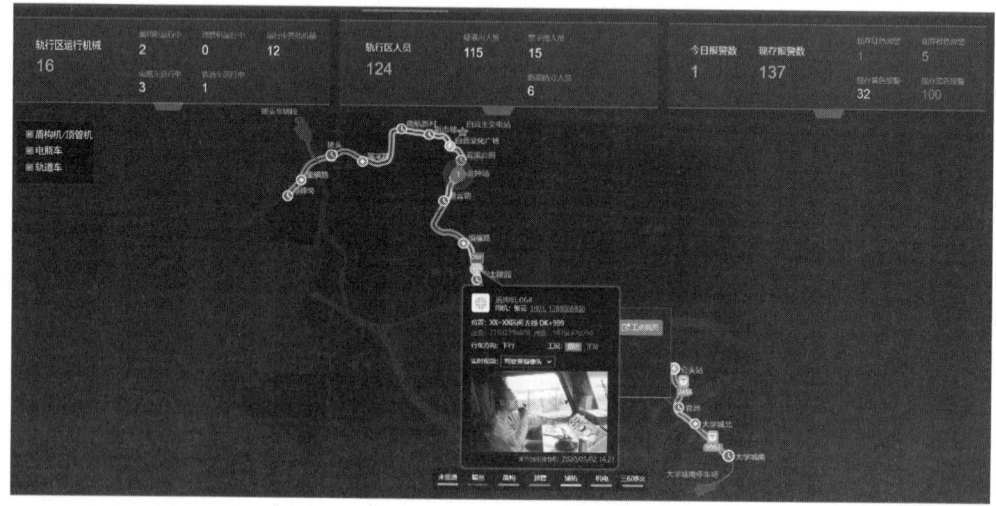

图 11-30 轨行区视频监管

11.10.4.3 运行车辆监管

在所有进入轨行区的轨道车上安装临近报警装置，当车辆接近危险米数时，轨道车报警装置自动提示司机注意减速，减少机车相撞和追尾事故。轨行区作业时可通过系统实时监控隧道内所有的交叉施工范围和其他车辆的运行位置。当相邻轨道车之间的距离小于行车调度人员设定的距离时，系统自动向两台轨道车同时报警。同时自动向轨道车司机提示前方交叉施工的位置，提醒司机注意减速行车。

11.10.4.4 轨行车辆调度管理

系统根据车辆的实际运行情况，自动绘制列车实际运行轨迹，利用列车运行图的规范进行扩展，将交叉施工以块状绘制在列车运行图中，可用于自动检测每日列车计划和施工计划是否合理。

行车调度人员通过施工计划，针对轨行区影响行车的交叉施工，在其施工区段进行施工防护区域的设置和标注。施工区域信息在二维地图上展示，当施工列车运行至该施工区域附近时，系统自动向调度中心和车辆司机报警，提示司机注意行车安全。防护区段的建立，司机可通过车载系统屏幕了解其行车范围内所有的施工分布状况（图11-31）。

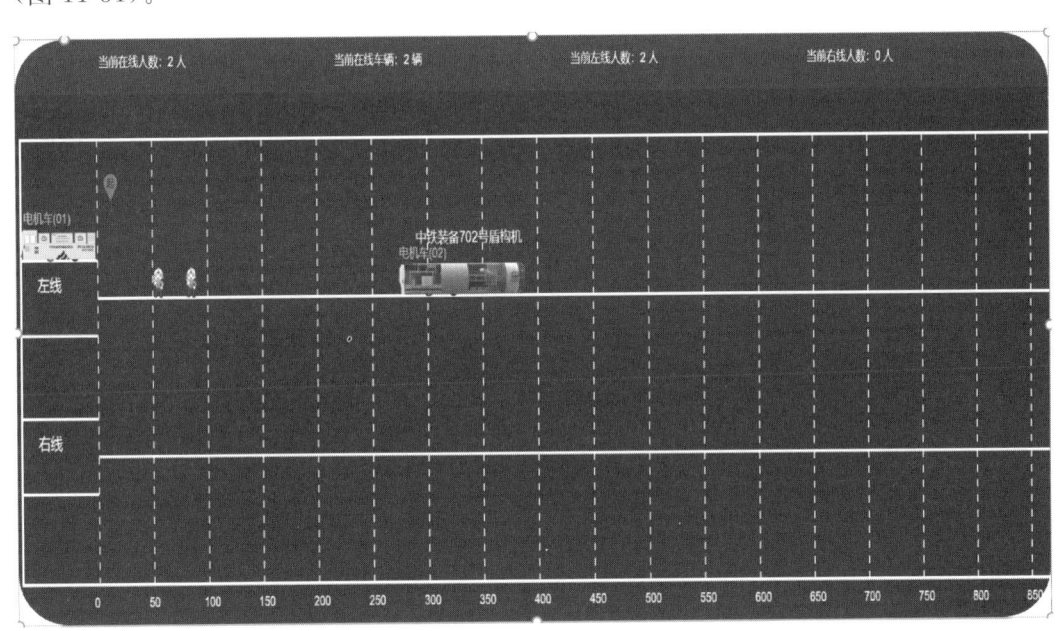

图11-31 轨行区车辆调度

11.10.4.5 机车限速区管理

通过施工计划，针对轨行区影响行车的交叉施工，在其施工区段进行施工防护区域的设置和标注。施工区域信息在二维地图上展示，当施工列车运行至施工区域附近时，系统自动向调度中心和车辆司机报警，提示司机注意行车安全。防护区段的建立，司机可通过车载系统屏幕了解其行车范围内所有的施工分布状况，可极大提高行车交叉施工的安全性。轨道车辆在轨行区进行运输工作时，系统实时监控隧道内所有的交叉施工范围和其他轨道车辆的运行位置。当相邻轨道车之间的距离小于调度设定的距离时，系统自动向两台轨道车同时报警。当轨道车运行临近交叉施工区域时，系统自动向轨道车司机提示前方交叉施工的位置，提醒司机注意减速行车。区间施工单位的行车调度人员通过不同路段的路段质量和施工情况，对每个路段设置不同的列车运行最高速度，当工程车辆运行至该区段时，如果超过设置的最高速度，则工程车辆与调度室系统同时自动报警。

11.10.4.6 轨行区突发事件监管

1. 人员 SOS 自主报警

隧道内的人员主动或者被动向云端发送报警信息（主动报警：工人按动标签上的报警按钮），自主一键报警。系统实时上报给云端工人当前的位置，项目部监控室的扬声器产生联动，提醒监控室内的安全员查看监控屏幕中的报警信息。处理流程是首先在系统端点击报警处理，其次短信推送给相关接口人（在后台的通知中心输入接口人手机号）。

2. 轨行区危险区域闯入报警

通过系统后台设置电子围栏区域，并且针对该电子围栏区域对不同定位标签设置权限。当禁止进入该电子围栏区域的标签进入了该电子围栏区域，标签会发生震动和红灯快闪提醒工人。云端将报警信息按照定位标签 ID 下发给隧道内相应的工人，对应 ID 的工人所佩戴的定位标签上的振动器振动，同时定位标签上的红色灯快速闪烁。

3. 机车限速及超速报警

调度人员通过不同路段的路面质量和施工情况，对每个路段设置不同的列车运行最高速度。当工程车辆运行至该区段时，如果超过设置的最高速度，则工程车辆与调度室系统同时自动报警，并且存储报警信息记录。

4. 机车虚拟临近提醒

轨道车辆在轨行区进行运输工作时，系统实施监控隧道内所有的交叉施工范围和其他轨道车辆的运行位置。当相邻轨道车之间的距离小于调度设定的距离时，系统自动向两台轨道车同时报警。当轨道车运行临近交叉施工区域时，系统自动向轨道车司机提示前方交叉施工的位置，提醒司机注意减速行车。当轨道车与施工人员之间的距离接近设定的人车安全距离时，系统自动向轨道车报警，提醒司机注意减速行车或准备停车，同时为施工人员提供声光报警，提高施工人员的警惕性。施工人员所佩戴的定位标签上的振动器振动，同时定位标签上的红色灯快速闪烁。

11.10.4.7 机车试运行监管

在施工进行到试运行阶段时，轨行区可能会进行供电或是有车辆行驶，属于高危场所，必须杜绝人员进入。为应对这种场景，可以使用人脸抓拍机，把抓拍图片上传到系统，以便采取应急措施。对机电施工阶段、机电施工车站、轨行区等作业面、工程车等重要部位进行实时监控。

第 12 章 展 望

在数字化的持续推动和赋能下，轨道交通工程建设产业的数字化转型将不断深入和演进发展，项目和企业管理的广度和深度将不断拓宽，未来必将更加美好！

12.1 新生态

平台将推动产业各方主体从线性竞争到生态共赢转变，构建新的"平台＋生态"的产业模式，建立"平台＋生态"的发展范式，与产业各方共同构建资源共享、共生发展、多方共赢、无人受损的产业新生态。企业依托平台赋能，聚焦核心业务做深、做精、做透，链接与整合产业链资源构建产业生态，提供更加优质的产品与服务。产业各方利用平台实现正向激励的共生效应（图 12-1）。

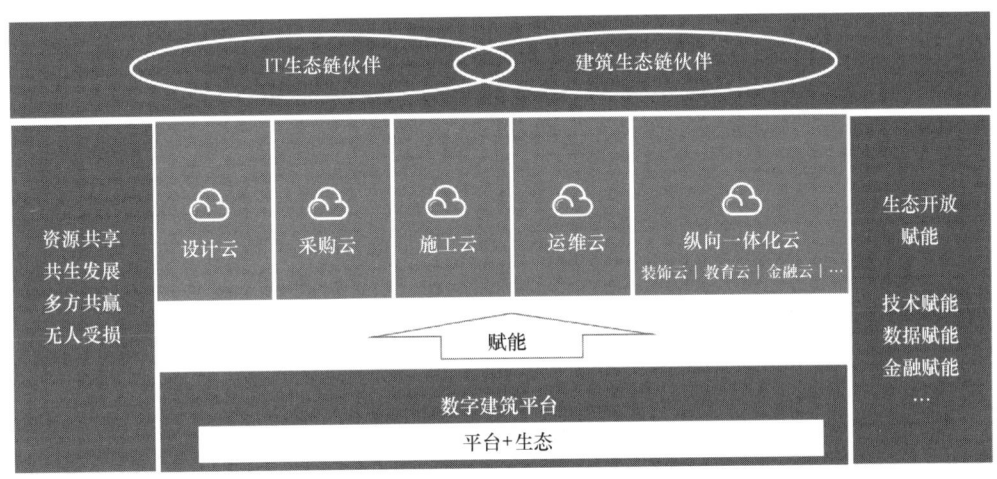

图 12-1 "平台＋生态"赋能产业升级

通过建立的产业生态实现产业各方多方共赢，建立信息互通、利益共享、风险共担的新型项目管理模式，围绕提升项目整体价值实现多方共赢。

12.2 新动能

企业是产业发展的核心主体，通过数字化使企业管理的广度、深度、精度、效率不断得到提升，重塑企业的组织，打破企业边界和区域边界的限制，提升企业资源配置能力，加大管理跨度，缩短管理半径。利用数字工程平台，促进企业的价值链融合和改造，催生商业模式的创新，充分实现需求方与供给方的端到端的连接。企业的经营决策将更加依赖基于数据驱动的科学决策，及时有效地对项目进行管理和服务，实现企业集约化经营和项目精益化管理（图12-2）。

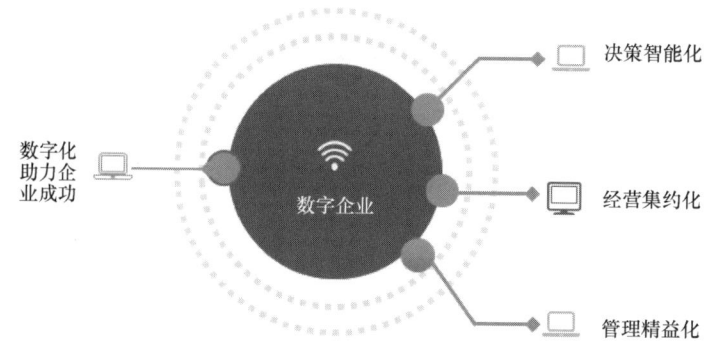

图12-2　数字工程平台推动企业集约经营与高效决策

12.2.1　提升企业精益化管理能力

建设工程数字化平台的持续演进，企业所有工程项目的生产情况将被全部纳入实时动态监控范围，通过后台大数据、云计算、人工智能等手段，推动全企业范围内的资源进行高效的优化配置和资源整合，对在建项目的质量、成本和工期等关键指标进行精准控制，对"人、机、料、法、环"等关键因素进行实时管理，使精益管理的理念真正落地，并获得实效。

12.2.2　提升企业集约化经营能力

将企业经营过程中产生的人员、进度、资金等数据信息，通过数字工程平台进行整合汇总。经过大数据技术、人工智能算法等深入分析，传递至决策层进行统筹安排，使企业经营者能够高效地集中调配人力、物料、机械设备等资源，统一优化配置资金，集中管理企业招采、促进集约化管理，加强企业对工程项目的管控。

12.2.3　提升企业智能化决策能力

企业利用工程建设数字化平台汇聚工程项目资金、经营、进度、质量、安全、技术等数据，并进行多角度汇总和分析。通过各种可视化展现方式，供企业决策层及时、准确了解公司运营情况，快速做出经营决策。同时，企业的各项经营数据不断汇聚成数据资产，驱动管理决策从"业务驱动"向"数据驱动"转变，逐步提升企业的智能化决策能力。

12.3　新岗位

随着数字化不断深入，人工智能、大数据、物联网等数字技术与先进工程建造技术日益融合，将加速推动项目岗位的替代与升级。斯坦福大学做的一项统计显示，美国注册在案的720个职业中，未来20年将有47%被人工智能所取代，在中国这个比例可能会超过70%。对于传统的工程建设产业，在数字化平台的赋能下，项目的岗位作业层首先进行数字化转型，专业岗位将会发生替代与升级（图12-3）。

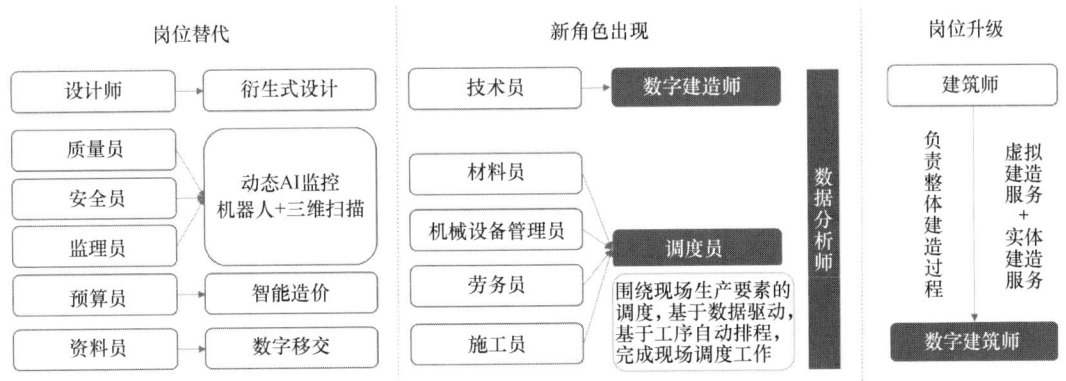

图12-3　工程建设数字化平台推动岗位变化

未来，设计师通过计算机进行辅助工程设计，数据驱动的人工智能将完成大部分工程设计工作；现在的安全员、质量员、监理工程师等岗位，未来可能会被融合机器人、动态监控、三维扫描等数字技术的智能装备所替代，资料员的岗位将逐步消失，数字建造师将会出现。数字建造师的主要工作就是对工程项目进行数字建模和方案模拟优化，对工程建设全过程进行虚拟建造；数据分析师也将成为新岗位角色，负责对平台上的海量业务数据进行提炼和分析，基于数据分析优化管理，辅助决策，制定方案；调度员将出现，原有的材料员、劳务员、施工员等岗位将会被整合成为调度员。调度员将负责基于数据驱动，围绕工厂和施工现场，进行工序级自动排程的施工调度、运输调度、生产调度等，实现生产要素的高效配置。

12.4　新角色

数字化平台在推动工程项目岗位升级的同时，也将加速整个产业数字化转型的进程。未来建筑产业在生产组织、分工协作、商业模式等方面都将产生深刻的变革，产业各方主体必将产生影响和改变，产业新角色将不断涌现，企业主体的角色转变将加速（图12-4）。

产业角色转型。随着产业变革的不断深化，各方主体的角色将产生转变。例如，造价咨询、监理单位、管理总包等单位将转型成为全过程工程咨询方，负责对工程项目建设全过程提供工程咨询服务，包括项目的全过程工程项目管理，投资咨询、勘察、设计、造价咨询、招标代理、监理、运行维护咨询以及数字化咨询等专业咨询服务；设计总包、施工总包将转型为EPC工程总承包商，负责按照合同约定对工程建设项目的设计、采购、施工、试运行等环节实行全过程或若干阶段的承包服务，并对其所承包工程的质量、安全、费用和进度进行负责。

产业新角色。随着数字化转型的不断深入，全过程工程咨询方与EPC总承包服务商将继续升级。围绕工程建造的两条主线，全过程咨询方及部分EPC总承包服务商将

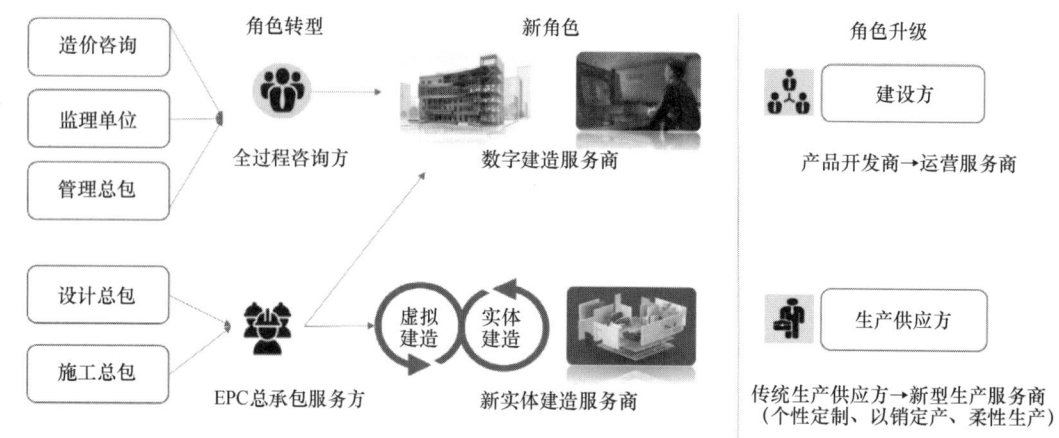

图 12-4 数字平台催生新的产业角色

演变成为数字建造服务商,而部分 EPC 总承包商将演变为新实体建造服务商。

12.5 新关系

在数字化平台的持续赋能下,企业围绕为客户创造价值的业务经营原点,将重构与客户之间的关系,形成更加紧密的客户黏性;以数据为驱动,重构与员工间的关系,打造高效运转的自驱组织,变雇佣关系为伙伴关系,充分激发员工的创新潜力;企业与部门、企业与项目之间从"管控"向"赋能"转变,组织将由传统金字塔式重构为灵活柔性的网状组织,横向上打破职能制,形成不同的专业赋能群;纵向上打破科层式,按照能力层级划分资源(图 12-5)。

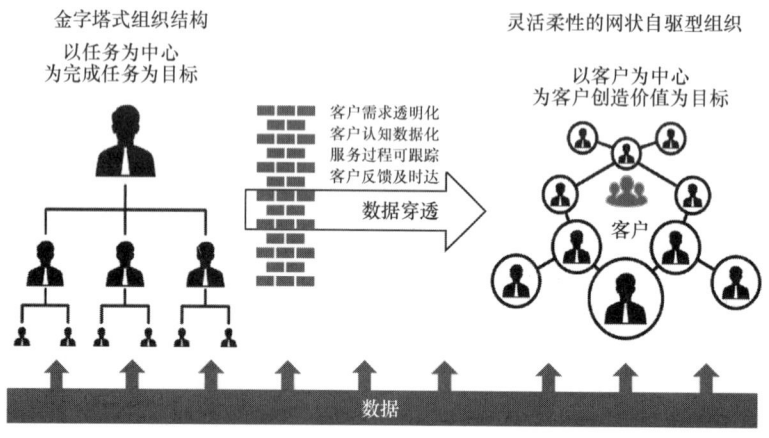

图 12-5 数字平台重塑生产关系

在平台赋能下,企业与员工之间的关系由传统的雇佣关系转换成事业合伙人关系,实现员工"自定目标、自我经营、自我创新、自我激励、自主成长"的良性发展。传统层级式的部门化管理将被打破,以能力为核心的能力群将逐步成为新的组织形态。企业按照用户需求和部门能力的数据，随时可以把相关能力群聚集成自驱组织，围绕价值进行资源匹配与优化，聚焦痛点，赋能业务创新，灵活地提供服务。

12.6 新监管

基于工程建设数字化平台汇聚的海量业务数据，将助力政府行业监管部门构建监管服务平台和监管体系。通过实施健康市场监管、高效现场监督、健康征信体系、系统劳务培训、多样化增值服务等方式，以数据创新应用为驱动，以数据整合和挖掘为手段，服务于整个行业，大幅提升市场治理与服务水平，最终实现"宏观态势清晰可见、监管政策及时准确、公共服务精准有效"的行业发展格局，全面达成"理政、监管、服务"三层面的创新发展（图12-6）。

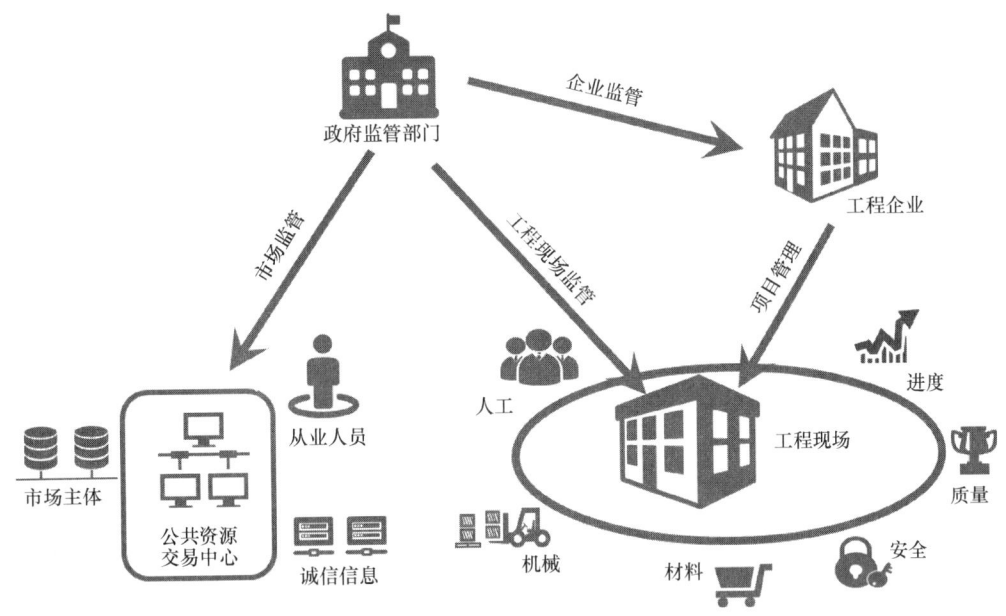

图 12-6　数字工程平台推动行业实现数字治理

12.6.1　助力实现基于智慧互联的工程现场监管

基于智慧互联的工程现场监管，将各项目的项目管理系统、智慧工地系统、物联网监测系统等进行整合联网，搭建与各相关企业、政府主管部门间的信息通道。在此基础上，构建智慧互联的安全监管平台，打通主管部门与企业、企业与项目、主管部门与工程项目的信息连接，有效纳入各方责任主体，消除行业部门与责任主体的信息孤岛，打通生产各责任主体的信息屏障，规范监管流程，实现建设工程现场监管的升级转型。

12.6.2　助力实现数据驱动的建筑市场监管

通过交易平台采集交易数据，借助大数据分析技术形成决策依据，动态更新、实时准确地公开社会诚信信息，推动行业市场主体规范自身行为。通过引入国家信用平台，获取市场主体、从业人员信用信息,完善公共资源信用体系,打破信息孤岛,打造更加透明的诚信体系。基于数字驱动的建筑市场监管将打破行业壁垒与市场分割,规范统一的业务规则及数据格式,建立市场主体行为动态分析模型,对围标、串标等市场交易异常行为进行预警分析,推动市场良性发展,实现从传统监管向数字化监管的转变。

12.6.3 助力构建基于大数据的行业监管体系

基于大数据的行业监管体系,通过建筑市场管理、施工现场管理,积累项目、企业、人员、诚信记录,与社会征信合并形成"四库一平台"。利用平台海量数据信息,反作用于市场管理,实现精准化行业数字治理。同时,通过应用物联网设备、交易平台采集施工现场及交易数据,运用大数据分析技术形成监管依据,将"现场"执法检查的结果实时反馈给"市场"的监管,完善"市场"的管理,服务于现场实际投入资源的监管,构建"市场+现场"两场闭合联动机制,强化市场与现场的实时管理,提高行业管理的精准度与力度,大幅提升行业监管水平。

结　　语

　　数字化转型已经成为各产业发展的必然选择。城市轨道建设工程往往建设规模较大、施工复杂、工程建设风险较高，工程建设的综合管控始终是困扰业界的难题。

　　轨道交通建设工程数字化平台从工程项目管控出发，以数字化、智能化升级为动力，创新突破相关核心技术，应用数字化技术手段实现对轨道交通项目的建设全过程进行动态监测和综合管控，有效降低项目建设风险。

　　本书围绕轨道建设工程安全管理、质量管理、进度管理、风险管理及常态管控等，充分利用物联网、大数据、云计算、移动终端、通信等新一代信息技术，实现对轨道建设工程各种要素（人、机、料、法、环等）全面感知、协同作业、风险预警，为项目的细化管理、监测预警、应急指挥提供"客观、实时"的现场情况，提高在应急情况下的指挥能力，为施工营造安全环境，为管理人员快速提供科学的决策依据，有效降低工程建设风险。以技术创新引领，加强轨道交通建设工程风险把控和应急处理能力，进一步提升轨道交通建设工程的监管水平，实现轨道建设工程的高质量施工、科学化决策，用科技的手段和创新的管理理念实现建设工程的降本增效。

　　本书对城市轨道交通工程建设数字化进行一系列探索、实践与总结，介绍了城市轨道交通工程建设数字化的总体设计方案、平台框架、通信网络设计、传感系统设计等顶层设计方法，并结合应用实践向读者全景式展示城市轨道交通工程建设数字化的建设内容和经验总结，加速数字技术在城市轨道交通工程建设中的融合化发展，加快了城市轨道交通工程建设智能建造方式的转变。随着数字科技应用场景的不断持续拓展，必将推动城市轨道交通工程建设的高质量发展。

参 考 文 献

[1] 贾晓平. 建筑业如何拥抱互联网＋[J]. 施工企业管理，2016(1)：100-102.
[2] 吴文勇，杨文生，焦柯. 结构 BIM 应用教程[M]. 北京：化学工业出版社，2016.
[3] 刘小军，贾金原. 面向手机网页的大规模 WebBIM 场景轻量级实时漫游算法[J]. 中国科学：信息科学，2018(3)：274-292.
[4] 徐柏程，宋晓红. 解析大数据与起重机械的安全管理[J]. 中国设备工程，2018(6)：18-19.
[5] 马智亮，蔡诗瑶. 基于 BIM 的建筑施工智能化[J]. 施工技术，2018(6)：70-72.
[6] 马智亮，李松阳. "互联网＋"环境下项目管理新模式[J]. 同济大学学报(自然科学版)，2018(7)：991-995.
[7] 许子明，田杨锋. 云计算的发展历史及其应用[J]. 信息记录材料，2018(8)：66-67.
[8] 马丽梅，史丹，高志远，等. 大数据技术及其行业应用：基于铁路领域的概念框架研究[J]. 北京交通大学学报(社会科学版)，2019(3)：58-67.
[9] 阿里研究院. 从互联网＋到智能＋——智能技术群落的聚变与赋能[R]. 杭州：智能经济发布会，2019-4-17.
[10] (美)斯科特·马布尔. 建筑的数字化工作流程[M]. 北京：中国建筑工业出版社，2019.
[11] 丁烈云. 数字建造导论[M]. 北京：中国建筑工业出版社，2019.
[12] 马智亮. 走向高度智慧建造[J]. 施工技术，2019(12)：1-3.
[13] 中国城市轨道交通智慧城轨发展纲要(中城轨[2020]10 号)[Z]. 北京：中国城市轨道交通协会，2020-3-12.
[14] 吴慧娟，朱正举，刘锦章，等. 中国建筑业 BIM 应用分析报告(2020)[M]. 北京：中国建筑工业出版社，2020.
[15] 池利兵，冷海洋，程国柱. 城市轨道交通线网规划指南[M]. 北京：中国建筑工业出版社，2020.
[16] 汪武芽. 城市轨道交通概论[M]. 北京：机械工业出版社，2020.
[17] 杜明芳. 智慧建筑：智能＋时代建筑业转型发展之道[M]. 北京：机械工业出版社，2020.
[18] 乐贵平，汪国锋. 城市轨道交通建设项目管理指南[M]. 北京：人民交通出版社股份有限公司，2021.